하나님, 이 아이를
어떻게 키워야 합니까?

― 좋은 부모가 되기 위한 12가지 자녀양육 비결 ―

하나님, 이 아이를
어떻게 키워야 합니까?

노먼 라이트 지음 • 신선명 옮김

치유와 돌봄이 있는 희망의 선교동산
아침영성지도연구원

목차  Contents

미국에서 가장 큰 신뢰를 얻고 있는
가족상담가들 가운데 한 명으로부터
훌륭한 자녀 교육의 비결을 듣다!

우리는 자녀를 너무나도 사랑합니다!
매일 아이의 숙제를 도와주고,
다양한 방과 후 활동을 위해 이리저리 차로 실어다 주고,
옷을 빨아 주고,
먹을 것을 차려 주고,
함께 어울리는 친구들에 관해 관심 가져 주고,
아이가 하는 행동에도 신경을 써줍니다.
우리는 최신식, 최상의 것들로 아이를 도배해 줍니다.

아이가 우리 삶의 중심이고,
우리 가정의 중심이며,
우리 스케줄의 중심입니다.

그 결과 오늘날의 아이들은 너무나도 서두르고,
좌절하고, 감사할 줄 모르고, 제멋대로 행동합니다.
혼란에 빠진 부모들은 이렇게 묻지요.
'어디서부터 내가 통제권을 잃어버린 것일까? '
한편 아이들은 누구에게 통제권이 있는지 궁금해 합니다.

때맞춰 출판된 이 책에서 노먼 라이트는
부모들이 좀 더 나은 방식의 사랑
— 성서적이면서도 현실적인 사랑 방법 —
을 발견할 수 있도록 도와줍니다.

그가 소개해 주는 원칙들을
실생활에서 훈련해 본 부모들은
조화로운 가정을 꾸밀 수 있을 것이며,
나아가 책임감 있는,
사랑이 넘치는 어른을 길러 낸다고 하는
자녀 교육의 최종 목표를 향해
앞으로 나아갈 수 있을 것입니다.

01
첫 번째 비결

좋은 부모는 혼자만의 힘으로
해낼 수 없는 일이 있음을 인정한다.

여러분이 정말로 좋은 부모가 되기 위한 첫 번째 비결은 — 하나님의 도우심 없이 — 혼자만의 힘으로는 결코 좋은 부모가 될 수 없다는 사실을 인정하는 것입니다. 이 사실이 여러분을 겸손하게 만들고 또 자유롭게 해줍니다. 이 사실이 여러분으로 하여금 진지하고 효과적인 자녀 교육을 수행할 수 있도록 이끌어 줍니다.

여러분은 자녀를 위해 어떻게 기도하고 있나요? 부모가 자녀를 위해 어떤 식으로 기도하는 것이 가장 좋은 방법일까요? 과연 공식적이거나, 원칙적이거나, 지침적인 어떤 방법이 따로 정해져 있는 걸까요?

이 장은 기도의 부모들이 지니고 있는 생각들, 그리고 그들이 수년간 실천해온 방법들을 한 데 모은 것입니다. 여러분은 무엇을 어떻게 기도할 것인가 생각하기에 앞서, 기도의 첫걸음은 바로 한나의 기도라는 사실을 명심해야 할 것입니다. 한나 이야기는 사무엘상에 기록되어 있습니다. 한나는 계속 임신을 하지 못하다가 마침내 — 기적적으로 — 출산을 하긴 했지만 결국은 그 아이를 하나님께 되돌려 드렸습니다; 한나는 자신의 아들을 하나님의 보호 아래 맡겼습니다. 다음은 한나의 고백입니다. "아이를 낳게 해 달라고 기도하였는데, 주님께서 내가 간구한 것을 이루어 주셨습니다. 그래서 나도 이 아이를 주님께 바칩니다. 이 아이의 한평생을 주님께 바칩니다"(사무엘상 1장 27~28절).

생명의 위임

우리 부모들이 자꾸만 까먹어 버리는 진실 :
우리 아이들은 사실 우리에게 속한 존재가 아니다.

몇 년 전, 한 그리스도교 출판사가 예비 부모들을 돕기 위해 프로그램을 하나 개발하였습니다. 이른바 "요람 흔들기 프로그램"이었습니다. 이 프로그램은 자녀의 탄생을 준비하고 있는 예비 부모들을 위하여 기록 자료를 제공해 주었는데, 그 자료의 제목은 "생명의 위임"이었습니다. 나는 그 제목이 무척이나 맘에 듭니다. 왜냐하면 그것은 우리 부모들이 자꾸만 까먹어 버리는 한 가지 진실 — 우리 아이들은 사실 우리에게 속한 존재가 아니라는 것 — 을 반영해 주기 때문입니다.

어떤 부모들은 자녀가 자기 것이라고 믿습니다. 그런 부모들은 자녀를 자신의 손으로 반죽하고 빚어야 한다고 생각합니다. 하지만 그런 부모들이 자녀에게 주입하려고 애쓰는 것들, 자녀의 삶에서 가장 중요하다고 가르치는 것들은, 사실 거의 모두가 부모 자신의 욕구와 감정, 신념, 표준입니다. 마치 부모 자신의 복제품이나 복사판이라도 추구하는 것처럼 말이지요. 이 일에 성공한 부모는 결국 자녀가 부모의 정체성과 자신의 정체성을 구분 지을 수조차 없는 정서적인 절름발이가 되는 데 일조하는 셈이 되고 말 것입니다.

우리는 자녀가 우리의 소유물이라는 생각을 절대로 하지 말아야 합니다. 우리는 자녀를 돌보라는 위임을 받았습니다. 아이는 자연적인 삶의 과정에 따라, 자신의 가정을 일구는 특정 시기에 비로소 우리 곁을 떠나가게 될 것입니다. 사실 여러분은 아이가 성숙해 가는 동안 삶 전반에 걸쳐 아주 다양한 방식으로 아이를 떠나보내게 될 것입니다. 그리고 이 과정이 일어나게 될 시기를 미리 알고 있을 경우에는, 훨씬 더 쉽게 이겨낼 수가 있을 것입니다.

자녀를 "떠나보내다"가 무엇인가를 이해하기 위해서는 먼저 하나님이 어떤 분이신가, 하나님과 우리의 관계의 본질은 무엇인가를 이해해야만 합니다. 하나님께서 우리와 관계 맺으시는 그 방식대로 ─ 가능한 한 그것과 제일 가까운 방식으로 ─ 우리 역시 자녀와 관계를 맺어야 하기 때문입니다.

하나님께서 부모처럼 우리를 대하시는 태도에는 사랑 어린 관심과, 우리의 복종을 억지로 요구하지 않으시는 가르침이 담겨 있습니다. 하나님께서는 우리를 너무나도 축복해 주고 싶어 하십니다. 하지만 결코 억지로 우리 목구멍에 축복을 밀어 넣으시지는 않습니다. 우리의 죄와 반항은 하나님을 슬프시게 합니다. 하나님께서는 슬픔 가운데서도 우리를 다시금 하나님께 되돌아오게 하시려고 최선을 다하십니다. 그래도 만일 계속해서 잘못을 저지른다면, 좀 더 쓰라린 고통의 경험을 통하여, 결국은 하나님께 순종하는 것이 더 낫다는 사실을 깨닫게끔 하실 것입니다.

자녀를 떠나보낸다는 것은 자녀를 포기하는 것이 아니라 하나님께 되돌려 드리는 것을 의미합니다. 그렇게 함으로써 자녀가 여러분의 손을 벗어나게 하는 것입니다. 이것은 자녀에 대한 여러분의 책임을 무시하는 것도 아니고, 그 책임을 수행하기 위해 필요한 여러분의 권위를 포기하는 것도 아닙니다. 이것은 자녀가 우리의 쓸데없는 두려움과 이기적인 야심으로 인한 통제로부터 벗어날 수 있도록 풀어 주는 것입니다.[1]

자녀를 떠나보내는 것은 곧 자녀를 해방시켜 주는 것입니다. 떠나보내는 시기는 이르면 이를수록 좋습니다. 만일 우리가 경솔하게 자녀를 우리 자신의 즐거움을 위해 만들어진 존재라고 볼 경우, 자칫 자녀가 지닌 자유의 능력을 파괴해 버릴 수도 있습니다. 또한 우리 자신까지도 무력해질 수 있습니다. 정말로 자녀가 우리의 행복을 위해서 만들어졌다면, 자녀에게 너무 의존한 나머지, 자녀 없이는 아무 것도 못 하는 사람이 되고 말 것이기 때문입니다.[2]

하나님의 임재를 추구

　좋은 부모의 기도를 가장 잘 묘사해 주는 것을 하나 고르자면, 바로 스토미 오마샨의 저서 〈기도하는 부모의 능력〉을 손꼽을 수 있습니다.

　　성서에는 "무엇이든지, 너희가 땅에서 매는 것은 하늘에서도 매일 것이요, 땅에서 푸는 것은 하늘에서도 풀릴 것이다"(마태복음 18장 18절)라고 기록되어 있다. 하나님께서는 우리에게 지상에 대한 통치권을 부여해 주셨다. 그리고 그 통치권과 함께 하늘로부터 능력을 양도해 주셨다. 우리가 하나님의 능력이 흘러나오는 그릇이 된 것은 어디까지나 하나님의 능력 때문이지 결코 우리의 능력 때문이 아니다. 우리는 기도할 때에 자신이 기도하는 모든 일들에 하나님의 능력을 집중시킨다. 그리고 그 능력이 자신의 무력함을 통해 역사하실 수 있도록 허용한다. 우리는 기도할 때에 하나님 앞에서 겸손히 다음과 같이 기도한다. "주님, 저에게는 주님의 임재와 주님의 능력이 필요합니다. 주님 없이는 이 일을 절대로 하지 못합니다." 우리가 기도를 하지 않는 것은 마치 우리 외부의 어떤 힘도 필요치 않다고 말하는 것이나 다름 없다.

　　기도는 기도하는 우리뿐만 아니라 우리의 기도 대상에게까지도 영향을 미친다. 우리가 자녀를 위해 기도할 때, 그것은 하나님의 임재가 자녀의 삶의 일부가 되시고 자녀를 위해 강력하게 역사하시기를 간구하는 것과도 같다. 그렇다고 해서 언제나 즉각적인 반응이 나타나지는 않는다. 때로는 며칠이 걸릴 수도 있고, 몇 주나 몇 달, 심지어는 몇 년이 걸리는 경우도 있다. 하지만 우리의 기도는 결코 사라지거나 무용지물이 되지 않는다. 우리가 기도하면, 우리가 볼 수 있든 없든, 반드시 어떤 일이 발생한다. 성서에는 이렇게 기록되어 있다. "의인이 간절히 비는 기도는 큰 효력을 냅니다"(야고보서 5장 16절). 우리의 삶과 우리 자녀의 삶에 벌어지는 모든 일들은 하나님의 임재와 능력 없이는 결코 일어날 수 없는 일들이다. 그리고 하나님의 임재와 능력을 부르고 촉발시키는 것은 바로 기도다.[3]

그렇다면 기도한다고 해서 모든 게 다 이루어질까요? 물론 그렇지 않습니다. 이렇게 한 번 생각해 보십시오: 성서에는 650번의 기도가 수록되어 있습니다(시편은 제외하고요). 하지만 그 가운데 오직 450번의 기도만 이루어진 것으로 기록되어 있습니다. 모든 기도는 응답을 받게 되어 있습니다. 하지만 하나님의 지혜에 합당한 응답을 받게 되지요. 예수님은 모든 기도가 응답 받을 것이라고 말씀하셨습니다: "구하는 사람마다 얻을 것이요"(마태복음 7장 8절). 그 응답은 긍정적일 수도 있고 부정적일 수도 있으며, 직접적일 수도 있고 간접적일 수도 있습니다. 또한 즉각적일 수도 있고 지연될 수도 있습니다. 우리의 기도는 우리에게 가장 좋은 것이 무엇인지를 아시고 그에 합당하게 응답하시는 사랑 많으신 하나님께로부터 응답을 받게 됩니다. 예수께서는 우리에게 다음과 같은 사실을 상기시켜 주십니다:

너희 가운데서 아들이 빵을 달라고 하는데 돌을 줄 사람이 어디에 있으며, 생선을 달라고 하는데 뱀을 줄 사람이 어디에 있겠느냐? 너희가 악해도 너희 자녀에게 좋은 것을 줄 줄 알거든, 하물며 하늘에 계신 너희 아버지께서, 구하는 사람에게 좋은 것을 주지 아니하시겠느냐! (마태복음 7장 9~11절)

효과적인 기도 방법

> 하나님께서는 장소가 아니라 오직 우리의 기도에만 관심을 기울이십니다.

성서는 우리에게 기도하는 방법을 가르쳐 줍니다. 그 중에서도 가장 지침적인 본문을 하나 고르자면, 데살로니가전서 5장 17절의 "쉬지 말고 기도하라" 입니다.

쉬지 말고 기도하라는 말씀이 의미하는 것은 무엇일까요? 그것은 우리가 길을 걷는 동안, 전화를 끊지 않고 기다리는 동안, 운전하는 동안, 언제 어느 때나, (눈을 뜬 채로!) 짤막하게, 자주 기도를 드리라는 말씀입니다. 하나님께서는 장소가 아니라 오직 우리의 기도에만 관심을 기울이십니다.

우리는 부모로서 자녀를 위하여 쉬지 말고 기도해야만 합니다. 여러분은 자녀가 기도 가운데 푹 잠기기를 원하고 있습니다. 그러면 우리가 무엇을 기도할 수 있을까요? 글쎄요, 무엇이든지 기도할 수 있습니다. 굳이 열거하자면, 다음과 같은 기도를 드릴 수 있을 것입니다:

• 자녀가 신체적, 정신적, 감정적인 해를 입지 않도록 보호해 주시

기를 기도하세요.

- 하나님의 성령께서 자녀의 마음과 삶과 관계 속에서 드러나시기를 기도하세요.
- 자녀의 영적인 성장과 성격 발달을 위해 기도하세요. 그리고 다른 사람의 결점을 보완해 줄 수 있는 자녀가 되도록 기도하세요.
- 자녀의 자아관과 태도를 위해 기도하세요.
- 어떤 유혹에도 '아니오!' 라고 외칠 수 있는 자녀의 능력을 위해 기도하세요.
- 자녀가 잘못된 길로 들어섰을지라도 금방 되돌아올 수 있도록 기도하세요.
- 자녀가 매일 부딪치는 문제들을 위해 기도하세요.
- 자녀가 선택하는 친구들과의 관계를 위해 기도하세요.
- 여러분이 자녀를 사랑하고 있음을 자녀가 기억할 수 있도록 기도하세요.

만일 자녀를 위해 기도했던 부모의 본보기를 원한다면, 욥기를 한 번 펼쳐 보십시오. 제1장에서 여러분은 욥의 자녀가 연회를 벌인 다음 날 곧바로 욥이 그들을 정화시키고자 했다는 사실을 발견하게 될 것입니다. "잔치가 끝난 다음날이면, 욥은 으레 아침에 일찍 일어나서, 자식들을 생각하면서, 그들을 깨끗하게 하려고, 자식의 수대로 일일이 번제를 드렸다. 자식 가운데서 어느 하나라도, 알지 못하는 사이에라도 하나님을 저주하고 죄를 지었을 수도 있다고 생각하여, 잔치가 끝나고 난 뒤에는 늘 그렇게 하였다"(5절). 욥은 자녀들을 하나님 앞으로 데려오는 일에 전심을 쏟았습니다.

여러 해 전에 존 번연은 기도에 관하여 다음과 같이 놀라운 결론을 내

렸습니다:

> 기도를 드린 다음에는
> 기도 말고도 다른 일들을 더 할 수 있습니다.
> 하지만 기도를 드리기 전에는
> 기도 외에 그 무엇도 할 수 없습니다.[4]

때로는 기도를 드리는 동안에 부모 스스로가 용기를 잃어버리는 경우도 있습니다. 열심히 기도하는데도 여전히 자녀가 문제에 휩싸여 있을 경우, 부모는 하나님께서 자신의 요구를 들어 주시지 않는다고 생각해 버리기 쉽습니다. 다음의 글을 읽고, 좋은 부모는 비슷한 경우에 어떤 식으로 반응하는지를 한 번 생각해 봅시다:

> 우리 부모들은 기도의 개념이 성서적 실재에 의해 형성될 수 있도록 해야 한다. 그래야만 우리의 기도가 결코 하나님을 조종하기 위한 도구가 아니라는 사실을 이해할 수 있기 때문이다. 진실은 정반대다. 하나님께서는 우리 기도를 사용하여 우리를 조종하신다. 우리의 의지를 하나님께로 굴복시키시고, 우리의 영혼에 하나님의 특성을 깊이 새기신다. 부모가 자신의 후손을 위해 진실로 기도드리면, 그 기도가 부모의 영혼과 자녀의 영혼을 한 데 모아, 궁극적으로는 두 쪽 모두의 삶을 심화시켜 줄 신비 속으로 이끌어 간다.[5]

하나님의 침묵은 좀 더 강력한 응답에 대한 무언의 증거일 때가 많습니다. 오스왈드 챔버스는 다음과 같이 설명하였습니다:

어떤 기도는 잘못된 기도여서 침묵이 뒤따르는가 하면, 또 어떤 기도는 우리가 이해할 수 있는 것보다 훨씬 큰 기도여서 침묵이 뒤따르기도 한다. 우리들 가운데 일부가 하나님 앞에 서는 날, 일찍이 우리가 간절히 기도드렸지만 결코 응답 받지 못했다고 생각했었던 바로 그 부르짖음이 사실은 가장 놀라운 방식으로 응답을 받았으며, 하나님의 침묵은 바로 그 응답의 증거였다고 하는 사실을 깨닫게 된다면, 그 얼마나 멋진 일이겠는가![6]

때로는 이런 질문을 하는 부모도 있습니다. "자녀를 위해 기도할 때 정확히 무엇이라고 기도해야 할까요?" 다음은 〈자녀를 위한 기도 방법〉의 저자가 열거해 놓은 몇 가지 항목들입니다:

1. 자녀 속에 예수 그리스도의 형상이 이루어지도록 기도하세요(갈라디아서 4장 19절을 읽어 보세요).

2. 자녀 ― 정의의 씨앗 ― 가 죄악으로부터 구원 받도록 기도하세요(잠언 11장 21절; 마태복음 6장 13절을 읽어 보세요).

3. 자녀가 주님의 가르침을 받도록 기도하세요. 그리고 자녀가 큰 평화를 누릴 수 있도록 기도하세요(이사야 54장 13절을 읽어 보세요).

4. 자녀가 선과 악을 분별할 수 있는 방법을 배우도록 기도하세요. 그리고 하나님 앞에서 선한 양심을 지닐 수 있도록 기도하세요(히브리서 5장 14절; 베드로전서 3장 21절을 읽어 보세요).

5. 하나님의 율법이 여러분 자녀의 마음과 머릿속에 새겨지도록 기도하세요(히브리서 8장 10절을 읽어 보세요).

6. 자녀가 현명한 동료들을 선택할 수 있도록 기도하세요. 바보나,

성적으로 비윤리적인 사람이나, 술주정뱅이나, 우상숭배자나, 중 상모략가나, 협잡꾼을 선택하는 일이 없도록 기도하세요(잠언 13 장 20절; 고린도전서 5장 11절을 읽어 보세요).

7. 자녀가 성적으로 순수한 상태를 유지하고 오직 배우자만을 위해 자신을 지킬 수 있도록 기도하세요. 자녀가 그러한 서약을 잘 지킬 수 있도록 하나님께서 은총을 베풀어 주시길 기도하세요(에베소서 5장 3절; 31~33절을 읽어 보세요).

8. 자녀가 부모를 공경할 수 있도록 기도하세요(에베소서 6장 1~3절을 읽어 보세요).[7]

성서의 기도를 따라하기

> 성서의 기도를 따라 하는 것은 굉장히 가치 있는 일입니다.
> 특히 자녀와 관련된 경우는 더더욱 그렇습니다.

지난 몇 년 동안 새롭게 등장한 기도의 접근 방법들 가운데 하나는, 자녀를 위해서 "성서의 기도를 따라 하기"입니다. 이것은 단순히 성서 본문을 이용하여 기도문을 작성하는 것, 혹은 그 구절들을 실제로 하나님께 다시 아룀으로써 자기 자신의 탄원이 되게 하는 것입니다. 이것은 확실히 성서적인 기도의 형태입니다. 우리는 성서에서 이러한 형태의 기도를 계속적으로 발견하게 됩니다.

예수님과 제자들은 아침과 저녁 기도의 일부로서 시편을 다함께 읊었습니다. 그리고 십자가에 달려 가장 큰 괴로움을 당하시는 동안, 예수님은 시편 말씀을 소리쳐 부르짖었습니다: "나의 하나님, 나의 하나님, 어찌하여 나를 버리십니까? ”(시편 22편 1절).

이외에도 기도문을 기록한 성서 본문들이 참 많습니다. 우리가 가장 잘 알고 있는 본문들 가운데 몇 가지를 예로 들자면, 홍해를 건너서 이집트를 탈출한 다음에 모세가 하나님께 드렸던 기도(출애굽기 15장); 한나가 성전에서 불렀던 노래(사무엘상 2장); 예루살렘에 대한 예레미야의 탄식(예레미야애가); 은총을 간구하는 요나의 기도(요나 2장); “주기도문”(마태복음 6장 9~13절); 제자들을 위한 예수님의 기도(요한복음 17장 6~19절); 그리고 갓 세워진 교회를 위한 바울의 기도(에베소서 3장 14~21절)가 있습니다.[8]

성서의 기도를 따라 하는 것은 굉장히 가치 있는 일입니다. 특히 자녀와 관련된 경우는 더더욱 그렇습니다. 성서의 기도를 따라 하면 판에 박힌 생활을 하지 않게 됩니다. 여러분의 경우는 어떨지 모르겠지만, 내 경우엔 기도가 봉쇄된 상태를 겪은 적이 몇 번 있습니다. 단어나 생각, 문장들이 모두 다 제 머리 밖으로 소풍을 나가버린 듯한 느낌이 들었지요. 기도를 시작하는 것도 물론 힘든 일이지만, 기도가 흐를 수 있도록 유지하는 것 역시 무척이나 힘든 일입니다. 성서는 우리에게 기도의 방향뿐만 아니라 기도의 구조 까지도 제공해 주고 있습니다.

성서를 따라 기도하는 것은 또한 우리가 곧잘 잊어버리곤 하는 하나님의 특성과 약속, 그리고 과거의 신실하심과 선하심을 기억하기 위한 방법이기도 합니다. 이 방법은 우리의 기억을 생생하게 되살려 줍니다. 이것은 우리의 생각과 삶이 균형을 이루도록 도와줍니다. 예레미야는 다음과 같이 말했습니다: “그러나 마음속으로 곰곰이 생각하며 오히려 희망을 가지는 것은, 주님의 한결 같은 사랑이 다함이 없고 그 긍휼이 끝이 없기 때문이다”(예레미야애가 3장 21~22절).

우리는 성서의 기도를 따라할 때에 하나님의 뜻 가운데서 좀 더 직접적으로 기도할 수가 있습니다. 성서는 자녀를 위한 기도의 방향을 정하고 동기를 유발시키는 데 사용될 수 있습니다. 또한 성서는 좀 더 신뢰와 기대감을 안고서 기도할 수 있도록 도와줍니다. 하나님의 약속에 초점을 맞출 경우, 우리는 하나님께서 행하실 일들에 대해 좀 더 확고한 믿음을 지닐 수가 있습니다. 또한 하나님께서 하나님의 시간에 하나님의 방식대로 역사를 행하실 것이라는 믿음을 좀 더 확고히 할 수가 있습니다.

자녀를 위해서 성서의 기도를 따라 하는 동안, 우리는 주님과의 개인적인 관계 속에서 성장을 하게 됩니다. 하나님께서 우리에게 써주신 연애편지를 읽게 됩니다. 자녀를 위해 기도하면서 이 연애편지를 읽어 내려갈 때, 그분의 말씀은 우리 속에 훨씬 더 많은 것들을 심어줄 수 있습니다. 결국, 이런 방식으로 성서를 따라 기도할 때에 우리는 성령님께서 우리에게 역사하실 수 있도록 좀 더 개방적인 태도를 취하게 됩니다.[9]

퀸 쉐러와 러쌩 갤럭은 이것과 관련하여 몇 가지 유용한 제안을 하고 있습니다. 그들은 자녀를 위해 기도할 때, 성서의 구절들을 "개인화" 할 것을 권유합니다. 그러니까 원래의 본문에 실려 있는 대명사들 대신 자녀의 이름을 넣어 기도하라는 것입니다. 예를 들면, 시편 23편은 하나님께서 여러분의 딸(이름을 넣으세요)을 정의의 길로 인도해 주실 것을 간구하는 식으로, 얼마든지 개인화할 수 있습니다. 쉐러와 갤럭은 이렇게 말합니다. "이 구절들은 주님을 향한 찬미의 표현임과 동시에 적을 향한 진리의 선포로서 추가적인 의미를 지니고 있다."[10]

설교사인 켄트 휴즈와 그의 부인인 바바라는 성서로부터 기도문을 발췌하여 가족을 위한 기도로 변화시킨다고 하는 개념을 서로 공유하고 있습니다. 다음의 성서 본문을 한 번 들여다보기로 하지요:

아버지께서 그 분의 영광의 풍성하심을 따라 그 분의 성령을 통하여 여러분의 속사람을 능력으로 강건하게 하여 주시고, 믿음으로 말미암아 그리스도를 여러분의 마음속에 머물러 계시게 하여 주시기를 빕니다. 여러분이 사랑 속에 뿌리를 박고 터를 잡아서, 모든 성도와 함께 여러분이 그리스도의 사랑의 너비와 길이와 높이와 깊이가 어떠한지를 깨달을 수 있게 되고, 지식을 초월하는 그리스도의 사랑을 알게 되기를 빕니다. 그리하여 하나님의 온갖 충만하심으로 여러분이 충만하여지기를 바랍니다. (에베소서 3장 16~19절)

그러면 이제 바로 이 본문을 이용한 가족 기도를 살펴보기로 하겠습니다. 이 기도문을 보면 여러분 역시 자기 가족을 위하여 다음과 같은 기도를 드리고 싶어질 것입니다:

가족을 위한 에베소서 3장 16~19절 말씀: 아버지, 아버지의 영광의 풍성하심을 따라, 아버지의 성령을 통하여, 우리 아이의 속사람을 능력으로 강건하게 하여 주시고, 믿음으로 말미암아 그리스도를 우리 아이의 마음속에 머물러 계시게 하여 주시기를 빕니다. 우리 아이가 사랑 속에 뿌리를 박고 터를 잡아서, 모든 성도와 함께 우리 아이가 그리스도의 사랑의 너비와 길이와 높이와 깊이가 어떠한지를 깨달을 수 있게 되고, 지식을 초월하는 그리스도의 사랑을 알게 되기를 빕니다. 그리하여 하나님의 온갖 충만하심으로 우리 아이가 충만하여지기를 바랍니다.[11]

결론적으로 말해서, 자녀를 위한 기도는 곧 가족을 향한 하나님의 요구를 확인하고 나아가 그 거룩한 요구가 자녀의 삶 속에서 충족되어지기를 하나님께 간구하는 것입니다.

기도 가운데 순종하기

여러분은 자녀를 위해 기도할 때 여러분 자신을 위해서도 기도하시나요? 때로는 우리 아이에게 일어나라고 기도드렸던 변화가 실현되지 않는 경우도 있습니다. 그것은 우리가 자기 자신의 삶에 필요한 변화를 추구하지 않기 때문입니다.

여러분의 삶에 필요한 변화는 무엇입니까? 여러분은 무엇을 위해 기도드려야 할까요? 때로는 다른 부모들의 통찰을 통해서 여러분에게 필요한 변화가 무엇인지를 민감하게 알아챌 수 있을 것입니다.

우리 자신을 위한 최선의 기도는 다음에 기록된 기도와 별반 다르지 않을 것입니다:

하나님,

하나님의 사랑과 지도가 없다면 저는 무력할 것이고 제 삶은 통제가 불가능할 것입니다. 오늘 제가 하나님께 나아온 것은, 하나님께서 저를 회복시켜주시고 새롭게 해주셔서, 내일의 제 필요를 채워주시고 또 제가 제 아이들의 필요를 채워줄 수 있도록 도와주실 것을 믿기 때문입니다.

저는 제 삶이나 제 일을 잘 운영할 수가 없습니다. 그래서 하나님 손에 그것들을 모두 맡기기로 하였습니다. 제 삶을 드리고, 제 뜻을 드리고, 제 생각을 드리고, 제 소망을 드리고, 제 포부를 드렸습니다.

이제 제 아이들도 하나님께 드립니다. 하나님의 계획에 합당하도록 제 아이들에게 역사하실 줄을 믿습니다. 저 역시 마찬가지입니다. 저를 하나님의 사업에 들어 써주시옵소서.

제 갈 길을 인도하시고 방향을 일러주시며, 하나님을 위해 무엇을 해야 할지 가르쳐 주옵소서. 저는 제 아이들이나 다른 가족들, 혹은 친구들을 결코 통제할 수도 없고 변화시킬 수도 없습니다. 그러니 그들을 하나님께 맡깁니다. 사랑 많으신 하나님의 손으로 그들을 돌봐 주시고, 하나님의 뜻대로 사용하옵소서.

저로 하여금 그들을 끊임없이 사랑하게 하시고, 절대로 그들을 판단하지 말게 하옵소서. 만일 그들에게 변화가 필요하다면, 하나님, 하나님께서 친히 변화를 일으키실 것입니다; 저는 결코 할 수 없는 일입니다.

저는 다만 하나님께 기꺼이, 즐거이 헌신하게 하옵소서. 저의 결점을 제거해 주시고, 최선을 다하게 하여 주옵소서.

하나님을 더 잘 알기 원합니다. 하나님을 더 많이 사랑하기 원합니다. 저를 위한 하나님의 뜻을, 그리고 그 뜻을 행하실 능력을 더 잘 알기 원합니다.[12]

자녀를 위하여 기도하기에 좋은 시간과 안 좋은 시간

> 제 아이는 지금도 아주 잘 살아가고 있고 주님을 사랑하고 있는데, 이런 경우엔 아이를 위해 뭐라고 기도하는 게 가장 좋을까요?

우리는 자녀에 대한 근심거리가 있을 때나 혹은 자녀에게 문제가 생겼을 때에만 한시적으로 자녀를 위해 기도하는 경우가 너무나도 많습니다. 부모들이 가장 자주 던지는 질문들 가운데 하나가 바로 이것이지요. "아이에게 문제가 생겼을 때 어떻게 기도해야 할까요?" 하지만 이 질문을 뒤집어 보면 다음과도 같습니다. "제 아이는 지금도 아주 잘 살아가고 있고 주님을 사랑하고 있는데, 이런 경우엔 아이를 위해 뭐라고 기도하는 게 가장 좋을까요?"

고린도전서 1장 2절을 보면, 바울이 고린도 교인들을 가리켜 "그리스도 안에서 신실한 형제들"이라고 부릅니다. 그들은 주님을 위해 살고 있었습니다. 하지만 여전히 그들은 기도에 대한 욕구를 지니고 있었습니다. 바로 그 사실을 바울은 알아챘습니다. 만일 여러분의 자녀가 주님께 헌신적이라면, 최고의 협잡꾼인 사탄이 이런 사람을 너무나도 싫어한다는 사실을 반드시 명심해야 할 것입니다. 하나님의 자녀 역시 언제든지 유혹에 직면할 수가 있습니다. 하나님의 자녀는 오히려 다른 자녀들보다 더 빨리 좌절하고, 동류 집단의 압력도 더 많이 받게 되며, 더 자주 조롱을 당할 수 있습니다. 그것은 하나님의 자녀가 완전히 다른 가치관을 지닌 사회 속에서 비동조자로 살아가고 있기 때문입니다. 하나님의 자녀에게는 기도가 필요합니다. 바울이 골로새 교인들을 위해 기도했던 바로 그 기도가 필요한 것입니다: "그러므로 우리가 여러분의 소식을 들은 그 날부터, 우리도 여러분을 위하여 쉬지 않고 기도합니다. 우리는 하나님께서 여러분에게 모든 신령한 지혜와 총명으로 하나님의 뜻을 아는 지식을 채워 주시기를 빕니다"(골로새서 1장 9절).

예수께서는 자신을 따르는 무리들을 하나님의 보호 아래 맡기시면서 다음과 같이 위대한 기도를 드렸습니다:

나는, 아버지께서 세상에서 택하셔서 내게 주신 사람들에게 아버지의 이름을 드러냈습니다. 그들은 본래 아버지의 사람들인데, 아버지께서 그들을 나에게 주셨습니다. 그들은 아버지의 말씀을 지켰습니다 …… 나는 아버지께서 내게 주신 말씀을 그들에게 주었습니다. 그들은 그 말씀을 받아들였으며 …… 나는 그들을 위하여 빕니다. 세상을 위하여 비는 것이 아니고, 아버지께서 내게 주신 사람들을 위하여 빕니다. 그들은 모두 아버지의 사람들입니다…… 아버지께서 내게 주신 아버지의 이름으로 그들을 지켜주셔서, 우리가 하나인 것 같이, 그들도 하나가 되게 하여 주십시오. (요한복음 17장 6, 8~9, 11절)

이렇듯 예수께서도 영적인 자녀들을 위하여 기도드렸는데, 하물며 우리야 어떻겠습니까?   우리 부모들은 신실한 자녀를 위하여 훨씬 더 많은 기도를 드려야 할 것입니다. 예수 이름의 능력으로 자녀가 보호를 받을 수 있게 말입니다. 우리는 다음과 같이 기도할 수 있습니다. "주님, 제 아이들을 주님께 맡깁니다. 그 아이들은 제가 가르쳐 준 하나님의 말씀을 들었고, 그 말씀을 믿었습니다. 이제 그 아이들을 지켜 주시고, 주님의 이름 곧 주 예수 그리스도의 능력으로 보호해 주옵소서. 그 아이들이 받은 가르침을 사탄이 훔쳐 가지 못하도록 지켜 주시고, 오히려 날로 성장할 수 있도록 하여 주옵소서. 주님의 명예와 주님의 영광을 위하여 제 아이들을 하나님의 강한 사람으로 만들어 주옵소서."[13]

자녀의 성격 발달을 위한 기도

데이비드 콥과 헤더 콥은 〈자녀를 위해서 성서의 기도를 따라 하기〉라는 훌륭한 저서에서, 자녀의 성격 발달을 위해 어떤 식으로 기도해야 하는지, 몇 가지 예를 들어 주고 있습니다:

주님,
저는 아이의 성격을 형성하기 위해 하루 온종일 애쓰고 있지만, 오직 외부적인 영향만 미칠 수 있을 뿐입니다. 주님, 제가 이 일을 완수하지 못할 것 같아 심히 두렵습니다. 주님께서는 결코 외면을 보지 않으십니다. 내면이 중요하다는 사실을 잘 아시기 때문입니다(사무엘상 16장 7절을 읽어 보세요). 어떻게 해야 제 아이에게 완전무결함을 가르칠 수 있을까요?

때로 저는 이런 걱정이 듭니다. 제 아이가 온갖 정의로운 말과 행위들에 통달하고 난 다음에도 주님을 통해 속속들이 변하지 않으면 어떻게 하나 하고요. 속속들이 변하지 않는 한, 압력이 커질 경우 자칫 쓰러지기 쉬우니까요.

주님, 주님의 성령과 주님의 말씀을 통해 제 아이의 가장 깊숙한 본성을 꿰뚫으소서(히브리서 4장 12절을 읽어 보세요). 사람들이 제 아이를 보고 외면의 아름다움뿐만 아니라 내면의 진실함 까지도 알아챌 수 있도록 속속들이 치유해 주시고 온전하게 하옵소서. 주님, 오직 주님만이 이 일을 하실 수 있습니다.

제 아이와 제가 스스로를 속이지 않도록 구해 주옵소서. 주님의 은혜로운 역사를 통해서 우리를 내내 온전하게 하옵소서(시편 119편 20절을 읽어 보세요). 아멘.[14]

여러분은 즉각적이고도 특수한 걱정거리들 때문에 기도드릴 수도 있고, 특정한 미래의 문제들 때문에 기도드릴 수도 있습니다.

모든 부모들이 공통적으로 지니고 있는 걱정거리들 가운데 하나는, 자녀가 만나고 있는 이성 친구뿐만 아니라 자녀가 결혼하게 될 대상과도 관련이 있습니다. 대개의 부모들은 이 문제 때문에 정말로 걱정을 많이 합니다. 특히 자녀의 배우자 선택이 현명해 보이지 않을 경우에는 더더욱 걱정에 휩싸이게 됩니다. 어떤 부모는 아들딸이 아직 어린 아이인데도 미리부터 미래의 배우자를 위해 기도하기 시작하는 경우도 있습니다. 이것은 아주 지혜로운 결정입니다. 마침내 자녀가 배우자를 선택할 시기가 왔을 때, 부모의 기도가 열매를 맺을 수 있기 때문입니다. 사실 굳이 따지자면 그렇게 이른 것도 아니지요.

다음의 기도들이 여러분에게 아주 적합한 첫걸음이 되어줄 것입니다:

자녀의 미래 배우자를 위한 기도

하나님,

제 딸(아들)이 좋은 배우자를 찾아낼 수 있도록 성령님을 보내 주옵소서.

제 딸(아들)이 선택한 배우자가 하나님 당신을 향한 사랑으로 가득 찬 사람이기를, 그리고 하나님의 아들이시며 제 딸(아들)의 구세주이신 예수님을 영접한 사람이기를 원합니다.

제 딸(아들)의 배우자가 강하고, 선하고, 사랑이 넘치고, 사려가 깊은 사람이기를 원합니다. 제 딸(아들)에게 하나님께서 선택해 두신 배우자를 기다릴 수 있는 인내심을 내려 주옵소서.

혹여 제 딸(아들)이 기다리지 못하고, 해로운 방법이나 죄스러운 방식으로 하나님께서 선택해 두신 배우자 이외의 사람을 선택하였다손 치더라도, 제 딸(아들)이 그 잘못된 관계로부터 얻은 상처를 치유해 주시고 긴장을 해소하여 주옵소서.

제 딸(아들)이 하나님께서 선택해 두신 사람을 위하여 좋은 배우자가 될 수 있도록, 은총과 능력을 부어 주옵소서.[15]

개인적인 기도 여행의 지속

퀸 쉐러와 러쌩 갤럭은 자녀를 위한 기도 방법으로서 아주 독특한 접근 방법 하나를 제시해 줍니다. 그것은 바로 개인적인 기도 여행을 지속하는 것입니다. 그들의 저서인 〈자녀를 위한 기도 방법〉을 꼭 읽어 보세요. 참고로 퀸이 한 말들을 일부 소개하자면 다음과 같습니다:

나는 지금까지 거의 25년 동안 개인적인 기도 여행을 지속해 왔다. 여행을 하는 동안 나는 간구와 찬미의 언어, 응답 받은 기도에 대한 보고서, 그리고 기도나 성서 통독을 통해서 깨달은 특별한 교훈들로 가득 채워졌다. 다음은 내가 여러 해 동안 기도 여행을 하면서 기록해 두었던 기도의 일부분이다.

제 딸아이의 상처 입은 영혼을 치유해 주옵소서.

주님, 제 딸이 마음의 상처를 입었습니다. 그 아이를 위로하여 주옵소서. 그 아이에겐 첫사랑이었는데, 남자 친구가 그만 그 아이를 버리고 다른 여자에게로 가버렸습니다. 제 딸아이의 자존심이 다쳤습니다. 지금 그 아이는 거부당한 듯한 느낌, 아무런 가치도 없는 존재인 것 같은 느낌을 받고 있습니다. 오, 주님, 주님께서 제 딸을 얼마나 사랑하시는지, 그리고 우리가 얼마나 사랑하고 있는지를 그 애가 깨닫게 해주옵소서. 그 아이의 상처를 치유해 주옵소서. 그리스도인 친구들을 그 아이의 삶으로 불러 주서서, 특별한 친구를 잃은 직후에 남겨진 공허감을 메울 수 있도록 하소서. 제 딸이 우선순위를 제대로 정할 수 있도록 도와주시고, 삶의 진정한 목표는 바로 주님을 사랑하고 주님을 기쁘시게 해드리는 것이라는 사실을 깨달을

수 있게 해주옵소서. 주님의 팔이 끊임없이 제 딸-주님의 딸-을 품
어주시니 감사합니다.

제 아들의 격려자가 될 수 있도록 도와주소서.

주님, 제 아들의 학교 성적이 제 기대에 미치지 못하고 있습니다.
제가 아들의 속도를 칭찬할 수 있도록 도와주옵소서. 물론 좀 더 나
은 성적을 받아 오면 좋겠지만, 그래도 제 아들의 능력이 미치지 않
는 일 때문에 그 아이를 처벌하지 않도록 지켜 주옵소서. 지금 제 아
들이 서 있는 바로 그 자리에서, 그 아이를 격려할 수 있는 방법을 가
르쳐 주옵소서.

주님의 뜻을 이루소서.

오늘 제 아이들의 삶 속에서 주님의 뜻을 이루소서. 주님의 자애
로움에 합당한 만큼 제 아이들에게 주님의 은총을 부어 주옵소서.[16]

퀸 쉐러는 이 기도 여행 기록을 통해서, 어떤 식으로 우리가 자녀의 삶
속에서 기도의 능력이 드러나게 할 수 있는지, 아주 투명하고 정직하게,
멋진 예를 들어 주었습니다. 이제 우리에게는 다음과 같은 최종적 질문
이 남겨져 있습니다:
오늘 여러분이 자녀를 위한 기도를 시작할 수 있는 방법은 무엇일까
요?

02
두 번째 비결

좋은 부모는 우리나라에서 성장하며 느끼는
특별한 부담을 이해한다.

"**전**요즘 고용 운전사가 된 것 같기도 하고, 현금지급기가 된 것 같기도 해요. 또 어떨 땐 통행 단속반이 된 것 같기도 하고요. 아이들이 태어난 후로 제 삶은 완전히 변해 버렸어요. 물론 변할 것이라는 사실을 미리 알고 있었던 부분도 있지만, 그렇게 많이 변할 것이라는 생각은 해보지도 못했답니다. 저를 잘 아는 친구들은 심지어 예전의 제가 아니라고까지 말했습니다. 맙소사! 어째서 단 한 사람도 저에게 경고를 해주지 않았던 걸까요? 제 삶이 이 정도까지 변할 것이라는 사실을 말이에요. 선생님도 잘 알다시피, 전 부모란 그저 자신의 삶에 부모의 역할만 추가시키면 되는 줄 알았습니다. 이제까지의 삶은 모두 그대로 유지해 나가면서 말이죠. (하지만 실제로는 어림 반 푼 어치도 없는 일이지요.)

제 업무 시간표(그렇게 불러도 되겠지요?)는 완전히 달라져 버렸어요. 우리의 애정 생활은 타격을 입었고 더 이상 유지해 나가기가 힘들었지요(그것도 아주 급속도로 말이죠!). 친구들과의 만남은 전적으로 (1) 아이를 돌봐주는 비용(그러니까 유용성); (2) 아이들의 건강 상태(아이들이 또다시 음식을 토할 것인가?); (3) 베이비시터의 이용 가능성에 달려 있었지요. 그러니까 제 말은, 이런 불편을 감수하면서까지 친구들을 만나야 하나, 회의가 생겼다는 것입니다.

그리고 우리 집 자가용! 정말이지, 아이를 키우기 전까지는 말쑥하고 멋진 소형 오픈카를 타고 다녔답니다. 하지만 지금은 그럴 수가 없어요. 이제는 차를 선택할 때 그저 우리 아이들에게 어떤 차가 필요한가만 따지게 되지요. 그러니까 차의 크기와 모양, 안전성(앞뒤와 천정에 에어백이 있나 없나! 안전벨트는 어떤가?), 따지게 되는 것입니다.

제가 원하는 게 무엇인가는 전혀 중요치 않아요. 저에게는 우선권이라는 게 전혀 없어요. 모든 결정은 항상 아이들을 중심으로 내리게 되지요. 적어도 겉으로 보기에는 그렇답니다.

제 친구들 가운데 여행사 직원인 친구가 한 명 있어요. 그 친구가 자기 업무에 대해서 설명해 주는 걸 가만히 듣고 있다가 전 이렇게 말했죠. '와! 내가 날마다 하는 일들하고 전혀 다르지 않네.' 저는 여행 계획을 짜고, 출발 시간을 정하고, 차량 운전을 준비하고, 만일 제가 직접 할 수 없을 경우에는 증원을 요청하든가 다른 누군가를 대신 보내지요. 우리가 매주 어디를 그렇게 다니는지 알고 싶으세요? 두 아이를 위한 피아노 레슨이 있고, 세 아이를 위한 축구 연습이 있고, 또 세 아이를 위한 축구 시합이 있죠(한 아이는 9시에, 한 아이는 10시에, 그리고 또 한 아이는 10시에 다른 장소에서 ─ 사람 살려!). 또 두 아이는 파이오니아 걸스에 참석해야 하고, 한 아이는 컵 스카우트에 가야 합니다. 그리고 한 아이는 오케스트라에, 한 아이는 개인 교사에게 가야 하지요. 이건 어디까지나 매주 규칙적으로 가고 있는 것만 열거한 겁니다. 병원에 간다거나, 쇼핑을 간다거나, 교사 회의에 간다거나, 다음 시즌에 있을 운동 경기 이벤트에 참가 서명을 하러 간다거나 하는 등등의 새로운 여행도 결코 끝이 없습니다. 우리 아이들이 지금 이런 경험들을 쌓지 않는다면 나중에 십대가 되었을 때 불리해질 게 뻔하니까요. 안 그런가요?

게다가 모든 일에는 돈이 들기 마련이지요. 끊임없이 돈이 들어가요! 아이들은 이름 없는 테니스화만으로 만족하는 법이 없답니다. 반드시 브랜드 제품이어야 해요. 그런 아이들이 형제 것을 덥석 물려받으려 하겠어요? 어쩌면 제가 아이들에게 너무 많은 것들을 주고 있는지도 모르지요. 정말 모르겠어요. 전 아이들이 온갖 기회를 다 접해 보길 원해요. 제가 놓쳐 버렸던 기회들을 말이에요. 또 제 아이들이 학교나 교회 친구들 사이에서 자기만 뭔가 다른 외톨이라는 느낌을 안 받았으면 좋겠어요. 그래서 주고 또 주는 것이죠. 제가 바라는 거라곤 제 삶을 좀 더 통제할 수 있게 되는 것뿐이에요. 글쎄요, 언젠가는 …… 아마도 …… ”

어떻습니까? 어디서 많이 들어본 말 같은가요? 만일 그렇지 않다면 여러분이 이상한 겁니다. 부모가 되는 그 순간부터 우리의 삶은 확실히 변하게 됩니다. 그리고 아이들은 우리가 하는 일과 우리가 가는 장소에 많은 영향을 미칩니다. 게다가 어느 정도 까지는 우리가 누구인가 하는 데에도 영향을 미치지요. 우리나라에서 자라나는 동안 우리 아이들은 우리 사회가 주는 특별한 부담에 시달리게 됩니다. 그리고 우리 역시 부모로서 아이를 기르는 동안 특별한 부담을 떠안게 되지요.

그러면 과연 어느 정도까지 압박을 받게 되는 걸까요?

부모가 되는 것은 하나의 도전입니다. 하지만 동시에 소명이기도 하지요. 그러면 무엇을 위한 소명입니까? 우리는 다음 글에서 두 부모의 좌절을 읽을 수가 있습니다:

한 부모가 말했다. “제가 과연 뭔가를 이뤄 놓은 게 있는가 하는 의문이 드는 날이 있어요. 얼마 동안은 한 아이 뒤를 졸졸 따라 다니다가, 또 얼마 동안은 다른 아이 뒤를 졸졸 따라 다니지요. 곧 들이

닥칠 재앙을 미리 막아 보려고 애를 쓰거나, 아니면 가장 최근에 일어난 재앙으로부터 잔해를 건져 내려고 애를 쓰면서 말이에요. 부모가 된다는 게 다 이런 걸까요? 제 삶에서 성취할 수 있는 건 이게 전부일까요? 전 정말이지 잡역부 같다는 생각이 들어요."

그러자 다른 부모가 대답하였다. "부모가 된다는 게 제가 기대해 왔던 것하곤 상당히 다르더군요. 어떤 날은 고용 운전사보다 아주 조금 중요한 사람 같이 느껴지기도 하고, 어떤 날은 숙제를 강제로 시키는 사람 같이 느껴지기도 해요. 또 어떤 때는 텔레비전 프로그램을 검열하는 사람 같이 느껴지기도 하고, 어떤 때는 패스트푸드 저녁 식사를 요리하는 사람 같이 느껴지기도 한답니다! 전 부모로서 뭔가 중요한 일을 하게 될 거라고 생각했는데, 그런 기회가 정말 있는지조차 의문스러워요. 제가 뭔가를 놓치고 있는 걸까요? 과연 제 시간과 노력을 올바른 분야에 쏟고 있는 걸까요? 아니면 뭔가 다른 곳에다 초점을 맞춰야만 하는 걸까요?"

부모가 되는 바로 그 순간 여러분의 삶과 생활양식에는 어떤 변화가 생길까요? 부모가 된다는 게 정말로 그토록 많은 영향을 미칠까요? 이 부모들이 말하는 것처럼, 정말로 어린 아이 한 명이 그토록 센 힘과 통제권을 휘두를 수 있는 걸까요?

일단 아이가(혹은 여러 아이들이) 생기기만 하면 여러분은 전혀 다른 사람으로 변할 것입니다. 아이는 부모의 삶을 몇 번이고 계속해서 변화시킵니다. 이러한 변화는 절대로 멈추지 않을 것처럼 보입니다. 자녀가 새로운 단계에 도달할 때마다 여러분 역시 새로운 단계를 밟게 될 것입니다. 좋은 부모란 이와 같이 변화의 일생을 맞이하는 부모를 말합니다.

부모의 계절

최근에 나는 〈부모의 여덟 계절〉이라는 제목의 책을 우연히 읽게 되었습니다. 그 책은 정말 재미있으면서도 충격적이었고, 통찰력이 풍부하면서도 강한 인상을 주었으며, 폭로적이면서도 매우 유용했습니다. 나는 모든 예비 부모들이 미리부터 이 정보를 접할 수 있기를 바랍니다. 이 책의 저자들은 자녀의 삶이 새로운 단계에 도달할 때마다 어떤 식으로 부모의 삶까지 새로운 단계로 넘어가게 되는지에 대해서 아주 잘 설명해 주었습니다. 이것은 자녀들로 인해 부모가 맞게 되는 지극히 정상적인 단계들, 결코 피할 수 없는 단계들입니다. 그러면 이 단계들에 관하여 한 번 생각해 보도록 합시다.

첫 번째 계절은 바로 '유명 인사'의 계절입니다. 여러분은 유명 인사가 무엇인지 아시죠? 다른 사람들에게 존경을 받고, 닮고 싶은 대상이 되는 사람을 말합니다. 부모로 치면, 뱃속의 "아기" 때문에 특별한 배려의 대상이 되고 관심의 초점이 되는 시기를 가리키는 말이지요. 여러분은 이제 하나의 비밀 집단에 가입한 셈입니다. 다들 여러분이 어떤 식으로 행동할 거라고 기대하고 있으며, 모든 이들이 여러분의 일거수일투족에 관심을 쏟고 있습니다. 여러분은 이제 막 예비 엄마로서 깨닫기 시작했습니다. 여러분의 삶이 이제 더 이상은 여러분 자신의 것일 수 없다는 사실을 말이죠. 식사를 하는 시간도 아기가 결정할 것이고, 침대 어느 쪽에서 잠잘 것인가도 아기가 결정할 것입니다. 여러분이 얼마 동안 일을 할 수 있을 것인가도 아기가 결정할 것입니다. 하지만 여러분의 삶이 지금 새로운 도착점에 이르러 통제 당하고 있다고 여겨진다면, 그저 한 번 기다려 보십시오.

두 번째 계절은 아기의 출산과 함께 시작됩니다. 이 시기는 '스펀지'

라고 일컫습니다. 스펀지란 무엇입니까?   한 사람이 지속적으로 다른 사람에게 의지하여 자신을 유지하고 성장한다는 뜻입니다. 부모의 입장에서 보면 이것은 아기의 존재를 받아들여야 할 의무, 그리고 인류에게 잘 알려진, 아기에게서 비롯된 온갖 수분을 모조리 흡수해야 할 의무를 지닌 실존의 상태를 뜻하기도 합니다! 이 단계에서 여러분의 삶은 전적으로 아기에 의해 결정됩니다. 양육비가 많이 들든 적게 들든 똑같습니다. 하지만 여기에서 여러분이 "그래, 맞아!"라고 맞장구를 칠만한 설명이 한 가지 더 있습니다 — 그것은 아기의 필요를 충족시켜 주기 위하여 자신의 욕구는 모두 무시해야 하기 때문에 여러분의 모든 자원이 착취당하고 고갈되는 듯한 느낌을 갖게 된다는 것입니다.

세 번째 계절이 다가올 즈음에는 권력 다툼이 일기 시작합니다. 문제는 "누가 책임을 맡을 것인가?"입니다. 이 계절은 곧 '가족 매니저'의 계절입니다. 매니저는 가족의 재산과 지출과 스케줄을 모두 관리하고 조절하고 유용할 수 있습니다. 아이들이 무엇을 해도 되고 무엇을 해서는 안 되는지, 아이들의 운동과 성적, 식사, 안전 등등을 모두 책임지게 되어 있습니다. 이 단계에서 여러분은 아이들에게 무슨 문제가 생길 경우 모든 정보와 지식, 리더십을 발휘해야만 하는 사람의 자리에 앉게 됩니다. 여러분은 전문가 취급을 받을 것입니다. 하지만 여러분 스스로는 전문가라는 느낌이 전혀 안 들 것이고, 사실 여러분은 전문가가 아닙니다. 도대체 어떤 사람이 준비된 부모일 수 있겠습니까? 자녀 교육을 어떻게 수행해야 하는지 익히기보다는 운전면허를 따는 데 더 많은 시간을 할애하고 있는 것이 우리의 현실인데 말입니다. 설상가상으로, 여러분에게는 의무만 있을 뿐입니다. 그 누구도 이런 특권을 바라지는 않죠. 여러분에게 이제 막 걸음마를 시작한 아이나 유치원생인 자녀가 있다면, 이제 곧 통제권과 권력을 차지하기 위한 싸움이 시작될 것입니다.

어떤 저자는 이 딜레마에 관하여 아주 잘 설명해 주었습니다:

> 자녀가 자제력을 잃었을 경우, 자기 관리가 잘 되어 있는 가족 매니저는 매일, 하루에도 수십 번씩, 인내심을 발휘하여 공감할 수 있는 협상가가 되어야만 한다. 자녀가 부모의 온갖 규칙들을 테스트하고 부모가 시키는 일을 모조리 무시하면서 거부한다 할지라도, 부모는 불끈 성을 내기보다는, 어린애들을 어떤 식으로 "요리할" 것인지부터 배워야 한다.[1]

이 시기의 게임 명칭은 "요리하자"입니다. 이것은 결코 텔레비전 쇼가 아닙니다! 이 시기는 과연 부모가 책임감 있고 사랑이 넘치는 자녀 양육자가 되느냐, 아니면 아이를 버릇없는 응석받이로 키우면서 안달복달하는 형태로 전락하고 마느냐를 결정짓는 시기입니다.

자녀가 초등학교를 졸업할 때가 되면 여러분 역시 졸업을 하게 됩니다. 그리고 곧바로 '여행사 직원'의 자리에 앉혀지죠. 이 네 번째 계절에는 여행 일정이 일상적인 화제처럼 느껴집니다. 여러분은 자녀의 활동 — 어디를 갈 것인지, 무엇을 할 것인지, 언제 할 것인지 — 을 계획하고, 조직하고, 지시할 만한 능력과 권위를 갖추고 있어야 합니다. 여러분은 가이드이자 연락책입니다. 여러분은 자녀가 안전하고 편안하게 지내기를 바라며, 다른 사람들에게 인정받길 원합니다. 여러분의 스케줄을 방해하는 것은 교사나 친구, 코치, 자녀 같은 타인들에 의해 빚어지는 변화와 욕구들입니다. 여러분은 자녀가 원치 않는 곳에 자녀를 보내고 싶을 수 있으며, 자녀가 하기 싫은 일을 강요할 수도 있습니다. 마찬가지로 자녀 역시 여러분이 원치 않는 곳으로 여러분을 보낼 수 있으며, 여러분이 하기 싫은 일을 하게끔 만들 수 있습니다. 이 시기가 얼마나 혼란스러울지 혹은 얼마나 평온할지를 가늠하는 것은 여러분 자신의 욕구가 아니라 바로 자녀들이 바라는 소망과 욕구들입니다.

이 시기에 일어날 수 있는 권력 다툼의 일부는, 자녀가 좀 더 많은 독립을 원하는 데 반하여 여러분 자신은 좀 더 엄격하게 자녀를 감독하고 싶어 한다는 데 그 원인이 있습니다. 설상가상으로, 부모의 역할을 수행하기 위한 여러분의 여정에 좀 더 많은 위험 부담을 안겨 주는 것은, 여러분에게 한 두 명의 자녀가 더 있을 경우입니다. 여러분은 여행사 직원의 역할을 수행함과 동시에, 스펀지와 가족 매니저의 역할을 둘 다, 혹은 그 중 하나를 한 번 더 수행할 수도 있습니다. 그리하여 여러분은 잠깐의 평화와 고요를 얻기 위해 자녀의 요구에 굴복해 버리고 싶은 유혹을 받게 됩니다. 이러한 유혹은 점점 더 커집니다. 어찌 보면 응석을 받아주는 게 가장 손쉬운 해결책처럼 보입니다. 물론 그럴 수도 있습니다. 하지만 그 대가는 어떤가요?

상황이 이보다 더 악화될 수 있을까요?   앞으로 맞이하게 될 계절들이 이보다 더한 압박을 줄 수 있을까요?   다음으로 맞이하게 될 다섯 번째 계절은 이름 하여 '화산 거주자' 입니다. 그렇습니다. 자녀가 호르몬의 변화가 심한 청소년기에 들어서게 되면, 여러분 역시 화산 거주자로서 언제나 안전부절 못하며 살게 될 것입니다. 청소년기의 폭발이 어느 순간 일어날지 모르기 때문입니다(허리케인과 달리, 이 폭발은 아무런 경고도 없이 일어나지요). 여러분은 이 폭발이 여러분 자신과 나머지 가족들의 삶에 어떤 영향을 미칠지, 그리고 크게는 이 사회에 어떤 영향을 미치게 될지 두려워하면서 살 수도 있습니다. 또한 여러분은 자신이 부모로서 실패하게 될까봐 두려워할 수도 있습니다. 여러분은 삶의 모든 영역에서 도전을 받게 될 것입니다. 어떤 부모들은 그 도전을 즐거이 받아들일 것이고, 또 어떤 부모들은 끔찍이도 싫어할 것입니다. 그리고 자녀가 여럿인 부모들의 경우엔 이 시기가 영원히 지속될 수도 있습니다 (아니면 적어도 그렇게 느껴질 것입니다).

'가족 개조자'의 계절은 (마침내) 집안이 조용해지고 여러분의 달력에 빈 칸이 생기기 시작하는 시기입니다 . 이제 자녀는 둥지를 떠났으므로, 집안을 리모델링해야 할 때가 왔습니다. 이 여섯 번째 단계에서는 세 군데를 개조해야만 합니다. 이른바 "쓰리 아이" ― 정체성(Identity), 친밀감(Intimacy), 독립심(Independence) ― 입니다. 이제 여러분의 자녀 교육도 끝이 보이기 시작합니다. 하지만 정작 자녀가 부모의 희망과 정반대되는 것들을 스스로 결정하고 선택할 수 있는 청년기에 들어서면, 여러분은 그야말로 좌절해 버릴지도 모릅니다. 자녀가 떠나가도록 내버려 두는 것은 하나의 도전일 수 있습니다. 이제까지는 수많은 필요들을 채워 줘야 하는 것이 힘들었지만, 앞으로는 아무런 요구도 하지 않는다는 사실이 더 힘들어질 수도 있습니다. 하지만 정반대로, 자녀가 책임감 있는 성인이 되지 못하고, 모든 분야에서(특히 경제적인 면에서) 여전히 부모의 도움만을 의지한다면, 그러한 요구 역시 갈등의 요인이 될 수도 있습니다.

일곱 번째로 여러분은 '안정된 부모'의 계절을 맞이하게 됩니다. 여러분은 자녀의 생활환경이 안정되길 바라면서, 어쩌면 여러분의 부모님을 돌보는 시기로 들어설 수 있습니다. 어쩌면 손자 손녀들이 여러분 삶의 일부가 될 수도 있습니다. 이제 여러분은 자녀가 직접 부모의 여덟 계절을 헤쳐 나가는 모습을 지켜볼 수도 있습니다.

부모의 마지막 계절은 '메아리'의 계절입니다. 여러분은 이 단계에 여러 해 동안을 머물 수도 있고 아주 짧은 동안만 머물 수도 있습니다. 여기에서 메아리란 어떤 장애물에 부딪힌 다음 다시 되돌아오는 것을 말합니다. 이 시기는 다른 사람들이 여러분을 돌봐 주길 기다리는 시기입니다. 다른 사람들이 여러분을 필요로 하거나, 여러분을 원하거나, 여러분을 특별한 사람으로 바라봐 주기를 기대하는 시기입니다. 이 시기에 여러분은 자녀와 증손들로부터 뭔가 응답이 되돌아오기를 기다립니다; 그들이 여러분을 가족에 포함시켜 주고 여러분을 돌봐 주기를 바랍니다. 만일 자녀가 책임감 있고, 인정이 많고, 이타적인 성인으로 자랐다면, 이 시기의 여러분 삶은 아주 충만해질 것입니다. 이 시기는 부모로서의 여러분 삶이 완전히 역전되는 시기입니다 ―

자녀에게는 여러분이 점점 더 필요 없어지는 반면, 여러분에게는 자녀가 점점 더 필요해집니다.[2]

부모의 선택

분주한 생활이 곧 조화로운 가정생활과 일치하지는 않습니다.

최근에 한 부모가 제 사무실을 찾아왔습니다. 그들의 얼굴과 태도엔 지치고 좌절한 기색이 역력했습니다. 그들 옆에는 다섯 살부터 열 살까지 나이순대로 네 아이가 서 있었습니다. 그들은 고개를 저으며 말했습니다:

"정말이지 이건 저희가 바라던 삶이 아니에요. 한밤중이 되면 저흰 둘 다 완전히 지쳐버린다니까요. 서로에게 잘 자란 인사도 못하고 잠들어 버릴 지경이에요. 혼자 내버려두는 게 오히려 애정 어린 행동인 셈이죠. 저희가 하고 있는 일들은 모두 애들이나 주변의 다른 가족들로부터 강요당한 것처럼 느껴져요. 이제 이 정도면 충분해요. 이제는 집안에서 '안 돼' 라는 단어를 다시금 사용할 때가 되었어요. '이제 더 이상 다른 사람에게 좌우되어서는 안 된다' 는 지침을 세울 겁니다. 다른 부모들이 어떻게 생각하느냐는 중요한 게 아니에요 — 심지어는 교회가 어떤 식으로 생각하는가도 전혀 중요치 않아요.

저희 애들에게는 아이답게 생활할 수 있는 시간, 그저 아이로 존재할 수 있는 시간이 필요해요! 그리고 저희에겐 스케줄을 짠다든가 누구를 태워다 주고 내려 준다든가 하지 않는 시간이 필요하고요. 저흰 이번 주에 가족 모임을 가질 건데, 아이들에게 각자 자기가 좋아하는 바깥 활동을 한 가지만 고르라고 할 작정이에요. 그것만으로도 충분해요. 저흰 너무나도 바쁘고, 너무나도 시간이 모자라요. 그리고 완전히 지쳐 버렸어요. 하나님께서 이런 식으로 살라고 저희를 부르셨을 것 같진 않아요. 세상이 이렇게 살도록 만드는 거죠. '이 세상을 따르지 마라' 는 말씀은 그야말로 우리 가족의 생활에 딱 맞아 떨어지는 것 같아요."

이것은 매우 용감한 첫걸음이었습니다. 그들은 지금 아주 잘 해내고 있습니다. 마침내 그들은 분주한 생활이 곧 조화로운 가정생활과 일치하지는 않는다는 사실을 깨닫게 되었습니다.

지난 반세기에 걸쳐서 우리 사회의 가족생활에 뭔가 변화가 일었습니다. 마치 통제권이 부모로부터 자녀에게로 옮겨진 것 같습니다. 가족의 초점이 부모로부터 자녀에게로 변경되었습니다. 아이들은 이제 더 이상 예전처럼 "보기는 하되 말할 수는 없는" 소수의 존재가 아닙니다.

우리나라에서 성장하는 세대의 부담

우리나라에서 성장한다는 것은 언제나 특별한 기회와 특별한 도전을 제공해 줍니다. 최근의 세대들에게는 더더욱 분명한 사실이지요.

베이비 붐 시대에 성장한 아이들은 자기 부모들이 성장할 때와 전혀 다른 세상을 경험하였습니다. 이 아이들은 아무 것도 모른 채 그저 유복한 삶을 살았습니다. 그런 식으로 자라난 세대는 세상이 언제나 그런 식으로 흘러갈 거라고 믿을 수밖에 없었습니다. 그들은 이전의 세대들처럼 안전에 관심을 갖지 않았습니다. 그들은 소비자였습니다. 매사추세츠 대학교의 랄프 화이트후드 주니어는 베이비 붐 세대를 가리켜 "자기 생각에만 몰두해 있는 세대, 그러니까 자기 부모들처럼 희생을 통해서가 아니라 오직 만족을 통해서만 자신을 정의내리는 세대"라고 묘사하였습니다.[3]

로라 슐레징어 박사 역시 다음과 같이 상세하게 설명하였습니다:

> 불행히도, 방종은 현대 우리 사회의 일반적인 추세다. 죄책감은 완전히 상실한 채 정체감과 이기심만으로 똘똘 뭉친 끔찍한 돌연변이가 태어났다. 사실 죄책감은 상실한 게 아니다. 죄책감은 표현과 행동의 전적인 자유를 표방하는 철학의 세대 — 자기와 사회에는 아무런 제한도 가하지 않고 파괴적인 심판도 하지 않는 세대 — 에 의해 고소당하고, 심판 받고, 유죄 선고를 받고, 사형 선고를 받았다.[4]

소비와 방종, 그리고 타인이 소유한 것과의 비교를 선호하는 우리 문화의 가치에 휩쓸리기란 매우 쉬운 일입니다. 그것은 임신 축하 파티와 함께 시작됩니다. 이제 임신 축하 파티는 예비 엄마에게 누가 더 최신 디자인의 유아복을 선물하느냐 하는 일종의 경쟁 같은 게 되어 버렸습니다. 평범하고 기능적인 유아복은 이제 더 이상 좋은 선물이 되지 못합니다. 요즘은 카터 제품이 시시한 대접을 받습니다. 오쉬코쉬나 디즈니는 그저 무난한 정도에 속합니다. 베이비 갭은 귀엽고 멋진 옷으로 유행을 타고 있으며, 베이비 디올은 공식적인 디자인이 되었습니다. 어린이 전문 매장에 가서 짐보리나 주들, 멀버리 스트리트 같은 브랜드 제품에 달린 가격표들을 한 번 들여다보세요. "유행을 따르는" 엄마라면 누구나 다 그 제품들을 구입할 겁니다 — 적어도 구입하고 싶어 하지요. 많은 어린이들이 자기 부모들보다 더 좋은 의복을 걸치고 다닙니다. 그것은 부모들이 자신을 꾸미는 데 돈을 들이기보다는 자기 아이들에게 기꺼이 더 많은 돈을 투자하기 때문입니다.

우리가 제아무리 많은 물건들을 조달해 준다 할지라도,
결코 우리 아이들에게 완벽한 삶을 안겨 줄 수는 없습니다.
하지만 우리는 아이들이 불완전한 세상에서 살아갈 수 있도록
준비를 갖추게 해줄 수 있습니다.

그 밖의 소비 형태에 대해서도 한 번 생각해 보기로 할까요? 아기가 정말로 구입한지 몇 년 밖에 안 된 침대를 물려받았을 때보다 새로 명품 침대를 구입했을 때 잠을 더 잘 잘까요? 아기들이 정말로 부모 침대의 깃털 이불보다 더 값비싼 깃털 이불을 필요로 할까요? 평범하고 따스한 담요나, 할머니께서 손수 만드신 퀼트 이불은요? 너무나도 많은 예비 부모들이 육아실을 장식하기 위하여 자기 형편에 맞지 않을 만큼 많은 돈을 허비하고 있습니다. 그저 몇 년 동안만 사용하면 되는 방에 — 그것도 아기들 본인은 그런 걸 결코 알아챌 수도 없을 텐데 말이죠.

일부 아기 온천장에서는 "유아 마사지"나 "아기 체조"가 무려 30~40 달러를 호가합니다. 과연 그럴 필요가 있을까요? 부모들 자신이라면 이런 게 가당키나 했을까요?

우리는 자기에게 필요한, 그리고 우리 아기들에게 필요한 온갖 장치들을 지니고 있습니다. 캐리어를 선택할 경우를 한 번 생각해 보기로 할까요? 여러분은 엉덩이나, 팔이나, 등이나, 가슴 가운데 아기를 어디에 매느냐에 따라서 각각 다른 캐리어가 필요하다는 말을 듣게 될 것입니다. 그것뿐만이 아닙니다. 지역의 자동차 판매점에서도 제각기 다른 수많은 옵션과 스타일을 만나게 될 것입니다. 기저귀 가방 역시 엄청나게 많은 스타일이 있습니다. 아기가 변덕을 부릴 때마다 여러분은 가능한 한 온갖 장난감과 음료수와 과자와 의복들로 주머니와 파우치를 가득 채우게 될 것입니다. 맙소사! 그 어떤 아기라도 식품점을 돌아다니는 동안이 아니라면 결코 그래서는 안 됩니다!

여러분은 자녀가 아무런 불편도 겪지 않도록 기를 쓰고 노력한 나머지, 급기야는 하드 아이스크림 보호대까지 구입할 수도 있습니다. 아이스크림을 먹는 동안 손가락이 끈적거리지 않도록 막아 주고, 또 값비싼 의복을 깨끗이 입을 수 있도록 말이죠.

걸음마 시기 이후를 한 번 생각해 볼까요? 단순한 그네 세트는 어떤가요? 아니, "단순한"이라는 말은 생략하는 게 낫겠네요. "자녀의 사회적, 신체적 욕구와 밀접하게 연관되어야만 한다"는 이유로, 그네 세트의 대부분이 300달러를 넘어서니까요. 한 잡지는 어떤 엄마의 말을 다음과 같이 인용하였습니다. "이왕에 그네 세트를 구입할 거라면 최고급 제품을 구입해야 한다는 생각이 들었어요. 그래서 100 퍼센트 미국 삼나무로 만든, 호화로운 신체 훈련용 여피 모델을 사러 갔지요. 뒷마당에 설치해 놓으니 정말로 아름다워 보였어요. 하지만 애들은 별로 맘에 들어 하지 않았어요. 오히려 이웃집에 설치되어 있는 79.95 달러짜리 금속 배관 그네 세트를 더 좋아했지요."

그러면 아이들이 원하는 장난감과 게임 도구들을 구입하는 데 얼마 정도의 돈을 지불해야 할까요? 여러분은 혹시 성탄절이나 생일날, 혹은 일 년 내내 자녀에게 사 준 온갖 선물들의 비용을 계산해 본 적이 있습니까? 아마 그 총액을 알고 나면 꽤 충격을 받게 될 걸요!

우리가 제아무리 많은 물건들을 조달해 준다 할지라도, 결코 우리 아이들에게 완벽한 삶을 안겨 줄 수는 없습니다. 하지만 우리는 아이들이 불완전한 세상에서 살아갈 수 있도록 준비를 갖추게 해줄 수 있습니다. 바로 그 때문에 아이들의 삶에서 예수 그리스도와의 개인적인 관계가 필요한 것이고, 바로 그 때문에 아이들의 삶에서 하나님의 말씀을 이해하고 적용하는 자세가 필요한 것입니다.

베이비 붐 세대(1946~1964년에 태어난 사람들)는 그들 나름대로의 방식에 익숙해져 갔습니다. 특히나 그 세대의 후반기에 태어난 사람들이 더 그랬지요. 그들 가운데는 사회가 그들의 욕구를 충족시켜 주는 경우가 굉장히 많았습니다. 자녀 양육 방침은 변했습니다. 특히 스팍 박사의 영향 하에서 큰 변화가 일었지요. 부모들은 엄격하고, 규율이 잘 잡히고, 체계적인 자녀 양육법으로부터 벗어날 것을 권유 받았습니다. 그 대신에 이해나 존중, 정서적 양육 등과 같은 새로운 개념들을 배우게 되었지요. 물론 이런 것들은 아주 바람직한 현상입니다. 문제는 도가 지나친 부모들이 많았다는 데 있습니다. 이해는 그만 방종이 되어 버렸습니다. 이전 세대의 자녀들은 만족을 늦출 줄도 알았었는데, 이 세대는 전혀 몰랐습니다. 그 결과 이 세대는 저축하는 방법을 배우지 못했습니다. 베이비 붐 세대가 은퇴 후의 노후 생활에 대해 얼마나 대책 없이 살고 있는가를 알면 깜짝 놀랄 것입니다. 베이비 붐 세대의 40 퍼센트와 그 중 은퇴를 앞둔 사람의 30 퍼센트가 개인 저축액 1만 달러도 안 되는 게 현 실정입니다. 더 이상 일할 수 없는 날이 오면 그들은 도대체 어떻게 되는 걸까요?[5]

이렇게 끊임없이 충족시켜 주는 자녀-중심적인 사고방식의 결과를 가장 잘 묘사해 주는 것은 아마도 다음과 같은 고민에 휩싸인 한 엄마의 이야기일 것입니다:

오늘날의 미니밴 엄마들은 아이들을 운동 경기에, 연습에, 교회 이벤트에, 학교 활동에 실어다 주기 위하여 매일 매시간 충실하게 기어를 변속시킨다. 이 모두가 좋은 부모라는 미명하에 이루어진다. 오늘날 좋은 부모란 아이들이 과연 몇 가지 과외 활동을 하고 있느냐에 따라 결정된다. 그러면 이에 따른 최고의 상은 무엇일까? 그것은 바로 눈코 뜰 새 없이 바쁜 아이들, 버릇없는 아이들, 감사할 줄 모르는 아이들, 높은 성과를 올리면서도 인격 형성은 부진한 아이들, 단절된 가족과 이웃들, 그리고 마침내는 결혼 생활에 실패한 부모다.[6]

제 말이 좀 심한 것 같습니까? 여러분이 만일 지난 30년 동안 제 상담실에 앉아 수백 명의 부모들과 세미나를 가졌다면, 제 말이 심하다는 생각이 전혀 안 들 것입니다.

"부자병"

> 수많은 아이들이 편안한 생활양식은 당연히
> 자신의 것이라는 태도에 길들여졌습니다.

오늘날 우리나라에서 자녀를 양육하는 데에는 특별한 부담이 뒤따릅니다. 좋은 부모라면 반드시 이것을 이해해야만 합니다. 우리는 다른 나라, 다른 문화에 비해 풍요로운 사회를 이룩하고 있습니다. 우리가 한 자녀에게 쏟아 붓는 비용은 실로 엄청납니다. 하지만 그토록 많은 돈을 뿌린 결과, 그리고 텔레비전과 동료와 심지어는 부모(확대 가족은 제외)

로부터 받은 메시지들을 통해서, 우리는 그만 자아도취적 권리 의식을
지닌 세대를 창조해 내고 말았습니다. 레너드 피츠는 〈디트로이트 자유
언론〉에서 다음과 같이 말합니다:

> 우리 아이들은 권리를 부여 받은 아이들이다. 수치스러울 일도 전
> 혀 없고, 비난 받을 일도 전혀 없으며, 고소를 당할 일도 전혀 없고,
> "안 돼"라는 말을 들을 일도 전혀 없다. 그리하여 이 아이들은 세상
> 이 자기 주변을 선회하는 것도 아니고, 세상이 자신의 즉각적인 만
> 족을 위해 존재하는 것도 아니라는 사실을 전혀 이해하지 못한다.
> 이 아이들은 새로운 시대에 속하는 아이들이다. 그들의 부모가 그
> 토록 걱정했던 시대 ― 자부심에 너무나도 많은 상처를 입은 시대
> ― 의 아이들이다. 그 결과 이 아이들은 살다가 한두 번만 곤란한 일
> 을 겪어도 금방 허리케인 속의 카드 집처럼 무너져 버리고 만다.
> 만일 우리가 계속해서 우리 아이들의 길을 평탄하게만 만들어 준
> 다면; 만일 우리가 계속해서 우리 아이들을 그릇된 행동의 결과로부
> 터 보호해 주기만 한다면; 만일 우리가 계속해서 우리 아이들의 판
> 단력과 도덕심을 매우 한정된 상태로 제거해 버린다면; 만일 우리가
> 계속해서 우리 아이들에게 지구가 (자신들 주변을 아니라) 태양을
> 선회한다는 사실을 가르쳐주지 않는다면, 결국 우리는 계속해서 허
> 약하고 겁이 많은 아이들, 정서적으로나 심리적으로나 면역 반응을
> 제대로 발휘하지 못하는 아이들, 도덕적으로 텅 빈 아이들, 위험스
> 럽고 목표가 없는 아이들, 제멋대로 구는 아이들, 혼란에 빠져 자포
> 자기한 아이들을 만들어 내게 될 것이다.[7]

수많은 아이들이 편안한 생활양식은 당연히 자신의 것이라는 태도에

길들여졌습니다. 그들은 거침없이 분명하게 말합니다. 그들이 바라는 것은 한도 끝도 없습니다. 멋진 옷과 최신 헤어스타일, 이것은 비단 십대나 사춘기 직전의 아이들에게만 해당되는 말이 아닙니다. 5~8세의 어린 아이들도 역시 마찬가지입니다. 각 가정마다 오락 센터를 하나씩 갖춘다 해도 충분치 않을 것입니다; 아이들은 자기만의 텔레비전, 자기만의 비디오, 자기만의 컴퓨터를 원합니다. 그리고 무엇보다도 자기만의 최신식 비디오 게임을 원하지요.

스케이트보드, 롤러 보드, 테니스화에는 그럴싸한 상표가 붙어 있어야 합니다. 안 그러면 아이들의 세계가 금방 무너져 내리고 말 것입니다. 그리하여 가정의 평화와 조화를 지키기 위해서, 또 우리 아이들이 자기 친구들 사이에서 당황하는 일이 생기지 않도록 ― 우리에게 그럴 만한 능력이 있기에 ― 우리는 무엇이든 주고 맙니다.

몇 년 전, 여러분들 모두는 텔레비전 뉴스나 신문의 구인 광고에서, 자녀를 만족시키기 위하여 일부 부모들이 치러야 할, 말도 안 되는 판매 가격을 보아야 했습니다. "티클 미 엘모"는 그 해 성탄절 공식 장난감으로 선정되었습니다. 하지만 한 가지 문제가 있었죠: 그 인형보다 아이들 숫자가 더 많았다는 겁니다. 당연히 일부 아이들은 그 인형을 받지 못할 수밖에 없었습니다. 하지만 거의 모든 부모들이 "내 아이만은 절대로 안 돼!"라고 말했습니다.

그 해의 뉴스에는, 필사적인 부모들이 머나먼 도시까지 차를 운전하고 와서 장난감 판매인들을 부추겨 결국에는 그들로 하여금 즉석 출하 가게의 스케줄을 재조정하도록 했다는 기사가 보도되었습니다. 그리고 신문에는 원가의 몇 배나 되는 가격에 그 엘모 장난감을 개인적으로 구입하라는 제공자들의 광고가 가득하였습니다. 하지만 지금은 한낱 인형으로서 장난감 창고 맨 뒤쪽에 처박혀 있을 뿐입니다.

십대 청소년과 그 또래가 느끼는 부담은 권리 부여라는 개념을 훨씬 더 그런 쪽으로 재정의합니다. 디자이너의 의상, 개인 소유의 전화, 휴대폰, 무선 호출기는 없어서는 안 될 필수품입니다. 대부분의 청소년들이 열여섯 번째 생일날에는 자동차를 선물 받게 될 것이라고 생각합니다. 그것도 아주 최신 모델로 말이죠! 게다가 개인 소유의 신용 카드도 생길 거라고 기대합니다. 이런 것들을 얻기 위해 일을 할 필요는 거의 없습니다. 대부분의 부모가 자녀를 위해서는 이 모든 것들을 그냥 제공해 주어야 한다고 생각하고 있기 때문입니다.[8]

〈로스앤젤레스 타임즈〉는 1999년 5월 21일자에 아래와 같은 기사를 실었습니다: "허영심과 자존심, 그리고 가슴에 대한 사회적 매력에 푹 빠진 십대 청소년들 가운데 점점 더 많은 숫자가 유방 성형 수술을 받고 있다 …… 부모에게서 졸업 선물로 유방 확대 수술을 받고 있다 …… '남부 캘리포니아에서는 [부모가] BMW와 유방 성형을 둘 다 선물해 주마고 말하는 것이 아주 흔한 일'이라고 어느 마취 전문 의사는 증언했다 …… 외과 의사의 나이프를 몸에 댄 적이 있는 엄마들로부터 딸들이 성형 수술을 권유 받는다는 것은 정말로 불행한 일이 아닐 수 없다."[9]

예전의 아이들은 뭔가를 기다리고 고대할 줄 알았었습니다. 하지만 요즘 아이들은 대부분의 경우 너무도 많은 것들을 너무도 금방 얻을 수 있기에 뭔가를 고대하는 일이 거의 없습니다. 나는 결혼을 앞둔 사람들을 상담하는 과정에서, 결혼식을 올리자마자 자동적으로 자신의 부모들이 30년이나 걸려 도달한 경제적 수준에서 출발할 수 있을 것이라고 믿고 있는 사람들을 너무도 많이 보아왔습니다. 하지만 현실적으로 대개의 경우는 결혼과 함께 생활수준이 한 단계 내려갈 수밖에 없습니다. 그런데도 그들은 이런 사실을 전혀 생각하지 않습니다. 그들에겐 이런 현실을 이겨낼 만한 저력도 전혀 없습니다.

지난 세기의 초반으로 잠깐 돌아가 볼까요? 1918~1919년에는 인플루엔자가 전국을 휩쓰는 바람에 수백만 명이 사망하였습니다. 물론 오늘날에는 인플루엔자의 유행으로 해를 당하는 경우가 거의 없습니다. 하지만 우리는 또 다른 전염병 — 부자병 — 때문에 훨씬 더 큰 위험에 처해 있습니다. 그 부자병의 증상은 다음과 같습니다.

- 이미 갖고 있는 것들과는 상관없이, 좀 더 많은 것들을 바란다;
- 만족할 줄은 모르면서 무조건 성공하기만을 바란다;
- 만족하기 보다는 최고가 되기만을 원한다;
- 하나님의 영광을 위하여 살아가기 위한 성서적 지침을 따르지 않는다. [10]

오늘날에는 자신이 소유한 것보다 소유하지 못한 것들을 더 중요하게 생각하는 사람이 너무나도 많습니다. 그런 사람들은 친구가 소유한 것들을 보면서 이렇게 말합니다. "나도 그게 필요한데 말이야." 어떤 사람들은 많은 옷을 살 "필요"가 있고, 또 어떤 사람들은 최신 모델의 자동차가 "필요"합니다. 최신식 칩과 소프트웨어가 내장된 컴퓨터를 "반드시 가져야 하는" 사람들도 있습니다. 그리고 이러한 사고방식은 아이들에게까지 그대로 전염되고 있습니다. 이것은 유전인자가 아니라 태도에서 비롯되는 것입니다. 사실 그런 물건들이 반드시 필요한 건 아닙니다 — 그저 그들이 원하고 있을 뿐이지요. 이렇게 물건들을 쌓아 놓고 싶은 우리의 욕구에 대해서 하나님은 다음과 같이 말씀하십니다:

- 돈 좋아하는 사람은, 돈이 아무리 많아도 만족하지 못하고, 부를 좋아하는 사람은, 아무리 많이 벌어도 만족하지 못하

니, 돈을 많이 버는 것도 헛되다. (전도서 5장 10절)

- 부자가 되려고 애쓰지 말고, 그런 생각을 끊어 버릴 슬기를 가져라. (잠언 23장 4절)
- 그러나 부자가 되기를 원하는 사람은, 유혹과 올무와 여러 가지 어리석고도 해로운 욕심에 떨어집니다. 이런 것들은 사람을 파멸과 멸망에 빠뜨립니다. (디모데전서 6장 9절)
- 한 종이 두 주인을 섬기지 못한다. 그가 한 쪽을 미워하고 다른 쪽을 사랑하거나, 한 쪽을 떠받들고 다른 쪽을 업신여길 것이다. 너희는 하나님과 재물을 함께 섬길 수 없다. (누가복음 16장 13절)

문화적 가치와의 접촉은 우리를 부자병에 걸리게 하고 우리 자녀들에게도 영향을 미칩니다. 부자병을 예방하기 위해서는, 우리가 사는 곳을 정직한 눈으로 바라볼 줄 알아야 하며, 이런 물건들을 축적하는 것으로는 결코 만족을 얻을 수 없다는 사실을 깨달아야만 합니다.

부모의 태도 변화

> 부모라면 누구나 다 유산을 남기게 되어 있습니다.

다행히도 부모들의 세대에 잔잔한 파문을 일으키고 있는 변화가 있습니다. 이제껏 자신이 해온 일들과 앞으로 해야 할 일들을 재고해 보는 부모가 많이 늘고 있는 것입니다.

한 번은 비행기 안에서 세 아이의 아버지란 남자를 만났는데, 자기는 아이들에게 새로운 선물이나 장난감을 사줄 때 이렇게 말한다고 하더군요. "자, 이제 이것이 너희들 생활 속으로 들어왔으니, 지금 갖고 있는 장난감들 중에서 더 이상 안 가지고 놀아도 되는 것들을 세 가지에서 다섯 가지 정도 골라내는 게 좋겠구나. 그것들을 다른 아이들에게 물려주면, 너희가 이미 느꼈던 즐거움을 개네도 경험할 수 있게 될 거야. 게다가 너희들 방도 좀 더 여유 공간이 생기겠지?"

그 집 아이들은 이렇게 나눔의 개념을 익히면서 지금까지 성장해 왔습니다. 이 개념은 그들의 생활양식의 일부입니다. 아이들은 부모가 이러한 생활양식을 실천하는 모습을 쭉 지켜보면서, 이것이 자기 가족의 전통이라는 사실을 곧 깨닫게 될 것입니다. 이것은 축적보다는 유용성을, 그리고 남을 돕는 가치를 가르쳐줄 것입니다.

〈월 스트리트 저널〉에 "브래틀래쉬! 아이들을 응석받이로 키우지 않으려는 집단"이라는 제목의 기사가 실린 적이 있습니다. 다음과 같은 질문이 제기되었지요. "이 부자 사회에서 과연 중산층의 가치관 — 힘든 일, 근검절약, 그리고 희생 — 으로 나아가는 게 가능한 일일까?" 물론 가능합니다. 자신의 재산을 경시하거나 혹은 부인하면서까지 자기 재력보다 못한 삶을 사는 부모들이 많이 있습니다. 그들이 그렇게 살아가는 이유는, 만일 부모인 자신이 방종한 삶을 살면 자녀들 역시 보고 배운 대로 그런 방종한 삶을 살게 되리라는 것을 너무나도 잘 알기 때문입니다. 오늘날, 재산을 많이 가진 사람들은 행여나 다음 세대에 파산하지 않을까 하는 걱정을 하게 되었습니다. 너무나도 오랫동안 부모들은 자신의 부모 가치가 지갑의 두께에 달려 있다고 생각해 왔습니다. 자녀에게 얼마나 많은 재산을 물려줄 수 있느냐에 따라 부모의 가치가 달라진다고 생각해 왔던 것입니다. 하지만 이제는 변하고 있습니다.

"하지만 우린 그럴 능력이 없어," "그래, 얼마든지 가능하단다. 하지만 지금 당장 우리 돈을 쓰지는 않을 거야. 네 소원 목록에 그걸 적어 넣으렴. 그런 다음 그걸 살만한 돈을 어떻게 벌 것인지 계획을 세워봐.” 요즘은 자녀의 요구에 이런 식으로 대답하는 방법을 익히고 있는 좋은 부모들이 많이 있습니다.[11]

요즘에는 자녀에게 전 재산을 저절로 물려주기 보다는 “가족 인센티브 조합”을 유산 계획으로 추진해 가고 있는 부모들의 이야기도 들려옵니다. 자녀가 열심히 일하기를 바라는 부모들이 모여, 자녀 쪽에서 한 푼 두 푼 모은 수입과 대등한 신탁을 만들고 있는 것입니다. 일부에서는 검소한 습관과 높은 성적에만 인센티브를 제공하도록 묶어 놓기도 했습니다. 지불금은 대개의 경우 자녀의 나이에 따라 달라집니다.[12]

가능한 한 모든 유리한 조건들을 자녀에게 제공해 주고 싶은 것은 인지상정입니다. 내 부모님도 형과 나를 위해 가장 좋은 것들을 채워 주시려고 노력하셨습니다. 하지만 검소한 농부로 살아 오셨기 때문에, 부모님은 우리에게 주실 수 있는 게 그리 많지 않았습니다. 부모님이 우리에게 주신 것은 바로 경험과 삶을 위한 준비 자세였습니다. 부모님은 당신들이 가지지 않은 것을 우리에게 주실 수 없었습니다. 하지만, 당신들의 생활 태도는 물려주실 수 있었지요.

여러분은 어떻습니까? 자녀에게 무엇을 영원히 남길 것입니까? 지금 무엇을 주고 있습니까? 부모라면 누구나 다 유산을 남기게 되어 있습니다.

가상의 유언

일곱 명이 함께 모여 조용한 목소리로 이야기를 나누고 있었습니다. 방 주변에는 주인의 다양한 경험들이 그대로 묻어나 있었습니다. 한 남자가 서류 가방을 들고 방으로 들어오자 그 방은 쥐 죽은 듯 조용해졌습니다. 그 남자는 다른 사람들과 마주 보도록 의자에 앉았습니다. 모두의 눈이 그를 바라보았습니다. 그는 좋은 소식과 나쁜 소식을 전하러 온 사람이었습니다. 이 기품 있는 회색 머리의 남자는 바로 유언을 읽어 주기 위하여 일곱 사람을 소집시킨 가족 변호사였습니다.

유언을 읽기를 기다리고 있는 사람들의 마음은 보통 갈등으로 얼룩져 있는 경우가 많습니다. 대개는 사랑하는 사람을 잃어버린 슬픔에 휩싸여 있지요. 관계의 미완성 측면에 대한 죄책감과 분노, 그리고 유언장의 내용에 대한 희망적인 기대도 뒤섞여 있습니다. 우리가 인정하든 안하든 간에, 개인적인 기대감은 언제나 존재하기 마련입니다. 그리고 이 일곱 명의 유산 상속인들 역시 다를 바가 없었지요.

통상적인 애도의 표현과 서두의 말들을 마친 다음, 변호사는 유언장을 낭독하기 시작했습니다. 그 유언장은 고맙게도 아주 짤막하게 요점만 적혀 있었습니다. 네 명의 자녀와 세 명의 증손에게 물려준 유산은 다 똑같았습니다. 하지만 유언장에 적혀진 내용은 그 누구도 예측하지 못했던 것이었습니다. 유형 자산이나 물질적인 재산에 대해서는 아무런 언급도 없었습니다. 변호사가 유언장 낭독을 마치자 일곱 쌍의 눈들이 휘둥그레졌습니다. 유언장의 내용은 심오한 지혜를 담고 있어서 그 의미를 헤아리기 까지는 어느 정도 시간이 필요했습니다:

난 너희 모두를 사랑하기 때문에 내가 줄 수 있는 것들 가운데 가장 좋은 것을 나눠 주고 싶구나. 그건 결코 어떤 품목이나 재산이나 돈에 속하는 것이 아니란다. 내가 너희들을 위해 남긴 것을 분배하는 일에는 사실 이런 유언장이 전혀 필요 없어. 왜냐하면 그건 이미 너희들에게 주어졌기 때문이야. 하지만 너희들은 그걸 아직 받아들이지 못했거나 혹은 이해하지 못하고 있지.

난 평생을 너희들 각자를 위해 뭔가를 만들어 주는 일에 바쳤단다. 너희들은 이미 유산을 물려받았어. 그런데 그 유산은 내 물질적인 재산 때문에 희미해질 수도 있고 심지어는 더럽혀질 수도 있단다. 바라건대, 내가 모아 놓은 재산 보다는 오히려 대화와 경험을 통해서 여러 해 동안 너희에게 물려준 것들이 너희의 삶을 가득 채워 주었으면 좋겠구나.

그래서 난 모든 물질적인 재산을 너희들의 이름으로 가난한 사람들과 집 없는 사람들에게 기부했단다. 이제 너희들은 그 행위의 축복을 자유로이 경험하게 될 거야. 그리고 여러 해 동안 너희에게 주어진 것이 무엇인가를 깨닫게 될 거야. 그것이 무엇인가를 깨닫는 순간이 오면, 다른 사람들에게 무엇을 전해줄 것인지 생각해 보아라.

만일 여러분이 이 일곱 명의 유산 상속인들 가운데 한 사람이라면, 이 유언장에 대해 어떤 반응을 보였을 것 같은가요? 분명히 아주 다양한 반응이 나왔을 것입니다. 어떤 이들은 이 독특한 행위의 의미를 파악했을 것이고, 또 어떤 이들은 파악하지 못했을 것입니다. 아마도 이 유언장 작성자가 말하려고 했던 것은 다음의 문장에 잘 반영되어 있는 것 같습니다: "모두 자기가 받은 은사를 따라서, 하나님의 여러 가지 은혜를 맡은 선한 관리인으로서, 서로 봉사하십시오" (베드로전서 4장 10절).

여러분은 자녀들을 위하여 무엇을 원하고 계십니까? 어쩌면 우리 문화와 상당히 반대되는 다음의 본문에 가장 잘 요약되어 있는 것 같습니다: "많은 재산보다는 명예를 택하는 것이 낫고, 은이나 금보다는 은총을 택하는 것이 낫다" (잠언 22장 1절).

여러분은 좋은 부모의 입장에서, 우리나라에서 자라나는 자녀들의 특별한 부담 — 미국의 경우 "부자병"에 걸리고 싶은 유혹과 "응석받이"

가 되고 싶은 유혹 — 을 이해해야만 합니다. 나는 여러분이 다음과 같
은 충고를 마음에 새겼으면 좋겠습니다: 자녀에게 필요한 것들을 전부
다 주지 마세요 — 부유한 사람보다는 특별한 사람이 되도록 용기를 북
돋워 주세요.

03

세 번째 비결

좋은 부모는
지나친 방임의 결과를 잘 안다.

망가지다 — 이것은 그리 기분 좋은 단어가 아닙니다. 그 말을 듣는 즉시 부정적인 이미지가 떠오르고 기분이 나빠집니다. 우유 한 통을 집어 들어 입에다 갖다 대고 벌컥벌컥 마셨다가 금세 온 방 안에 우유를 내뱉고 말았던 적이 있다면, 그 때를 한 번 떠올려 보십시오. 유통기한을 점검하는 일을 깜빡 잊어 버렸는데, 하필이면 그 우유가 오래된 — 유통 기한이 지난 — 것이어서 맛이 변해 버렸던 것입니다. 매우 쓰고 신 맛이 났겠죠. 정말이지 기분 나쁜 경험이었을 것입니다.

과수원을 거닐면서 나무에 달린 달콤한 열매들을 바라보았던 때를 기억하십니까? 아주 맛있어 보이는 복숭아를 골라서 손을 뻗었는데, 복숭아를 쥔 순간 뒷면이 물컹물컹한 데다 흐물흐물 질퍽거리기까지 했던 때를 한 번 떠올려 보십시오. 그 복숭아는 나무에 너무 오래 달려 있어서 그만 먹을 시기를 놓쳐 버렸던 것입니다. 너무 많이 익어서 망가져 버린 셈이죠.

나는 위생 상태가 그리 만족스럽지 못한 노천 정육점들을 몇 군데 본 적이 있습니다. 그곳에서 파는 정육은 일부 괜찮은 것도 있었지만, 다른 부분의 냄새를 맡아 보면 뭔가가 잘못된 것이라는 생각이 들었습니다. 그런 정육으로 요리를 해 먹을 때에는 위험을 무릅써야만 합니다. 상한 음식은 건강에 좋지 않습니다. 여러분에게 결코 좋은 일이 아닙니다. 이것은 여러분의 자녀들 역시 마찬가지입니다. 자녀들도 결코 망가져서는 안 됩니다.

음식을 통해서 우리는 훌륭한 육아에 관한 교훈을 한 가지 더 찾아볼 수가 있습니다. 내가 가장 좋아하는 후식들 가운데 하나는 우리 집 근처 레스토랑에서 만들어 주는 신선한 복숭아 파이입니다. 하지만 나는 제철이 되기 전까지는 복숭아 파이를 주문하지 말아야 한다는 사실을 배웠습니다. 그 이유는 뻔합니다 — 보통 레스토랑 체인점에서는 채 익기 전의 복숭아를 사용하기 때문입니다. 장담하건대, 잘 익지 않은 복숭아는 복숭아 자체의 맛을 내지 못합니다. 딱딱하고 신맛이 날 뿐이지요. 또한 여러분은 잘 익지도 않은 음식을 제공 받았던 적이 있을 것입니다. 아마도 잔뜩 기대에 부풀었다가 맥이 탁 풀려 버렸겠지요. 잘 익지 않은 음식은 기대했던 맛이 나지 않습니다. 아직 충분히 숙성되지 않았기 때문입니다.

어린이의 경우도 마찬가지입니다. 자녀를 너무 관대하게 응석받이로 키울 경우, 여러분은 결국 제대로 발달하지 못한 응석받이 어른을 만나게 될 것입니다.

지나친 방임의 유형

우리가 부모로서 수행해야 할 가장 중요한 임무들 가운데 하나는 바로 우리 자녀들에게 어떻게 하면 성공과 실패 둘 다로부터 가장 많은 것을 얻을 수 있느냐 하는 것을 증명해 주는 것입니다 (말로 일러 주는 것이 아닙니다).

사실 어린이들은 아주 다양합니다; 저마다 성장 속도가 다르지요. 하지만 오늘날 여러 가정들 속에 존재하는 지나친 방임의 유형이 자녀의 발달을 억누르고 방해하는 것은 어디까지나 사실입니다. 기어가기나 걸어가기처럼 아무런 도움 없이도 아이 혼자서 터득할 수 있는 일은 굉장히 많습니다. 하지만 아이들에게는 인생 경험자들의 지도와 격려와 교훈이 필요합니다. 자기 나름대로 성공하거나 실패할 수 있는 기회가 필요합니다.

여러분은 실패에 대해서 어떻게 생각하시나요? 여러분 자녀의 실패는 어떻게 감당하시는지요? 물론 우리는 자녀의 성공을 보고 싶어 합니다. 하지만 인생에는 성공과 실패, 이 두 가지 경험이 전부 포함됩니다 — 성장은 이 두 가지 경험을 모두 필요로 합니다. 우리가 부모로서 수행해야 할 가장 중요한 임무들 가운데 하나는 바로 우리 자녀들에게 어떻게 하면 성공과 실패 둘 다로부터 가장 많은 것을 얻을 수 있느냐 하는 것을 증명해 주는 것입니다(말로 일러 주는 것이 아닙니다). 사도 바울이 했던 저 유명한 말이 여기에 아주 잘 어울리는 것 같네요: "내가 궁핍해서 이렇게 말하는 것이 아닙니다. 나는 어떤 처지에서도, 스스로 만족하는 법을 배웠습니다"(빌립보서 4장 11절).

응석받이 아이들은 실패로부터 보호를 받을 뿐만 아니라 실패 없이 행동할 수 있는 기회로부터도 보호를 받습니다. 그러면 여러분이 행여나 그런 응석받이를 키우고 있는 것은 아닌지 어떻게 알 수 있을까요? 다음의 특징들은 일상생활을 토대로 해서 볼 때 굉장히 좋은 평가 기준이 될 수 있습니다. (물론 이것들 중 일부는 다른 데 원인이 있을 수도 있겠죠; 이 장의 나머지 부분과 다음 장을 읽어 보면 아마도 그 문제가 분명해질 것입니다.)

첫째, 응석받이 아이는 좌절에 대한 인내심이 거의 없습니다. 좌절은 인생의 한 부분이지요. 누구나 원하는 것들을 모두 다 손에 넣을 수는 없는 법입니다. 좌절의 경험에 맞닥뜨렸을 때 그것을 얼른 수용하고 다음 계획을 향해 나아가는 능력을 향상시키는 것, 이것은 인생에서 아주 중요한 부분입니다. 여러분의 자녀는 뭔가가 자기 뜻대로 안 될 때 뭐라고 말하는 편입니까?

"나한테는 언제나 이런 일만 생겨요."

"내가 원하는 걸 한 번도 얻은 적이 없어요. 아무도 나에겐 관심이 없어요."

"이건 공평하지 않아요. 정말이지 공평치 않다고요." (이렇게 말하고선 짜증을 부립니까?)

아니면 다음과 같은 반응을 보여줍니까? "젠장! 정말로 실망했어요. 너무나도 하고 싶었단 말이에요." 그런 다음 몇 초가 지난 후에 이렇게 말합니까? "하지만 뭐, 언제나 다음 기회는 있으니까요."

만일 여러분이 자녀를 응석받이로 키우고 있다면, 그것은 곧 자녀가 제대로 인생을 경험하지 못하도록 보호하는 것이며, 자녀를 삶으로부터 보호하는 것은 곧 허약한 청소년이나 허약한 어른을 만들어내는 것입니다. 어린이는 삶에 대처하기 위한 전략을 배울 필요가 있습니다. 만일 그런 것을 배우지 못한다면, 금방 짜증이나 부리고 자제력을 상실해 버리고 말 것입니다. 아니면 무슨 일이든지 금방 움츠러들고 포기해 버리겠지요. 부모가 다 해결해 주기만을 바라면서 말입니다. 지나치게 응석을 받아주는 부모들은 얼른 미끼를 집어 물고 항복해 버리는 경우가 너무나도 많습니다. 하지만 이런 전략은 어른이 된 다음에는 아무런 효과도 없습니다.

그렇다면 여러분이 할 수 있는 일은 무엇일까요? 빌리와 엄마의 이야기를 한 번 들어보도록 합시다.

여덟 살짜리 빌리는 스카우트 단체 주말 캠프에 참가하기로 계획을 세웠습니다. 하지만 빌리는 캠핑을 떠나기 이틀 전 그만 수두에 걸렸고,

결국은 캠프에 참여할 수가 없었습니다. 빌리는 너무나도 실망스럽고 화가 났습니다. 엄마가 빌리에게 말했죠. "빌리야, 지금 당장은 기분이 아주 안 좋다는 거 엄마도 알아. 하지만 이 실망스러운 기분에 대처할 수 있는 다섯 가지 방법이 있단다. 그리고 그것들 가운데 너에게 도움이 되는 게 있을 거야. 그게 뭔지 듣고 싶다면 엄마가 알려줄게."

약 10분쯤 지났을 때 빌리가 침대에서 일어나 엄마를 불렀습니다. 엄마의 제안이 궁금했던 것입니다.

"정말로 알고 싶니?" 엄마가 물었습니다.

"그렇다니까요," 빌리가 불만스럽게 투덜거렸지요.

엄마가 말했습니다. "그렇다면 알려줄게. 몇 가지는 괜찮을 거고, 몇 가지는 안 괜찮을 거야." 엄마는 빌리에게 다음과 같은 다섯 가지 방법을 알려 주었습니다:

1. 창문 밖으로 네 옷들을 다 던져버리고, 모든 사람들에게 네가 화났다는 사실을 보여주는 거야.
2. 하나님께 편지를 써서, 네가 얼마나 실망했는지를 말씀드리고, 그 편지를 친구에게 읽어주는 거야.
3. 여러 친구들에게 전화를 걸어서 계속 불평을 늘어놓는 거야.
4. 자명종을 맞춰 놓고 벨이 울릴 때까지 40분 동안 엉엉 우는 거야.
5. 네가 얼마나 실망스러운 기분인지 엄마에게 말하고, 우리 둘이서 그것에 어떻게 대처할 것인지 얘기해 보는 거야. 어쩌면 다음 기회에 이 활동을 하도록 계획을 세울 수도 있겠지.

결국 빌리 엄마는 위와 같은 기발한 생각 덕분에, 아들과 아주 생산적인 대화를 나눌 수 있었습니다.

대부분의 아이들은 수동적인 자세를 취하게 됩니다. 부모들은 "축복을 아낌없이 쏟아 부음으로써" 자녀에 대한 사랑을 표현하는 것이 가장 좋은 방법이라고들 생각합니다. 부모들은 자녀가 부탁할 때까지 기다리질 못합니다. 자녀가 어떤 것을 요구하기도 전에 미리부터 모든 것을 제공해 주지요. 그 결과 자녀는 자신의 필요를 제대로 전달하지 못하고 점점 더 소극적인 사람이 되고 맙니다. 뭔가가 제공될 때까지 그저 기다리고만 있는 것이지요. 그러나 여기에는 또 다른 측면이 있습니다: 즉 자녀의 입장에서 볼 때, 부모가 너무나도 많은 것들을 제공해 주기 때문에 오히려 지루하고 흥미가 없어진다는 것입니다. 부모들은 자녀가 만족하기를 바라는 마음에서 모든 걸 제공해 주었다가, 오히려 자녀의 관심이 줄어드는 것을 보고 위협을 느끼게 됩니다; 그럴 때 그들은 무슨 행동을 할까요? 자녀를 만족시키기 위하여 훨씬 더 많은 것들을 제공하게 됩니다. 그리하여 이것이 끊임없이 반복되는 것이지요.

이렇게 반복적인 과정에 빠져 버린 아이들은 제대로 성장하질 못합니다; 성장한다 하더라도 수동적이고 의기소침한 상태가 될 것입니다. 그런 아이들은 인생이란 뭔가가 필요할 때마다 산타클로스가 짠 하고 나타나 해결해 주는 것이라고 생각하게 될 것입니다. 그리고 자신의 요구를 만족시켜 주지 않는 사람들은 머지않아 장부에서 지워 버릴 것입니다. 그 아이들은 스스로 즐기거나 만들어 내는 방법을 전혀 모르기 때문에, 쉽게 좌절해 버리고 말 것입니다. 보나마나 "아, 따분해"라는 말을 입에 달고 살게 되겠죠.

진정한 즐거움은 응석받이 아이들이 좀처럼 경험할 수 없는 것에 속합니다. 오히려 그런 아이들은 별로 안 좋은 경험 혹은 불만족스러운 경험에 집중하는 경향이 있지요. 이 아이들은 80 퍼센트가 다 즐거운 경험이었다 할지라도 나머지 20 퍼센트의 불만족스러운 경험에 집착하는 경향이 있습니다. 따라서 절대로 만족할 줄 모릅니다. 수동적이고 의존적인 아이들은 다른 사람이 자기의 요구를 들어 주기만 바라는 어른으로 성장하게 됩니다. 잠재의식적으로 그들은 끊임없는 요구의 형태를 취하게 되며, 때문에 불만족과 탐욕과 자기 본위로 흐르게 됩니다. 설사 성공을 거둔다 할지라도 결코 만족할 수 없는 그런 사람이 되고 마는 것이지요.

급선무

둘째, 응석받이 아이는 하나의 임무에 집중하기가 어렵습니다. 지루하거나 시간이 많이 드는 일은 참지를 못합니다. 이런 아이들은 뭔가를 시작해도 끝까지 해내는 일이 거의 없습니다 ― 좀 더 재미있는 일에 금방 정신을 빼앗겨 버리지요. 그러면서 이렇게 말할 겁니다. "지루해요," "재미없어요," "너무 어려워요," "그게 무슨 소용이에요? " 하지만 부모들은 이것이 그저 "자녀의 개성" 일 뿐이라고 생각하는 경우가 많습니다. 아니면 "몽상가"나 ADHD라고 생각하는 경우도 많지요.

이것이 ADHD의 유형과 매우 유사한 것은 사실입니다. 하지만 응석받이 아이들이 자기 임무를 끝까지 해낼 수 없는 것은, 그들의 부모가 너무나도 관대해서 자기 임무를 완수하지 못한 경우에도 쉴 수 있도록 내버려 두었기 때문입니다. 게다가 그런 부모들은 자신이 직접 뛰어 들어서 자녀의 일을 대신 끝마쳐 주는 경향까지 있습니다. 그들은 어떤 대가를 치루더라도 부담은 반드시 제거해 주어야 한다고 생각합니다. 어떤 엄마는 이렇게 말하더군요. "오, 전 사라가 자기 몫의 쿠키를 가져가지 않아서 당황하는 모습을 그저 바라보고만 있을 수 없었어요. 그래서 사라를 위해 제가 쿠키를 만들었죠. 그랬더니 모든 일이 순조롭게 풀렸어요." 과연 사라는 다음에 무슨 행동을 하게 될까요? 응석받이 아이들은 임무를 완성하거나 뭔가를 획득함으로써 얻게 되는 만족을 결코 배울 수 없습니다. 그저 자기 부모가 수긍할 만한 변명거리를 만들어 내는 데 달인이 될 뿐입니다.

문제 해결

셋째, 응석받이 아이는 문제를 잘 해결하지 못합니다. 우리가 살아가면서 제 기능을 다할 수 있으려면 일단 문제 해결사가 되어야 합니다. 이런 기술을 자녀가 배우려면 어떻게 해야 할까요? 자기 스스로 문제에 직면함으로써 그 해결 방법을 익혀 나가야 합니다. 어떻게요? 문제에 직면해서 그것을 해결할 방법을 모색하는 것이지요. 무엇이 효과적인 방법이고 무엇이 소용없는 방법인지, 그들 스스로 배워 나가야만 하는 것입니다.

응석받이 아이는 결함이 있는 어른으로 자라납니다. 어떤 이는 문제 해결의 경험들이 마치 도서관과도 같다고 주장했습니다 — 아이가 문제를 하나하나 해결할 때마다 도서관에 책이 한 권씩 늘어나는 것이죠. 어떤 아이들은 대도시의 번화가에 있는 것처럼 아주 널따란 도서관을 세울 수도 있고, 또 어떤 아이들은 슈퍼마켓 한 쪽 구석에 있는 책 선반처럼 볼품없는 도서관을 만들 수도 있습니다. 부모가 자녀에게서 문제 해결의 기술들을 배울 만한 기회를 앗아가 버린다면 결국 그 자녀는 절름발이 같은 어른으로 자라고 말 것입니다. 그런 사람은 망가지기 쉽습니다. 삶 자체가 위협이 될 수도 있습니다. 응석받이 아이들은 압도당할 수도 있고, 충동적으로 경솔한 결정을 내릴 수도 있으며, 계속적으로 다른 누군가가 자기를 위해 삶에 대처해 주기만 기대하고 있을 수 있습니다.

내 친구 한 명은 다음과 같은 경험을 한 적이 있다고 합니다. 이러한 경험은 모든 어린이들에게 적용할 수가 있을 것입니다:

우리 삼촌들은 두 분 모두 몬타나 주 그레이트 폴스 외곽에 목장을 갖고 계셨거든. 그 목장을 탐험하거나, 여러 마리 닭, 돼지, 말, 소들에 대해서 천천히 알아 가거나, 큰 건초더미에 올라가거나, 사촌들과 "딧침" 놀이를 하다 보면, 하루가 금방 지나가 버렸어.

한 번은 삼촌 목장에 들렀는데, 송아지가 태어나는 모습을 보고 싶지 않냐고 물으시는 거야. "물론이죠!" 난 잔뜩 흥분해서 소리쳤어. 삼촌은 소의 출산이 임박한 것을 굉장히 중요하게 생각하는 사람이 있다고 설명해 주셨어. 한겨울인데도 삼촌은 출산을 앞둔 소가 없는지 꼼꼼히 점검하곤 하셨지. 또 삼촌은 때로 엄마소가 힘들게 출산할 경우 송아지를 잃어버릴 수도 있다고 말씀해 주셨어.

마침내 송아지가 태어났는데, 송아지는 몽땅 젖어 있었고, 이리저리 흔들거리면서도 이쑤시개처럼 가느다란 다리로 일어서려고 안간힘을 쓰고 있었어. 몇 번인가 계속해서 실패했을 때 내가 삼촌께 물었지. "저 송아지, 삼촌이 안 도와주실 거예요?"

삼촌은 나를 바라보시더니 빙그레 웃으면서 이렇게 대답하셨어.

"게리, 그건 내가 할 수 있는 일들 가운데 가장 나쁜 일이란다. 일찍이 저렇게 자기 스스로 일어서고 혼자서 숨을 쉬려고 애쓰는 것이야말로 생명을 유지하는 데 반드시 필요한 거거든." 그러니까 삼촌 말씀은, 그 송아지가 일어설 수 있도록 우리가 도와준다면 정작 그 송아지에겐 엄청난 해가 된다는 것이었지. 난 그 때 그 말이 무슨 뜻인지를 이해하지 못했어. 하지만 어쨌든 그 송아진 계속해서 사투를 벌였어 — 자기 발로 일어서려고, 숨을 쉬려고, 엄마소한테로 가서 젖을 찾아내려고 무진장 애를 썼지. 그런 투쟁 하나하나가 생존에 꼭 필요한 힘과 체력을 길러주는 과정이었어.

우리 자녀들도 그 어린 송아지와 똑같습니다. 어린이는 자기 기능을 다하는 어른으로 자랄 만한 기술과 체력을 발달시키기 위해, 실패를 통한 투쟁과 노력을 감수해야만 합니다.

위험을 무릅쓸 것인가 말 것인가

> 응석받이 아이들은 다들 자기 책임을 회피하는 데
> 일가견이 있습니다.

넷째, 응석받이 아이는 새로운 위험을 떠맡으려고 하지 않습니다. 그런 아이는 대개 끈기가 부족하고 또 문제를 해결할 만한 기술도 안 가지고 있습니다. 그렇기 때문에 좀처럼 효과가 없을 것 같은 일을 위해 노력하는 것이 전혀 소용없는 짓처럼 여겨지게 되지요. 어떤 의미에서는 그들이 옳을지도 모릅니다. 응석받이 아이도 때로는 새로운 일을 시도해 보고 싶어 하지만, 실패에 대한 두려움이 언제나 그들의 발목을 잡고 늘어집니다. 심지어 어떤 아이들은 집을 떠나지도 못할 정도입니다. 평생토록 그들 부모가 따라 다니면서 부족한 것을 보충해 줘야만 하지요.

나는 한 은행장의 이야기를 기억합니다. 그는 자기보다 더 젊은 부사장들 가운데 한 명을 불러 놓고, 이제 곧 자기는 은퇴할 텐데 그 사람을 사장 후임으로 추천해 두었다고 말했습니다. 그 말을 들은 부사장은 그만 명예감과 책임감에 압도되고 말았습니다. 잠시 후에 제 정신이 돌아온 그는 "감사합니다, 은행장님!" 하고 인사했습니다. 그런 다음 아주 심각한 어조로 은행장에게 다음과 같이 물었습니다. "전 지금까지 은행장님의 성공적인 리더십을 존경해 왔습니다. 도대체 그 성공의 비결이 무엇입니까?"

그러자 은행장은 잠깐 침묵을 지키더니, 자기 뺨에 손을 얹고 이렇게 대답했습니다. "결정을 잘 하는 것이지."

젊은 부사장이 물었습니다. "결정을 잘 하는 방법은 어디서 배우셨습니까?"

은행장은 눈을 깜빡거리다가 대답했습니다. "그릇된 결정을 내려 봄으로써 배웠지."

성공은 실패와 결코 뗄 수 없는 관계에 있습니다; 성공과 실패는 동전의 양면과도 같습니다. 그릇된 결정을 내려 보지 않은 사람은 결코 올바르게 결정하는 방법을 배울 수가 없습니다. 실패를 통해서 배우지 않은 사람은 절대로 진정한 성공을 배웠다고 할 수 없습니다. 그러므로 실패하기 위해서 여러분은 얼굴을 내밀어야 하고, 위험 속에 뛰어들어야 하며, 시도해 봐야 하는 것입니다.[1]

여러분은 혹시 "회피 기술"이라는 말을 들어본 적이 있습니까? 응석받이 아이들은 다들 자기 책임을 회피하는 데 일가견이 있습니다. 그들은 잘도 도망칩니다. "그걸 가져오라는 말씀 안 하셨잖아요 - 제가 어떻게 알았겠어요?" 부인 역시 응석받이 아이들이 가장 좋아하는 태도입니다. "차고를 치우라고요? 전 생각도 못했어요. 한 번도 그런 말씀 안 하셨잖아요."

응석받이 아이들은 상대방이 물러서도록 하기 위하여 감정적인 폭발을 이용합니다. 화도 내고 짜증도 부리고 울기도 하는 것이지요. 여러분은 이런 말을 듣게 될 것입니다. "지금은 너무나 화가 나서 아무 것도 못하겠어요. 다음에 할게요. 지금은 말고요."

어떤 아이들은 그냥 사라져 버리고 맙니다. 설사 몸은 그 자리에 있다 할지라도, 대화나 상호 작용 같은 건 이미 정지되어 버린 상태지요. 그 아이들은 여러분의 손이 닿지 않는 곳에 머물러 있습니다. 그리하여 결국은 손도 쓸 수 없을 정도로 늦어 버리게 되는 거죠.

여러분은 어떤 일을 모면하기 위해 거짓말로 아픈 척 한 적이 있습니까? 아마도 거의 모든 사람들이 그런 경험을 했을 것입니다. 특히 어린 시절에는 더더욱 그렇겠지요. 하지만 응석받이 아이들의 경우엔 그것이 아주 흔히 일어나는 일입니다.

또한 이 아이들은 건전하지 못한 다른 방법들까지 동원하여 삶에 대처해 나가는 경향이 있습니다. 그들은 자기가 해야 할 일을 자주 잊어버립니다(아니면 잊어 버렸노라고 말하던가요); 그들은 종종 거짓말에 의존하기도 합니다; 또 그들은 꾸물거림의 대가이기도 합니다. 그들이 늘어놓는 변명은 아주 그럴싸하게 들립니다. 하지만 그것은 어디까지나 변명에 지나지 않습니다.

잠깐만 생각해 봅시다. 만일 한 아이가 지나치게 관대한 부모의 손에 버릇없는 응석받이로 자라났다고 가정해 봅시다 - 이제껏 부모가 나서서 이 아이의 좌절감을 제거해 주고, 문제를 해결해 주고, 경제적으로 구조해 주었지요. 과연 이 아이가 자신의 삶을 독립적으로 출발할 수 있을까요? 그럴 가능성은 아주 희박합니다. 그 아이는 좋은 일만 받아들일 것입니다. 남에게 의존하는 게 더 유리하다고 생각할 것입니다 — 아마도 그 부모 역시 마찬가지일 겁니다. 어떤 부모들은 자녀가 성장하기를 바라지 않습니다. 그러면서 왜 자기 아이가 교회나 학교나 친구들 사이에서 자기 기능을 제대로 수행하지 못하는지 의아해 합니다. 나는 여섯 살짜리 아이가 하루 종일 운동화 끈이 풀어진 채로 다니는 걸 본 적이 있습니다. 집에 돌아가서 부모가 신발 끈을 묶어줄 때까지 그냥 기다린다는 것이었죠.

뜻밖의 위험

그 밖의 위험에 관해서도 한 번 생각해 보도록 하지요. 자녀를 지나치게 방임하는 부모들은 어쩌면 자기 자신의 욕구를 충족시키기 위하여 그런 방법을 택하는 것일 수도 있습니다. 어른들 가운데에는 타인에게 애정을 쏟고 "엄마 노릇"을 하고 싶은 욕망을 지나치게 많이 갖고 있는 사람도 더러 있습니다. 그런 사람들은 성장 발달에 꼭 필요한 정상적인 삶의 적응으로부터 자기 자녀를 보호하려고 갖은 애를 씁니다. 한 번은 중년층 아주머니 한 분이 두 아이를 데리고 내 사무실을 찾아왔습니다. 그 가족은 굉장히 점잖게 행동하였지만, 왠지 불행해 보이는 얼굴들이었습니다. 제인과 아이들이 대화하는 모습을 가만히 지켜보면서 나는 금방 그 이유를 알 수 있었습니다. 제인은 아이들에게 어디에 앉아라, 언제 코를 풀어라, 어떻게 코 풀어라, 언제 물을 마셔라, 일일이 지시하고 있었습니다. 내가 아이들에게 질문을 던졌을 때에도 제인이 대신 대답해 주었습니다. 그러면서 제인은 자신이 아이들에게 그토록 "훌륭하고 유능한" 엄마 역할을 할 수 있다는 것이 기쁘다고 말했습니다.

그렇다면 그 아이들이 자라나 청소년이 되었을 때, 과연 독립적인 생활을 할 준비가 갖춰져 있을까요? 전혀 그렇지 않을 것입니다. 오히려 그 아이들은 부모를 미치게 만들 것입니다. 당연히 아이들은 부모가 도와주기만을 기대할 것이며, 무엇을 제안 받든지 상관하지 않을 것입니다 ─ 자기가 제시해야 할 대안도 전혀 갖고 있지 않을 것입니다. 일부 응석받이 아이들은 언제까지나 자기 부모에게 매여 있을 것입니다; 이것은 너무나도 많은 갈등을 불러 일으켜, 결국에는 양쪽 모두를 도망치게 만들고 말 것입니다.

더러는 아직 제대로 성숙하지 못한 십대 청소년들 까지도 부모에게서 도망쳐 나올 수가 있습니다. 대개는 다른 십대 친구들에게 애착을 갖게 되고 그 새로운 인물에게 지나치게 의존하게 됨으로써 그런 행동을 하는 경우가 많지요. 이것은 지나치게 친밀한 우정 관계나 연인 관계로 이어질 수 있으며, 보나마나 그리 건전치 못한 관계입니다. 청소년들은 누군가를 독점하길 원하는, 지나치게 감정적인 관계에 빠지기 쉽습니다. 이러한 관계는 자연히 질투를 불러오게 되고, 결국에는 그 사람 없이는 살아갈 수조차 없을 것 같은 느낌으로 이어집니다. 그렇게 되면 관계가 어떻게 진행되느냐에 따라서 하루하루의 분위기가 달라지게 되지요.

이렇게 배타적인 관계는, 부모의 지나친 방임과 마찬가지로, 아이의 성장을 계속해서 방해합니다. 그 아이는 홀로 있는 시간에 어떻게 대처해야 하는지, 건전한 관계는 어떻게 형성해야 하는지, 긍정적으로 주고받는 관계는 어떻게 이루어 나가야 하는지, 건전한 정체성은 어떻게 발달시켜야 하는지, 아무 것도 배울 수가 없습니다. 어쩌면 현명하게도 이 아이는 앞으로 그 누구에게도 애착을 갖지 않을지 모릅니다. 다시는 다른 누군가가 자신에게 해로운 영향을 미치지 못하도록 말이죠.

자부심

　자부심이 적다는 게 응석받이 아이들의 특징들 중 하나인 것은 그리 놀랍지도 않을 것입니다. 부모에게 아무리 긍정적인 피드백을 받는다 할지라도 그 아이들은 "내가 싫어요," "나 자신에겐 정말 관심 없어요." 라고 대답하기 일쑤입니다. 부모에게 긍정적인 말을 듣는 그 순간에도 아이의 마음속에는 "전혀 그렇지 않은데" 라는 생각이 들어 있습니다. 자기 자신을 신뢰할 수 있는 능력이 없고, 성공에 대한 기대감이 전혀 없다면, 두려움이 점령하고 말 것입니다. 수많은 사람들이 실패에 순응 합니다. 그리고 불행히도 수많은 사람들이 또다시 실패를 거듭하고 맙니다.

　여러분의 자녀는 어떻게 자기 감정에 대처하나요? 아이들은 대개가 금방 슬퍼하고, 화내고, 두려워하고, 실망하고, 불안해합니다. 우리는 이런 특성을 지니고 태어난 존재입니다. 일생에 걸쳐서 때때로 이 많은 감정들과 동행하는 방법을 배워 나가는 것도 성장의 일부입니다. 아이는 성장해 가면서 차츰 이러한 감정들을 어떻게 식별할 것인지, 어떻게 그것들을 적절히 표현할 것인지, 그리고 어떻게 그 경험들을 조절하고 미룰 수 있을 것인지 알아갑니다. 그런 다음에는 자신의 감정 때문에 당황하거나 무력해지는 일이 없어질 것입니다.

　하지만 응석받이 아이는 자신의 감정에 제대로 대처하지 못하는 일이 많습니다. 감정적인 표현을 제대로 익히거나 연마하는 일은 극히 드뭅니다. 그런 아이들의 반응은 큰 아이나 십대 청소년이라기보다는 차라리 유치원생에 좀 더 가깝습니다. 정서적 긴장 혹은 표출은 발생한 사건들에 비례하지 않습니다. 아이는 금방 회복하지 못하고 오히려 곤경에 빠져 버립니다.

　혹시 이런 어른들을 만난 적이 있습니까? 대부분의 경우 그들은 지나친 방임의 유형으로 판명될 것입니다. 여러분이 만일 자녀를 의존적인 유아로 취급한다면, 언제까지고 이런 상태에 머물러 있을 것입니다.

　우리는 스트레스가 많은 세상에 살고 있습니다. 어른으로서 이 세상을 살아가려면 저항력도 있어야 하고 기량도 풍부해야 합니다. 하지만 다음과 같은 특징들을 지니고 있는 아이를 한 번 생각해 봅시다:

- 문제 해결 능력의 부족
- 자부심 부족
- 성공 능력에 대한 신뢰성 부족
- 감정에 대처할 수 있는 능력 부족

　위의 특징들 가운데 여러분은 어디에 해당됩니까? 스트레스 상황에 대처할 만한 능력이 거의 없는 아이들을 위한 처방전은 무엇일까요? 대부분의 어린이나 청소년들은 스트레스 상황에 나름대로 대처할 수 있지만, 응석받이 아이들은 그렇지 못합니다. 아치볼드 하트 박사는 왜 이런 응석받이 아이들이 스트레스 상황에 제대로 대처하지 못하는지, 그 이유에 대해서 다음과 같이 이야기합니다:

1. 응석받이 아이들은 자신의 변덕스러운 욕구가 죄다 충족되기만을 바라기 때문에, 좌절을 참아낼 능력도 없고 만족을 늦추는 방법도 모른다. 그 결과, 응석받이 아이들은 상당 시간을 분노로 보내고 만다.
2. 응석받이 아이들은 만족스럽다는 기분을 거의 느끼지 못한다. 그들이 느끼는 만족은 매우 순간적이며, 자기가 원하는 것을 얻었을 때 맛볼 수 있는 일시적인 기쁨으로부터 비롯된 것이

다. 응석받이 아이들은 자기가 노력해서 뭔가를 성취했을 때나 자기가 고대하던 뭔가를 받았을 때의 진정한 만족은 결코 경험할 수가 없다.

3. 응석받이 아이들은 자신이 사랑받고 있다는 증거를 유형의 선물에서만 찾으려고 든다. 그들은 진정한 사랑의 의미를 전혀 알아채지 못할 것이다. 생활이 힘들어지고, 사랑을 증명하려고 애쓰는 부모의 맹목적인 사랑에 더 이상 의존할 수 없게 될 경우, 그들은 상당 부분이 텅 빈 채로 남아 있다는 사실을 깨닫게 될 것이다.

4. 응석받이 아이들은 다른 아이들과 조화롭게 살아갈 수가 없다. 그들은 이기적이고 자기중심적이며 제멋대로 구는 아이로 자란다. 그 결과 다른 아이들이 싫어하고 거부하는 사람이 되며, 결국엔 아주 외로운 사람이 되고 만다.

5. 응석받이 아이들은 스트레스에 대처할 만한 준비가 거의 갖춰져 있지 않다. 바람으로부터 보호만 받아온 나무처럼, 응석받이 아이들은 그 뿌리가 너무나도 얕다. 이 나무들은 지표 가까이 머물러 있으면서, 절대로 강하고 안정된 토대를 발달시키지 못한다. 따라서 현실 세계의 폭풍우가 몰아칠 때, 이 나무들은 금방 쓰러지고 만다.

6. 응석받이 아이의 가족들은 진정한 응집력을 발달시키지 못한다. 아이들은 가장 많이 얻어낼 수 있는 사람이 누군가를 밝혀내기 위해 서로 경쟁한다. 서로 나눈다는 개념은 거의 없고, 서로 다투기만 할 뿐이다. 가족 구성원들은 힘든 시기를 거치면서도 서로 도와주는 방법을 배우지 못한다. 이제까지 보아 왔듯이, 스트레스는 가족 간의 응집력이 전혀 없는 상황에서 아

이들에게 훨씬 더 파괴적인 영향을 미친다.

7. 응석받이 아이들은 "비현실적인" 세계에서 살아간다. 자녀를 지나치게 관대하게 키우는 부모들은 현실 세계와 아주 동떨어진 가정환경을 조성한다. 편안하게 자라난 아이들은 집을 떠날 시기에 어설픈 자각 때문에 힘들어 한다. 그들은 현실 세계의 문제에 대처할 수 있을 정도로 자신이 성숙하지 못했음을 자각하게 되며, 따라서 심각한 스트레스를 받게 된다.[2]

하트 박사는 응석받이 아이들의 특징을 한 가지 더 지적합니다 — 다른 사람들과 잘 지내지 못한다는 것이죠. 응석받이 아이들은 주변 사람들이나 그들이 원하는 것에 대해 거의 관심이 없습니다. 그렇기 때문에 자신의 행동으로 인해 누군가 상처를 입는다 할지라도, "그래서 뭘 어쩌라고, 그 사람들 문제인데," 라는 반응을 보입니다. 응석받이 아이들은 자신이 세계의 중심이며 따라서 모든 사람이 자기만을 받들어 주어야 한다는 생각을 지니게 됩니다. 대부분의 부모들이 미처 깨닫지 못하고 있는 사실은, 자녀에게 많은 것들을 주면 줄수록 자녀들은 점점 더 많은 것들을 원하기만 할 뿐이라는 점입니다.

> 대부분의 부모들이 미처 깨닫지 못하고 있는 사실은,
> 자녀에게 많은 것들을 주면 줄수록 자녀들은 점점 더
> 많은 것들을 원하기만 할 뿐이라는 점입니다.

엘리자베스 엘리스는 〈책임감 있는 아이로 양육하기〉라는 저서에서 매우 유용한 비유를 들어 주고 있습니다. 그의 말에 따르면, 응석받이 아이들은 호텔에서 지내는 것처럼 인생을 살아갑니다. 호텔에서는 자

신이 원하는 곳만 왔다 갔다 할 수 있습니다. 청소도, 침대정리도 다른 누군가가 모두 해줍니다. 또한 레스토랑에 가서 먹고 싶은 것을 아무 거나 주문할 수도 있습니다. 이런 것은 결코 현실적인 가족의 모습이 아닙니다. 성공적인 가정생활, 성공적인 우정, 그리고 성공적인 업무 관계에는 공통적인 요소 한 가지가 필요합니다 ― 그것은 바로 주고받는 것입니다.

갓난아기가 자라 유치원생, 초등학생이 되고, 또 청소년으로 성장하는 동안, 정체감 곧 "나는 이런 사람이야" 라고 말할 수 있는 능력을 발달시키는 여행을 하게 됩니다. 대부분의 청소년들은 자기가 누구인지, 어떤 것에 흥미를 갖고 있는지, 또 무엇을 잘하는지 말할 수가 있습니다. 대개가 개인적인 질문들에 대답할 수 있으며, 자신이 찬성하는 것과 반대하는 것, 믿는 것과 믿지 않는 것을 말할 수 있습니다. 또한 자기가 어떤 집단에 속해 있는지도 말할 수 있습니다.

하지만 응석받이 아이들의 경우는 그렇지 않습니다. 그들은 자신이 누구인지 확실하게 자각하지 못하며, 과격론자 혹은 부적응자에게 쉽사리 빠져 들곤 합니다. 그런 사람들하고 있으면 편안하기 때문이겠죠. 그들과 함께라면 어떤 방식으로든 소속될 필요가 전혀 없으며, 그저 그 집단에 충성하기만 하면 되는 것입니다.

응석받이 아이들에게 한 번 물어 보십시오. "자라서 무슨 일을 하고 싶니? " 아마도 여러분은 이 질문에 대해 별다른 대답을 들을 수 없을 것입니다. 정말로 그들은 자신의 미래에 대해서 모르고 있기 때문입니다. 목표 설정은 힘과 능력으로부터 비롯되는 것인데, 응석받이 아이들은 이런 힘과 능력이 전혀 없습니다. 혹여 응석받이 어린이나 청소년이 어떤 목표를 지니고 있다 하더라도, 그것은 어디까지나 비현실적인 목표여서 도저히 달성 불가능한 것일 경우가 많습니다. 또 십대들의 경우엔 그 목표에 도달하는 방법을 전혀 모를 때가 많지요.

응석받이 아이는 응석받이 어른으로 자란다

심각한 위험이 한 가지 더 있습니다. 응석받이 아이들은 자칫 자신의 신앙에 손상을 입힐 수도 있다는 것입니다. 응석받이 그리스도인들은 자신의 종교에다가 자기 생활양식을 덧붙이는 경향이 있습니다. 그들은 하나님이 자신에게 이익과 축복만을 계속해서 부어주길 기대합니다. 지나치게 관대한 어른들은, 자기 자녀에게 뭐든지 제공해 주는 것을 하나님이 기뻐하신다고 강조하는 교회만 찾아다닐 수도 있습니다; 우리가 해야 할 일은 그저 가만히 물러앉아서 기대감에 잔뜩 부푼 맘으로 기다리는 것뿐이라고 생각하면서 말입니다. 그들은 신앙인이 그리스도교적 생활을 실천하기 위해 수행해야 할 역할을 강조하는 가르침 같은 것에는 전혀 관심이 없습니다.

그밖에 여러분의 자녀가 어른이 되었을 때 지나친 방임이 미칠 수 있는 영향은 무엇이 있을까요? 관계의 일반적인 특징을 몇 가지 살펴보도록 합시다:

그들은 다른 사람이 자신의 마음을 읽어 주기만을 기대합니다. 나는 부부 상담을 하면서 그런 경우를 상당히 많이 접해 보았습니다. 어떤 부인은 이렇게 말하더군요. "내가 원하는 게 뭔지, 어째서 남편에게 일일이 말해 줘야 하는 거예요? 우리가 결혼한 지 벌써 11년이나 지났는데,

이제 이 정도 됐으면 알아서 척척 해줘야 하는 거 아니에요? 아내가 원하는 것쯤은 알고 있어야 하는 거잖아요!" 결국 그 부인의 부모는 말을 하지 않아도 마음을 읽어 주었다는 말입니다. 내내 응석받이로 자라온 사람들의 경우, 친구 관계에서도, 직장에서도, 부부 관계에서도, "내 마음을 읽고, 짐작하고, 제공해 달라"는 것이 그들의 생활 모토입니다.

응석받이 어른들의 경우, 삶은 타인을 향한 지시 사항과 의무 사항으로 가득 차 있습니다: "내가 이런 걸 원하고 있었다는 것쯤은 너도 알았어야지." 이런 사람들은 상대방이 자신의 기대를 충족시켜 주지 못할 경우, 그 사람이 자신을 사랑하지 않는다고 생각합니다. 그도 그럴 수밖에요, 이제까지 그들의 부모가 이런 식으로 사랑을 증명해 왔으니까요.

응석받이 어른들은 상대방의 기분을 좋게 만들어 주지 못합니다. 오히려 뭔가 빚지고 있다는 느낌이 들게 만들지요. 상대방이 자신의 기대대로 반응하지 않을 경우, 그들은 상대방이 스스로를 이기적이고 쓸모없는 사람이라고 여기게끔 만드는 방법을 굉장히 잘 알고 있습니다. 응석받이 부모는 성장한 자녀의 방문을 고맙게 여길 수도 있지만, 한 술 더 떠서, 자식이 되어 가지고 좀 더 자주 찾아오지 않는다고 도리어 핀잔을 줄 수도 있습니다.

부부 관계에서도, 응석받이 어른들은 배우자의 말에 귀를 기울이지 않습니다. 배우자가 아무리 자기 주장을 밝히려고 해도, 도무지 들을 생각을 안 합니다.

계속해서 불만스러워 하는 배우자는 자칫 제멋대로 행동할 수가 있습니다. 왜냐하면 그런 사람은 그리 오랫동안 행복을 느낄 수가 없기 때문입니다. 때때로 그런 사람들은 자신의 욕구가 충족되지 않을 경우 징징거리면서 배우자에게 비난을 쏟아 부을 수도 있습니다. 혹 제멋대로 행동하지 않는다 할지라도, 자신의 응석을 받아들여 주지 않는 사람에게 적의를 품을 가능성은 얼마든지 있습니다.

응석받이 어른들은 나름대로 아주 많은 것들을 요구합니다. 하지만 대개는 수동적인 자세를 취합니다. 그들은 비밀스런 기대를 말도 못하게 많이 지니고 있으며, 다른 사람이 자신의 마음을 알아주지 못할 경우, 둔하다고, 자기를 전혀 사랑하지 않는다고 비난합니다.

하지만 그것은 계략에 불과합니다! 그것은 관계를 손상시키기에 딱 좋은 방법입니다. 만일 여러분이 어린애처럼 제멋대로 구는 사람이랑 결혼을 했다면, 이와 같은 지뢰에 아주 익숙해져 있을 것입니다: 배우자는 여러분에게 엄청나게 많은 것들을 요구해 왔지만, 여러분은 그것이 무엇인지 조차도 눈치 채지 못하고 있습니다 – 그리고 그 욕구들을 충족시켜 주지 못한 결과는 엄청납니다.

응석받이 아이들이 그대로 어른이 되었을 경우, 이밖에도 건강하지 못한 행동이 더 있을 수 있습니다. 성인에게 나타날 수 있는 지나친 방임의 유형들 가운데 좀 더 일반적인 것들을 몇 가지 살펴보면 다음과 같습니다:

- 알코올 중독: 응석받이 어른들은 종종 지루하고 외로워집니다. 그런 감정을 무디게 해주는 손쉬운 방법이 바로 알코올이지요.
- 과소비: 옷, 신발, 액세서리, 보석 ……. 응석받이 아이들은 자라서 제멋대로 행동하는 어른이 됩니다. 그들이 원하는 것은 한 번도 거절을 당해 본 적이 없으며, 삶을 즐기는 다른 방법도 전혀 모릅니다. 따라서 그들은 불필요한 물건들을 사고 또 사는 것입니다.
- 과식: 과식의 원인은 수도 없이 많습니다만, 지나친 방임이 그 원인들 가운데 하나라는 것은 틀림없는 사실입니다. 사실 어떤 아이들은 다른 분야에서는 전혀 응석받이가 아닌데도 음식에 있어서만큼은 제멋대로 구는 경우가 있습니다. 그런 아이들은

성인이 되어서도 계속 제멋대로 행동하게 됩니다.

이렇게 해서 아주 간단하게 살펴보았습니다. 응석받이 아이들이 그대로 어른이 되었을 경우를 생각하니, 정말 끔찍하지 않습니까? 삶에 대처할 만한 능력이 여러분에게 있다 할지라도 바깥세상은 결코 수월치 않을 것입니다.

어쩌면 여러분은 이 장을 읽어 내려가면서, 여러분 자녀에게 전혀 해당되지 않는 내용이라고 한숨을 푹푹 쉬었을지도 모릅니다. 만일 그렇다면 감사한 마음으로 계속 잘 이끌어 가십시오. 하지만 대부분의 경우, 위의 설명은 정곡을 찌른 것처럼 들릴 것입니다. 어쩌면 여러분은 사랑이라는 미명 하에 응석받이를 길러내고 있을지도 모릅니다. 이 일이 정말 여러분의 가정에서 일어나고 있는 일이라고 판단하기 전에, 먼저 위의 설명을 다시 한 번 읽어보고 어떤 반복적인 패턴이 존재하는지 부터 살펴보십시오. 만일 그런 패턴이 존재한다면 그 원인이 무엇인지 찾아내세요. 용기를 내십시오 — 언제나 희망은 있는 법입니다.[3]

아직도 늦지 않았습니다. 변화를 일으킬 수 있는 기회는 얼마든지 있습니다. 이 책의 후반부에서 우리는 변화를 일으킬 수 있는 방법에 대해 좀 더 철저히 논의하게 될 것입니다. 어쨌든 그 첫걸음을 떼어 놓는 것이 가장 어렵습니다 — "맞아, 우리 아이에게 딱 맞는 설명이야," 라고 인정하기란 결코 쉬운 일이 아니니까요. 그 다음은 "내가 지금 뭘 하고 있는 거지?" 하는 질문에 답하는 것입니다. 여러분의 흥미를 돋우기 위해서 다음과 같은 원칙들에 관하여 한 번 생각해 봅시다:

- 원하는 것마다 즉각적으로 이루어질 경우, 아이들은 인내심을 발달시키거나 만족을 늦추지 못한다.

 하나님, 이 아이를 어떻게 키워야 합니까?

- 주변의 모든 사람들이 죄다 "완벽한" 사람일 경우, 아이들은 자기 자신의 불완전함을 인정할 줄 모른다.
- 모든 일이 다 자기 뜻대로 이루어질 경우, 아이들은 협동할 줄 모르게 된다.
- 모든 일이 다 자기를 위해 진행될 경우, 아이들은 창조적인 사람이 될 수 없다.
- 본인이 직접 상실과 고통을 겪어 보지 않은 아이들은 연민과 존경심을 배울 수 없다.
- 본인이 직접 역경을 딛고 일어서 보지 못한 아이들은 용기와 낙관주의를 배울 수 없다.
- 모든 일이 손쉽게 풀릴 경우, 아이들은 인내심과 체력을 기를 수 없다.
- 본인이 직접 환난과 실패와 실수를 겪어 보지 못한 아이들은 자율 조정을 배울 수 없다.
- 본인이 직접 뭔가를 성취하기 위해 장애를 극복해 보지 못한 아이들은 자부심이나 건전한 긍지를 지닐 수 없다.
- 본인이 직접 소외나 거부를 당해 보지 못한 아이들은 자신감을 발달시킬 수 없다.[4]

하나님은 이렇게 말씀하십니다. "선한 일을 하다가, 낙심하지 맙시다. 지쳐서 넘어지지 않으면, 때가 이를 때에 거두게 될 것입니다"(갈라디아서 6장 9절).

댄 얀센을 기억하십니까? 그는 1988년 올림픽에 이어 1992년 올림픽까지, 두 번 다 패배한 스케이트 선수입니다.

1994년 동계 올림픽이 개최되었을 때, 모두들 이번에는 얀센이 분명

남자 500미터 경주에서 우승을 차지할 것이라고 확신했습니다. 2월 14일 월요일, 300미터 정도 경기가 진행되고 있을 즈음, 얀센은 안정된 자세로 커브에 접어들었습니다. 하지만 그만 그의 손이 얼음과 마찰을 일으켜, 간발의 차이로 금메달을 놓치고 말았습니다. 정말이지 간발의 차이로 은메달을 따게 된 것입니다!

그 일이 있고서 며칠 후에 그는 다시금 올림픽 아이스링크에 올라섰습니다. 이번에는 1000미터 경주였습니다. 이 날 그는 컨디션이 별로 좋지 않았습니다. 스스로도 기록이 떨어졌다는 사실을 자각하고 있었습니다. 그는 정지 마찰을 줄이기 위해 분투했습니다. 하지만 이미 일곱 명의 경쟁 선수들은 얀센의 최고 기록보다 더 나은 기록을 갱신하고 있었습니다. 이 종목은 그가 별로 좋아하지 않는 종목이었기에, 그의 예상도 그리 밝지는 않았습니다. 하지만 이번이 그의 마지막 올림픽 출전 경기가 될 것이었으므로, 그가 메달을 딸 수 있는 마지막 기회이기도 했습니다. 자신을 증명할 수 있는 최후의 기회였습니다. 그리고 결국 댄 얀센은 미국의 수백만 관중들이 지켜보는 가운데, 1000미터 경주의 세계 신기록을 달성하면서 우승을 차지했습니다. 기대와 실패와 헛수고로 이어진 지난 십년간의 기나긴 올림픽 모험담이 결국은 행복한 결말을 맞이하게 된 것입니다. 그가 성공을 거둘 수 있었던 이유는 무엇일까요? 그것은 결코 포기하지 않았기 때문입니다.[5]

우리는 자녀가 참고 견뎌 내면서 여러 번의 시도를 거듭한 끝에 결국은 자신의 길을 찾을 수 있게 되기를 바랍니다. 우리가 잘 안내해 주면 얼마든지 가능한 일입니다.

04
네 번째 비결

좋은 부모는 자녀에게 주되,
너무 많은 것을 주지는 않는다.

존은 17살이고 키가 6피트 3인치나 됩니다 ― 크고 힘이 센데다가 식욕 또한 엄청납니다. 존은 학교에서 돌아오자마자 마룻바닥에 책들을 내팽개쳐 놓고 겉옷도 탁자에 던져 놓은 채 곧바로 냉장고로 달려가 음식을 꺼내 들었습니다. 그리고는 소파에 털썩 드러누워 텔레비전을 켰습니다. 이윽고 온 집안이 MTV에서 흘러나오는 가수들의 소음(존에게는 음악이겠지만)으로 가득 찼습니다. 그런 와중에 존의 엄마가 한 손에는 책들을, 다른 한 손에는 겉옷을 쥔 채 방으로 들어왔습니다. 엄마는 깔끔하게 잘 다림질된 옷들을 옷걸이에 걸면서 물었습니다. "우리 아기, 오늘은 어땠어요? "

침묵. 엄마가 멈춰 서서 다시 한 번 물었습니다. 이번에는 약간 짜증이 난 듯한 말투였습니다. 엄마는 존이 먹고 있는 과자를 보더니 이렇게 물었습니다. "엄마가 냉장고에 넣어둔 샌드위치 못 봤어? "

"칠면조랑 치즈는 싫단 말이야. 끔찍해."

"아, 미안. 엄마도 그럴 거라고 생각은 했어. 그럼…… 오늘 저녁엔 뭔가 특별한 걸 먹을까? 엄마가 금방 가게에 달려가서 사올게. 아직 시간은 넉넉하니까."

"몰라, 엄마가 알아서 정해!"

"존 ― 엄만 네가 좋아하는 걸 사오고 싶단 말이야!"

"알았어, 알았어, 피자나 타코."

"좋아, 근데, 존, 네 바지랑 셔츠들이 좀 낡았더라. 엄마가 새 걸로 사 줄까? "

침묵 ― "존……."

"응, 듣고 있어. 엄마 맘대로." 존은 텔레비전 볼륨을 더 높였습니다. 이제는 그 소리를 듣기 싫은 이웃들조차도 들을 수 있을 정도였습니다. 엄마는 책과 겉옷과 옷들을 존 방에 정리해 두고 나왔습니다. 그 때 존이 엄마를 돌아보더니 이렇게 말했습니다. "전공과목 페이퍼, 타자 좀 쳐줘. 도표도 몇 개 그려주고. 내가 시작은 했는데, 도저히 못 끝내겠어. 낼까지 가져가야 한단 말이야."

엄마는 존을 바라보더니 한숨을 푹 쉬고 다른 방으로 들어갔습니다. 그리고는 친구에게 전화를 걸어 저녁식사 약속을 취소하였습니다. 그런데 이 때 존의 엄마가 친구에게 한 말이 참 흥미롭습니다. "진, 약속을 취소해야 해서 참 미안해. 하지만 존이 이 페이퍼를 마치려면 내가 필요하거든. 좀 난처하긴 하지만, 내일까지 제출하지 않으면 성적이 안 좋게 나올 거야. 어쨌든 존을 위해서 내가 뭔가 할 수 있다는 게 기쁜 일이지 뭐니? 결국은 내 엄마 역할이 아직 끝나지 않았다는 증거니까 말이야. 우리 약속은 다시 날짜를 잡아 보도록 하자. 오늘 약속을 미뤄야 하는 게 정말 싫긴 하지만, 엄마 역할이 뭣보다도 우선이잖아? "

그녀의 설명은 통찰력이 풍부합니다. 그녀의 가치와 진가가 그 무엇보다도 아들인 존이 그녀를 필요로 한다는 것에 달려 있다는 사실을 여실히 드러내 줍니다. 혹여 그녀의 개인적인 정체성 까지도 엄마의 역할에 한정되어 있는 것은 아닐까요? 만일 그렇다면, 그녀의 세계는 존을 중심으로 존재할 것입니다. 존은 엄마에게 무뚝뚝하고, 버릇없고, 냉담한 아이였습니다. 하지만 엄마는 존을 위해 자신을 희생하였습니다. 존은 엄마를 이용했고, 엄마는 존이 원하는 것이라면 뭐든지 다 들어 줌으로써, 자기 책임을 다하지 못했을 때 당연히 주어지는 결과를 존이 경험하지 못하도록 막아 버렸습니다. 이것은 결국 조화로운 가정을 이루는 데 방해가 되고 말았습니다.

당연히 여러분은 존이 또다시 이와 같은 일을 저지를 것이라고 생각할 것입니다. 왜 안 그러겠어요? 자신의 욕구를 만족시켜 주는 사람이 또 나타난다면, 굳이 그 손길을 마다할 필요가 어디 있겠어요?

전혀 다른 상황

최근에 나는 어떤 회의에서 아주머니 한 분을 만나 대화를 나눴습니다. 그분에게는 다섯 명의 아들들이 있었는데, 그 중 네 아이는 십대였고, 두 아이는 벌써 운전을 하고 다녔습니다. (생각만 해도 정말 끔찍하죠!) 하지만 그럼에도 불구하고 이 가정의 분위기는 존의 가정과 사뭇 달랐습니다. 그 집의 맏아들은 면허증을 따기 전에 먼저 자동차 보험료부터 벌어야만 했습니다. 또 만일 사고가 나거나 범칙금을 물어야 할 경우, 그 비용은 전적으로 본인이 대야만 했습니다. 이 집 아이들은 운전이 특권인 동시에 책임이기도 하다는 사실을 제대로 배웠습니다.

이 아주머니와 좀 더 깊은 대화를 나누게 되자, 나는 우리 딸이 15살 반이었을 때 딸아이와 운전 서약서를 작성했던 일에 대해서 이야기해 주었습니다. 우리 부부는 처음부터 특권과 규제 사항들을 딸에게 미리 명시해 두는 것이 나중에 차츰차츰 이야기해 주는 것보다 더 나을 것이라고 여겼습니다. 그래서 그것들을 서면으로 작성하고 딸아이의 서명을 받아 두었습니다. 실제로 이것은 아주 큰 효과를 거뒀습니다. 그만큼 딸아이의 책임 의식이 강해졌던 것입니다. 나와 대화를 나누던 아주머

니는 그 서약서를 복사해 달라고 부탁했습니다. 자기 아들들을 위해서
도 나름대로 서약서를 작성해보고 싶다는 것이었습니다. 그 서약서의
내용은 다음과 같았습니다.

운전 서약

1. 저는 차를 이용하기 전에, 반드시 엄마나 아빠께 먼저 차를 이
   용해도 되는지 여쭤보고 그 목적을 말씀드리겠습니다.
2. 저는 혼자서 어디를 가고 싶을 때, 먼저 학교 숙제와 피아노 연
   습부터 철저히 끝마치겠습니다.
3. 저는 운전면허를 따고 나서 처음 6개월 동안은 운전하면서 결
   코 라디오를 듣지 않겠습니다.
4. 저는 학교에 다니는 동안, 매주 수요일마다 차를 운전해서 교
   회에 다녀오겠습니다. 하지만 미리 허락받지 않고서는 그 누구
   도 집에 데려오지 않겠습니다.
5. 저는 그 어떤 상황에 처한다 할지라도 절대 다른 사람이 차를
   운전하지 못하도록 하겠습니다.
6. 저는 매주 35마일까지만 운전하겠습니다. 35마일을 넘어가면
   마일 당 기름 값을 제 스스로 부담하겠습니다.
7. 저는 어떠한 경우에라도 플리머스에는 5명을, 그리고 아우디
   에는 3명을 초과해서 태우지 않겠습니다.
8. 저는 운전 면허증을 발급 받을 때까지, 엄마나 아빠가 동행하
   는 조건 하에서, 교회에 다녀올 때와 우리 지역에 용건이 있을
   때 직접 운전을 할 것입니다. 그리고 온갖 유형의 운전 조건 하
   에서, 우리 가족이 장기 휴가를 갈 경우에는 좀 더 넓은 지역의

운전도 도울 것입니다.

9. 저는 그 어떤 상황에서도 자동차 편승 여행자를 태워주지 않겠습니다. 또한 차에 문제가 있을 경우 절대로 운전을 하지 않겠습니다.
10. 저는 스스로 세차를 하되, 3주에 한 번씩은 꼭 하겠습니다.
11. 저는 자동차 보험료가 인상될 경우 절반을 책임지겠습니다. 그리고 사고가 났을 경우, 공제 금액의 절반을 책임지겠습니다.

> 자녀가 버릇없는 응석받이로 자라나는 이유는,
> 단순히 자녀를 위해 어떤 것을 주고 어떤 일을 해주어서가 아니라,
> 우리가 자녀에게 거들어 달라고 부탁하지 않아서이다.

이 목록 가운데 절반 이상의 항목은 우리 딸이 직접 제안한 것입니다. 2번 항목의 "철저히"라는 단어는 엄마와 아빠가 덧붙인 것입니다. 그리고 3번 항목은 아빠가 제안한 건데, 딸이 가장 안 좋아하는 항목입니다. 이 항목을 덧붙인 이유는, 라디오가 운전자의 주의를 딴 데로 쏠리게 하고, 또 볼륨을 지나치게 높이는 경우가 아주 빈번하기 때문입니다. 운전은 진지한 특권이자 책임입니다. 그러므로 이제 막 운전을 시작하게 될 우리 딸의 경우, 자신의 기술을 완벽하게 훈련하는 일에만 온 신경을 집중해야 합니다. 경찰관과 보험사 직원들 역시 이 개념에 동의하였습니다. 8번 항목은 딸아이가 운전할 수 있는 허용 범위와 자유를 명시한 것입니다. 우리 가족은 여름마다 굉장히 길고 먼 여행을 떠납니다. 우리는 딸아이가 다양한 고속도로, 다양한 교통 상황, 그리고 다양한 기상 조건 하에서도 운전 경험을 쌓을 수 있기를 바랍니다. 그래야 혼자서 운전하게 되었을 때를 좀 더 제대로 준비할 수가 있을 테니까요.

우리 딸은 이 계약서에 동의하기 훨씬 전부터 이미 집안 페인트칠을 도와줌으로써 자동차 보험료 인상분의 절반을 벌고 있었습니다.

몇 년 전 나는 아주 부유한 가족과 얼마간을 함께 보냈습니다. 그들이 타는 차와, 그들이 사는 집, 그들이 입는 옷 전부가 부유한 생활을 반영해 주고 있었습니다. 그들에게는 아들이 둘 있었습니다. 그런데 각자 열두 살이 되고 나면 생활 패턴이 굉장히 많이 변했습니다. 열두 살 때까지는 가정부가 그들의 옷을 빨고 다려주었습니다. 하지만 부모는 아들들이 삶을 대비해야 한다고 생각했습니다. 그래서 열두 살이 되었을 때부터 자기 옷을 세탁하고 다림질하고 개키는 방법을 가르쳤습니다. 이것은 그들 생활의 일부가 되었습니다. 부유한 가정이었음에도 불구하고, 그들은 남이 모두 해주기만을 바라지 않았습니다. 현재 두 아들은 매우 책임감 있는 성인이 되었습니다. 그들은 삶이란 일과 책임이 뒤따른다는 사실을 잘 알고 있습니다. "응석받이"라는 단어는 그 가정 어디에서도 찾아볼 수 없습니다 — 그리고 그것은 그 부모가 자녀를 제대로 양육했다는 증거입니다.

자녀가 버릇없는 응석받이로 자라나는 이유는, 단순히 자녀를 위해 어떤 것을 주고 어떤 일을 해주어서가 아니라, 우리가 자녀에게 거들어 달라고 부탁하지 않아서입니다. 그렇다고 자녀에게 운동이나 음악이나 미술 수업을 허용해 주지 말라는 이야기가 아닙니다. 이것은 그런 것들보다 좀 더 깊은 의미를 담고 있습니다. 즉 자녀들도 가정이 제대로 기능을 할 수 있도록 시간과 힘을 쏟아야 한다는 것입니다. 여러분의 가정이 제대로 기능을 발휘하기 위해 자녀들이 각자 날마다 무슨 일을 거들어야 할지, 여러분은 그 목록을 작성할 수 있겠습니까?

누구나 다 도울 수 있다

내가 자라난 세대와 지금은 전혀 딴판이라는 사실을 나도 잘 압니다. 하지만 내가 경험했던 일들은 지금도 얼마든지 일어날 수 있습니다. 초등학교에 다니던 시절, 나의 주된 바깥 활동은 음악이었습니다. 운동이나 게임은 모두 다 아이들이 직접 만들어낸 것이었습니다. 리틀 리그도 축구팀도 없던 시절이었습니다. 나는 수업 전에 매일 30분에서 한 시간씩 피아노 연습을 하였습니다. 그리고 중학생이 되면서부터는 방과 후에 클라리넷 연습을 하게 되었습니다.

또한 나는 소위 허드렛일이라고 불리는 일들을 하였습니다 — 애완동물을 돌보는 일, 우리 집과 세 개의 임대 주택에 페인트칠을 하는 일, 식탁을 차리는 일, 설거지와 심지어는 조리 방법을 배우는 일까지, 뭐든 닥치는 대로 다 했습니다. 사실, 요리는 그다지 잘하지 못하는 것으로 판명이 나기는 했지만 말이죠! 한 때 보이스카우트 활동을 하면서 몇 가지 상을 탔었는데, 거기엔 요리상도 포함되어 있었습니다. 내 생각에 보이스카우트 단장이 그런 상을 준 것은 다시는 내 요리를 맛보고 싶지 않아서였던 것 같습니다. 하지만 지금도 여전히 나는 요리 좀 해보라는 말을 듣고 있습니다.

우리 집에 관하여 내가 지금까지 기억하고 있는 것은 바로 균형입니다 — 나는 받기도 많이 받았지만, 돕기도 많이 도왔습니다. 일상적인 기술들을 익혀서 내 나름대로 가사를 도왔던 것입니다.

자녀들에게 가사를 도와달라고 부탁하는 것은 아주 좋은 일입니다. 아무리 어린 아이라 할지라도, 누구나 다 도울 수 있습니다. 비록 자녀가 하교 후나 운동 후에 지쳐 있다 할지라도, 아니면 세 시간짜리 숙제를 앞두고 있다 할지라도, 얼마든지 자신의 책임을 다해낼 수 있습니다.

"차라리 내가 해버리는 게 더 쉽지," 하는 생각이나 죄책감 같은 것은
절대로 갖지 마십시오. 그건 자녀가 삶의 기술을 익힐 수 있는 기회, 가
족을 도울 수 있는 기회를 갖지 못하도록 막는 것과도 같습니다. 자녀는
가족을 위해 줄 수 있는 게 아주 많습니다. 그것을 발견하여 꺼내 주는
것, 그것이 바로 여러분의 임무입니다.[1]

　내가 아는 한 가족은 아주 독특한 방식으로 가정을 꾸려 나갔습니다.
부모와 네 아이들이 매월 가족회의를 열었던 것입니다. 회의의 일부는
다음 달에 해야 할 가사를 점검해 보는 것이었습니다 — 세탁하기, 다림
질하기, 개똥 치우기, 애완동물 먹이주기, 먼지 떨기, 청소기 돌리기, 설
거지하기, 낙엽 쓸어 모으기, 세차하기 같은 일들 말이지요. 그 가족은
각자의 능력에 맞춰서, 각자의 스케줄에 맞춰서, 그리고 각자 지난달에
했던 일들을 참고해서, 누가 무슨 일을 할 수 있을 것인지 의논했습니
다. 때때로 한두 사람은 자기가 맡은 일 때문에 너무나도 힘이 들 경우
다른 누군가의 도움을 요청할 수 있다는 사실도 미리 밝혀 두었습니다.
또한 그들은 누군가가 자기 임무를 완수해 내지 못할 경우 온 가족의 기
능이 정지해 버릴 수 있다는 사실에 대해서도 이야기 나눴습니다. 이 회
의 시간을 통해서 그들은 가족의 각 구성원들이 해주는 일들을 감사히
여길 줄 알게 되었습니다. 그 어떤 일도 당연하게 받아들여지지 않았습
니다. 이런 식의 접근 방법에는 엄청난 유동성과 현실성이 존재합니다.
자녀들은 가정이 부드럽게 운영되기 위해서 자신의 역할이 얼마나 중
요한가를 확실히 깨닫게 됩니다.

　"어림도 없는 일이지," "잘 될 리가 없어," 라고 말하는 부모들을 나는
많이 봐왔습니다. 하지만 그것은 정말로 가능한 일입니다. 이제껏 좋은
부모의 역할을 해온 사람들은 너무나도 많습니다. 여러분의 가정에서
도 이런 일은 얼마든지 일어날 수 있습니다.

평화와 조화

가정의 평화와 조화를 얻기 위하여 자녀에게 쉽사리 너무나 많은 것들을 제공해 버리는 부모들이 참 많습니다. 어떤 어머니는 이런 말을 하더군요. "전 한 번도 이런 생각을 해본 적이 없어요. 언제나 완벽한 부모가 되기만을 바래왔지요. 전 이렇게 평화로운 가정을 꿈꿔 왔어요. 제가 자라난 것과는 전혀 다른 환경을 말이에요. 물론 가끔은 평화로울 때도 있어요. 하지만 최근에는 그 평화의 비용에 대해서 좀 회의적인 생각이 들었답니다. 정말이지 어떤 날은 제가 꼭 아이들을 위해 만들어진 거대한 자판기 같다니까요. 그런데 진짜 자판기하고 전 다른 점이 한 가지 있어요. 진짜 자판기에는 돈을 넣어야 뭔가가 나온다는 사실이에요. 일종의 거래라고 볼 수 있죠. 하지만 저는 어떤가요? 전 애들이 제 옆으로 다가오는 걸 보기만 해도 곧바로 뭔가를 쏟아내기 시작하는 자판기 같아요. 우리 집 애들은 '안 돼' 라는 단어의 의미를 아무도 몰라요."

설상가상으로, 어떤 부모들은 그만 벌레에 물려 버립니다. 일명 구조 벌레에 말이지요. 그런 부모들은 자녀가 상처 받거나, 좌절하거나, 실망하는 모습을 지켜보는 것이 이 세상에서 가장 어려운 일입니다 ― 그래서 아무 생각도 없이 쪼르르 달려가 자녀를 구조해 냅니다. 자녀가 이런 경험들을 전혀 갖지 못하도록 보호하는 것이지요. 부모라면 얼마든지 이런 행동을 취할 수 있습니다. 나도 잘 압니다. 나 또한 부모니까요. 여러분은 결국 머리와 가슴이 서로 다투는 것을 경험하게 됩니다. 머리와 가슴이 여러분에게 각각 다른 메시지를 전달합니다. 이 때 가슴의 메시지에 따라 결정을 내리는 부모야말로 가장 심각한 문제를 떠안게 됩니다.

여러분은 헬리콥터를 타보신 적이 있나요? 놀랍게도 이 기계는 곧바로 직각 상승할 수가 있고, 한 지점을 선회할 수도 있고, 마치 거대한 파리처럼 정반대 방향으로 휙 날아갈 수도 있지요. 헬리콥터는 아주 중요한 임무를 수행합니다. 공중을 선회하고, 구조하고, 보호하는 일입니다.

어떤 부모들은 마치 헬리콥터와도 같습니다. 자녀의 머리 위를 선회하면서 끊임없이 보호해 주는 것이지요. 아마 여러분도 그런 부모들이 자녀의 세계를 이리저리 휙휙 날아다니면서, 빠뜨리고 간 도시락이나 겉옷이나 숙제나 운동 장비를 날라다 주는 모습을 많이 봐왔을 것입니다. 그들은 자녀를 위해 부족한 것을 보충해 주고, 가는 곳마다 문제를 해결해 줍니다. 한 마디로 말해서 그들은 자칭 수색-구조 팀입니다.

그러면 그 부모들은 왜 이런 일을 하는 걸까요? 그들 말로는 자녀를 사랑하기 때문이라고 합니다. 그들은 자녀가 상처 입는 것을 견딜 수가 없습니다. 그렇기 때문에 자녀가 상처를 입으면 부모도 똑같이 상처를 입게 됩니다. 하지만 사실 이런 부모들은 뭔가를 크게 혼동하고 있습니다. 사랑과 보호와 돌봄이 모두 똑같은 것이라고 착각하고 있는 것이지요. 그러나 사실 이 세 가지는 전혀 똑같은 것이 아닙니다.

어떤 부모들은 자녀가 실패하는 것을 전혀 허용하려 들지 않습니다. 정말이지 슬픈 일입니다. 실패는 삶의 경험들 가운데 가장 배울 게 많은 경험에 속하기 때문입니다. 여러분이 뭔가를 잘못했을 때, 사실 그것은 다음번에는 그 일을 제대로 해낼 수 있는 기회를 제공하는 것이나 마찬가지입니다. 하지만 헬리콥터 부모들은 자녀의 실패를 마치 자신의 실패인 양 받아들입니다. 그래서 정작 자신의 필요에 따라 자녀를 구출해 냅니다. 성서를 찬찬히 들여다보면 하나님께서도 삶의 위대한 교훈들을 주기 위해 실패를 이용하셨다는 사실을 알 수 있습니다. 이것은 참으로 흥미로운 사실입니다. 성서 전반에 걸쳐서 우리는 하나님께서 실패한 백성들을 들어 쓰시는 장면을 목격할 수가 있습니다.

우리가 자녀를 구조해 낸다 할지라도, 정작 자녀에게는 구조의 필요성이 전혀 없는 경우 — 그리고 절대로 구조해 주지 말아야 할 경우 — 가 더 많습니다. 수영 선수가 물에 빠져 허우적댈 때 그를 구조해 내는 것은 물론 사랑과 희생의 행위입니다. 하지만 허우적대지도 않는 수영 선수를 구조해 내는 것은 결코 사랑과 봉사의 행위가 아닙니다.

다음과 같은 사실을 반드시 명심하십시오: 만일 우리가 오늘 자녀를 실패하지 않도록 구조해 낸다면, 언젠가는 우리 자녀가 정말로 실패를 하게 될 것이고, 그 날엔 우리가 자녀 곁에 없을지도 모릅니다. 우리 아이들은 실패를 감당할 수 있는 방법도 전혀 알지 못할 것입니다. 그러니 이제부터는 우리 자녀가 나중을 위해 준비해 나갈 수 있도록 실패를 가르칩시다.[2]

타잔 부모

어떤 이는 부모란 마치 줄을 타는 타잔과도 같다고 말한 적이 있습니다. 부모라는 존재는 자녀를 위해서 너무 많은 일을 하거나 너무 많은 것을 주지 않도록 오락가락 줄타기를 잘해야 합니다. 이 나무에서 저 나무로 옮겨 다니면서 우리는 삶의 균형을 맞추려고 노력합니다. 하지만 그 결과는 어떻습니까? 그렇죠, 바로 죄책감입니다.

일부 부모들은 바로 이 죄책감 때문에 주고 또 줍니다. 우리의 양육 형태에 많은 영향을 미치고 있는 이 죄책감의 원인은 아주 다양합니다.

자녀에게 지나칠 정도로 엄격하게 굴고 심지어는 언어폭력까지 일삼는 부모들이 결국은 자녀에게 가장 많이 주는 편에 속하는 경우를 나는 자주 보았습니다. 물론 변화도 좋습니다 ─ 하지만 그들의 경우는 죄책감의 고통이 너무나도 큰 나머지 그 죄책감을 경감시켜 줄 수 있는 유일한 처방으로서 자녀에게 모든 것을 주고 있는 것입니다. 또 어떤 부모들은 너무나도 바쁜 나머지 자녀와 충분히 함께 지내 주지 못한다는 것 때문에 죄책감을 느끼기도 합니다. 이혼한 부모의 경우도 그렇고요, 그 외에도 그럴싸한 이유들이 굉장히 많습니다. 결과적으로 그들의 자녀는 어린 나이 때부터 이 죄책감의 단추를 활용하는 방법을 터득하게 됩니다.

여러분은 죄책감이 뭐라고 생각하십니까? 삶 속에서 이 죄책감이 여러분을 물고 늘어져 모든 것을 통제해 버렸던 경험이 있습니까? 죄책감은 뭔가 잘못되었다고 여겨지는 일을 바로 잡거나 수정해 보려는 여러분의 마음 상태를 가리킵니다. 아마도 다음의 이야기가 여러분에게는 굉장히 익숙하게 느껴질 것입니다.

전 이혼을 했어요. 이혼하고 싶은 맘도 없었는데 억지로 이혼 당했지요. 남편이랑 함께 살적에는 살림이 풍족했어요. 적어도 고지서들을 처리할 만한 돈은 있었죠. 그런데 지금은 저도 일을 다녀야 해요. 예, 저도 알아요. 우리 애들에겐 엄마가 좀 더 많은 시간을 함께 해줘야 한다는 사실을요. 하지만 생계를 꾸려나갈려면 직장엘 나가야 하잖아요? 하루에 10시간씩은 밖에 나가 있어야 해요. 아들아이는 계속해서 화만 내고 있어요 ─ 부모가 이혼한 것하고 엄마가 일하러 다녀야 한다는 것에 화를 내는 거예요. 전 남편과 이혼한 것에 죄책감을 느껴요. 일하러 밖에 나가야 하는 것에도요 ─ 그래서 예전보다 더 많이 애들에게 '그래' 라는 대답을 하게 돼요 ─ 애들도 엄

마가 뭣이든 승낙할 거라는 사실을 미리 알고 있는 것 같고요. 맞아
요, 제가 애들을 너무 관대하게 키우고 있는 것 같아요. 하지만 애들
아빠도 마찬가지예요. 애들을 만나는 날마다 마치 디즈니월드로 여
행을 떠나는 것 같다니까요. 그래서 애들이 집으로 돌아오고 나면
한 이틀 정도는 정말 죽을 맛이에요.

많은 부모들의 경우, 죄책감은 끊임없이 따라 다니는 동반자입니다.
이혼한 부모의 경우는, 자녀를 맡아 키우지 않는 쪽에서 부족한 시간을
재미와 활동과 돈으로 보상하려 듭니다. 거의 아무런 구속도 하지 않
은 채 말입니다. 하지만 그런 것들은 아무런 효과도 없습니다. 그런
것들로 인간적인 관계를 대신할 수는 없는 법입니다. 직장에 다니는
엄마의 경우도 역시 마찬가지입니다. 특히 자신의 수입이 진짜로 절
실하게 필요한 것은 아니라는 사실을 잘 알고 있는 엄마의 경우라면
더더욱 그렇습니다.

여러분은 자신의 머리 속에서 죄책감의 메시지가 흘러나오는 것을 들
은 적이 있나요? 이를테면 다음과 같은 메시지들이요:

"넌 애들을 위해 해야 할 일들을 충분히 안 하고 있어."

"아이가 실패하는 것을 원하지는 않겠지?"

"자니가 거기에 참석 안 한다면 다른 부모들이 뭐라고 생각하겠어?
자니만 외톨이가 되고 말거야. 네가 그걸 어떻게 견뎌낼 수 있겠니?"

"불쌍한 녀석, 그 녀석은 내가 안 된다고 하는 이유를 이해하지 못할
거야. 분명히 마음에 상처를 입었을 텐데."

부모가 둘 다 직장을 다니는 경우도 죄책감의 덫에 빠지기가 쉽습니
다. 이런 상황에 놓인 부모들은 대부분 두 가지 문제 때문에 괴로워합니
다 — 부족한 시간과 힘이지요.

하루를 마감하는 시간뿐만 아니라 주말에도 역시 마찬가집니다. 둘 다 직장에 다니는 부모들은 잔뜩 밀린 가사를 마무리해야 하는데, 이미 그들은 주중의 근무로 녹초가 되어 있는 상태입니다. 그들 중 대부분은 자신이 부모의 역할을 수행하는 데 충분한 시간을 할애하지 못하고 있다는 사실을 잘 알고 있습니다. 나는 많은 사람들로부터 이런 얘기를 들어 왔습니다. "노먼, 문제가 뭔지는 나도 잘 알아요. 우리 애들은 물건이나 잡동사니가 아니라 바로 나를 더 원한다는 거죠. 하지만 지금 우리 부부는 둘 다 가까스로 일을 꾸려나가고 있는 실정이에요. 어떻게 우리가 이 일을 포기할 수 있겠어요? 게다가 난 지금 승진 후보자 명단에 올랐다고요!"

오늘날 수많은 부모들이 단지 기초적인 생계를 유지하기 위하여 바깥일과 싸우고 있습니다. 반면에 어떻게 해서든지 최고의 자리에 앉으려고 경력을 쌓아 올라가고 있는 부모들도 많이 있지요. 그들의 자녀는 너무도 많은 시간을 홀로 남겨지게 됩니다. 그리고 그것이 자녀의 변덕스러운 요구를 무조건 다 들어주고 너무 관대하게 키우는 원인이 되지요. 한 부모는 이것을 꽤 사실적으로 묘사하였습니다: "두 다리가 두 마리 말에게 묶여 있는데, 이 말들이 서로 다른 방향으로 달리려 하는 것 같다는 느낌이 들어요. 정말이지 저는 찢어져 버리고 말 거예요." 이렇게 서로 다른 방향으로 끌려가게 될 경우, 결국은 자녀 교육을 죄책감으로 마무리할 수밖에 없습니다.

다음은 어떤 부부에게서 들은 이야기입니다:

우리는 둘 다 일을 하고 있어요. 자연히 두 딸에게 충분한 시간을 쏟지 못하고 있지요. 우리도 그 사실을 잘 알아요. 그래서 집에 있는 시간만큼은 질적으로 좋은 시간을 보낸답니다. 쉬는 날엔 무슨 일이 있어도 아이들과 함께 지내고, 또 가능한 한 모든 분야에서 아이들을 도와주지요. 게다가 우린 부부 동반으로 온갖 활동들에 참석하고 있어요. 양쪽 부모가 다 필요하지 않은 날에도 마찬가지죠.

그 부모가 나의 대답을 기꺼이 받아들일 만한 준비가 되어 있는지 아닌지는 확실하지 않지만, 어쨌든 나는 이렇게 대답해 주었습니다. "딸들을 위해서 너무나 많은 것들을 해주고 있는 게 아닐까요? 아이들 스스로 문제를 깨닫고 해결책을 찾아내는 일에 어느 정도 발전적인 모습이 보이던가요? 댁의 아이들은 어쩌면 학교 선생님과 운동 코치와 주일학교 선생님도 부모만큼이나 자기 일에 열렬한 관심을 가져 주기를 기대하고 있을 수 있어요. 아이들은 대개가 그렇답니다."

바로 이런 식으로 죄책감은 시작되는 법입니다. 죄책감을 완화시키는 방법은 여러 가지가 있습니다. 때로 우리는 이성적인 방법을 동원할 수 있습니다. "그래도 어쨌든 이번 여름엔 애들과 좀 더 많은 시간을 보낼 수가 있어. 우리 애들은 앞으로 좀 더 독립적인 사람이 되는 방법을 익히게 될 거야. 그 보육 프로그램이 우리 애들에겐 딱 좋아. 이 돈이면 우리 가족이 좀 더 많은 일을 함께 할 수가 있을 거야."

아니면 우리는 죄책감에서 벗어나는 방법을 돈으로 살 수도 있습니다. 여러분은 뭔가를 충분히 줄 수 없는 입장에 처하게 되었을 때 다른 뭔가를 줌으로써 문제를 해결할 수 있습니다 — 장난감이나 돈이나 기회 같은 것을요. 하지만 자녀에게 뭔가를 주는 것은 결코 인간적이고 정서적인 관계를 대신할 만한 적절한 대용품이 될 수 없습니다. 오히려 자녀가 다른 사람들과의 관계 속에서도 이런 식으로 행동하게끔, 잘못된 메시지를 던져줄 수가 있습니다.[3]

죄책감에 대처하는 다른 한 가지 방법은 자녀의 요구에 굴복하는 것,

그래서 결국은 나쁜 행실에 제제를 가하는 데 실패하는 것입니다. 어쨌든 우리는 잠깐이나마 아이들과 함께 할 수 있는 시간만큼은 갈등을 회피할 수 있기를 원합니다. 하지만 이것이 지속될 경우 우리는 자녀의 욕구와 필요 사이를 점점 더 구별할 수가 없게 되어버립니다.[4]

극단적인 형태의 양육

집에 돌아오자마자 "자, 이것 봐라, 네게 줄 것이 있단다," 라는 말을 꺼내는 부모들은 머지않아 아이들도 자기와 똑같이 반응하는 것을 보게 될 것입니다. "와! 엄마 아빠가 돌아오셨네, 야호!" 라고 말하는 것이 아니라 "저한테 주실 것은요?" 하고 묻게 되는 것이지요.

죄책감은 이른바 '극단적인 형태의 양육' (IPOP; Intensity Pattern of Parenting)으로 이어집니다. 이것은 앞에서 언급했던 여러 가지 경우, 즉 경력이나 심지어는 사회적인 선택 때문에 시간이 부족한 부모들의 경우 발생하기 쉬운 지나친 방임의 형태입니다. 이런 부모들은 부족한 시간을 대신해 줄 만한 물건들을 찾아냅니다. 오늘날 수많은 어린이들의 방이 다 그렇습니다. 방안이 온통 토이즈러스, 로스, 멀빈스, 노드스트롬즈, 그리고 게이트웨이 컴퓨터 매장을 하나로 합쳐서 확장해 놓은 것처럼 보이죠. 심지어는 아이 방에 전용 전화가 있는 집도 허다합니다.

지나친 방임은 일부 부모들의 생활 방식일 수 있습니다. 부모들 가운데는 너무나도 부유한 나머지 주고 또 주는 게 전혀 문제가 안 되는 경우도 많습니다 — 혹은 자신의 부를 과시해야 할 필요성을 느끼고 있는 경우도 많지요. 그들은 제멋대로 행동하며, 가족과 심지어는 주변 사람들에게 까지도 너무 관대하게 대합니다. 그것이 바로 그들의 생활 방식

이며, 부유한 ― 혹은 겉보기에만 부유한 ― 친구들과 경쟁을 하는 방식
입니다.

그리고 뭔가를 줌으로써 사랑을 표현하려고 드는 부모들도 있습니다.
아마도 그들은 다른 식으로 애정을 증명하거나 사랑을 표현하는 데 서
투른 사람들일 것입니다. 그들이 보기에는 뭔가를 주는 것이야 말로 가
장 좋은 대안처럼 생각될 것입니다. 하지만 그럼에도 불구하고 문제는
여전히 남아 있습니다. 집에 돌아오자마자 "자, 이것 봐라, 네게 줄 것이
있단다," 라는 말을 꺼내는 부모들은 머지않아 아이들도 자기와 똑같이
반응하는 것을 보게 될 것입니다. "와! 엄마 아빠가 돌아 오셨네, 야호!"
라고 말하는 것이 아니라 "저한테 주실 것은요?" 하고 묻게 되는 것이
지요.

이렇게 선물 공세로 이어지는 '극단적인 형태의 양육' (IPOP)은 종종
이제 막 등장하기 시작한 형태의 양육 방법 ― PBB 혹은 PBCP ― 과 나
란히 병행되기도 합니다. 이 약자들이 과연 무엇을 의미하는지, 여러분
은 들어본 적이 있나요? 바로 "삐삐를 통한 양육"(PBB; Parenting by
Beeper)과 "휴대폰을 통한 양육"(PBCP; Parenting by Cell Phone)입니
다. 이것은 모든 장소에 해당됩니다 ― 식품점이나 교회, 백화점, 식당,
그리고 심지어는 교회에서까지 통용되지요. 누군가와 대화를 나누고
있다가도 휴대폰이 울리면 갑작스레 중단이 되고 맙니다. 그리곤 이렇
게 말하는 겁니다. "미안해서 어쩌죠? 제 아들이 뭔가 필요한 게 있다
는데요." 심지어 이메일을 통해서 아이와 연락을 취하는 부모들도 나는
본 적이 있습니다.

예, 그렇습니다. 이것은 아주 편리한 방법입니다. 인정할 건 인정해야
겠죠. 하지만 문제는 대부분의 경우 이것이 자녀와 함께 있어 주지 못하
는 데 대한 대용품이라는 사실입니다. 자녀와 함께 시간을 보내는 부모

들 역시 전자 통신 수단을 이용하기는 마찬가집니다. 물론 긴급한 사태의 경우에는 휴대폰과 삐삐가 좋은 통신 수단이 될 수 있겠지요. 하지만 이것들을 지속적으로 사용한다면 아이들이 시도 때도 없이 전화를 걸어 이야길 한다거나 — 혹은 부모를 방해한다거나 — 하게 될 수도 있습니다.[5]

이렇게 유용한 통신 수단은, 다른 형태의 지나친 방임과 마찬가지로, 지금 당장은 부모와 자녀 모두에게 좋은 것처럼 생각될 것입니다. 하지만 이 아이들이 청소년기와 성인기가 되어 다른 사람들과 관계를 형성하게 될 때 과연 무슨 일이 벌어질까요? 다른 사람들이 물질이 아닌 자기 자신을 주고자 할 때, 또한 함께 할 수 있는 시간에 한계를 두려 할 때, 과연 이 아이들은 무슨 일을 할 수 있을까요? 그것이 훨씬 더 건전한 형태임에도 불구하고, 이 아이들은 그동안 지나침 방임과 사랑을 동일시하도록 교육 받아 왔기 때문에, 자칫 자신이 거부를 당하고 있다고 생각할 수 있을 것입니다.

맞벌이 부부의 지나친 방임

앞에서 우리는 죄책감을 완화시키기 위한 불건전한 방법들에 관하여 몇 가지 살펴보았습니다. 이제는 좀 더 나은 방법에 관하여 얘기해 보기로 하죠 — 문제를 바로잡기 위하여 실제로 뭔가 행동에 옮기는 것입니다. 어떤 부모들은 다음에 실린 얘기를 읽고 굉장히 괴로워할지도 모르겠습니다. 하지만 우리의 목적은 죄책감을 이끌어 내려는 것이 아니라 그저 몇 가지 사실에 대해 생각해 보자는 것입니다.

지나친 방임의 원인은 아주 다양합니다. 하지만 우리 사회에서 가장 일반적으로 나타나는 지나친 방임의 원인들 가운데 하나는, 부모가 둘 다 밖에 나가 일을 할 경우에 해당합니다. 물론 부모가 모두 밖에 나가 일을 해야만 할 정도로 힘든 가정도 있습니다. 하지만 내 생각에 그런 가정은 대부분의 사람들이 생각하는 것보다 훨씬 더 적을 것 같습니다. 〈유에스 뉴스〉는 "왜 일을 해야만 하는가에 대해 부모들이 스스로에게 던지는 거짓말"이라는 논문을 발표했는데, 그 논문은 엄마들로 하여금 직장을 벗어나지 못하게 만드는 몇 가지 신화들의 실체를 벗겨 내었습니다.

첫 번째 거짓말은 바로 이것입니다: "우린 돈이 필요하니까 둘 다 일을 해야만 해요."

맞습니다. 저임금 노동자들의 경우 어느 정도는 확실히 그렇습니다. 하지만 좀 더 수입이 많은 가족의 경우도 양쪽 부모가 모두 일을 하고 있기는 마찬가집니다. 그동안 많은 이들이 필요(need)와 필수품(necessity)의 개념을 재정의하였습니다. 1975년 이래로 "멋진 삶"이라는 개념은 아주 극적인 변화를 겪었습니다. 이전에는 "부"의 정의에 속해 있었던 것들이 이제는 "멋진 삶"의 개념에 속하게 된 것입니다. 그렇습니다. 지금은 대학 등록금도 더 비싸졌고, 자녀들을 대학에 보내기 위하여 직장에 다닌다는 부모들도 더 많아졌습니다. 하지만 자녀들의 80퍼센트 정도는 다들 공립학교에 다닙니다. 그런 학교들은 정말로 수업료가 필요할 경우 엄마가 몇 년 동안만 일해도 얼마든지 그 비용을 감당할 수 있는 게 사실입니다.

맞벌이 부부를 해야만 한다고 말하는 사람들이 종종 놓쳐 버리고 마는 게 하나 더 있습니다: 가외 수입의 대부분이 결국은 업무와 관련된 비용으로 소비되고 만다는 것입니다. 아내의 수입(보통은 남편의 수입보다 적은 돈) 중 3분의 2 정도는 양육비, 통근비, 출근복 구입비, 외식비, 세탁비, 세금 등으로 빠져나가고 맙니다. 결국 수입의 순수 증가액은 얼마 안 되는 경우가 많지요.

〈유에스 뉴스〉에 실린 또 하나의 "거짓말"은 바로 이것입니다: "우리 아이는 훌륭한 탁아 시설에 맡기기 때문에 우리 둘 다 직장에 다녀도 괜찮아요."

훌륭한 탁아 시설로 정말 충분할까요? 1990년 당시, 미국 전역의 유아와 걸음마 단계 아이들 가운데 절반 이상이 자기 부모가 아닌 다른 사람 손에서 자라고 있는 것으로 보고되었습니다. 그리고 연구 조사 결과, 대부분의 부모들이 자신의 선택에 매우 만족하고 있는 것으로 드러났습니다. 하지만 좀 더 최근에 4개의 대학교에서 실시한 연구 조사는 조금 다른 결과를 보여 주고 있습니다: 탁아 시설의 15 퍼센트는 "훌륭하다," 70 퍼센트는 "적당하다," 그리고 나머지 15 퍼센트는 "끔찍하다"로 조사된 것입니다. 물론 유아들 모두 신체적으로는 안전했습니다. 하지만 지적이거나 정서적인 후원은 거의 받지 못하고 있었으며, 혹여 받더라도 일시적인 데 그치고 말았습니다.

대부분의 부모들은 탁아 시설을 시찰하기 위해서 아무런 예고도 없이 불쑥 찾아가볼 만한 시간적인 여유가 없습니다. 직장을 떠날 수가 없기 때문이지요. 그리고 만일 불쑥 찾아간다 할지라도 무엇을 살펴봐야 하는지 조차 알 수 없을 것입니다. 별로 좋지 못하다는 것을 인정하기가 싫어서 애써 문제를 간과해 버리는 부모들도 많습니다. 물론 아주 양질의 시설을 갖추고 제대로 아이들을 돌봐 주는 훌륭한, 조그마한 자택 탁아 시설도 있기는 합니다. 그러나 그런 시설의 가장 훌륭한 보육교사 조차도 부모가 직접 사랑과 관심을 갖고 돌봐주는 손길을 따라갈 수는 없습니다.

육아의 가장 중요한 관심사는 바로 어린이의 정서적, 지적 발달입니다. 뇌 연구 결과에 따르면, 출생 시부터 세 살까지의 환경이 미래의 지적 성장을 좌우한다고 합니다. 만일 그 시기의 육아가 질 낮은 대화와 자극으로 이루어진다면, 두세 살짜리 아이의 언어 기술과 인지적 기술은 당연히 방해를 받게 될 것입니다. 또한 미래의 학습 잠재력에도 굉장한 영향을 미칠 것입니다. 반면에 이 시기의 아이들에게 양질의 육아를 제공하면 모든 면에서 더더욱 발달을 이룰 수 있을 것입니다. 그것은 정말이지 기쁜 소식이 아닐 수가 없습니다. 그럼에도 불구하고 후자의 범주에 속하는 경우는 극소수에 불과한 실정입니다.[6]

우리는 주요 양육자에 대한 아이의 애착이 미래의 정서적 발달의 토대가 된다고 하는 사실 역시 잘 알고 있습니다. 만일 엄마와 아이 간의 유대가 약한 경우라면, 아이를 탁아 시설에 맡기는 것으로 말미암아 굉장히 많은 부정적 결과가 생겨날 수 있을 것입니다.

지나치게 바쁜 부모의 지나친 방임

> 아이는 삶 자체가 놀이여야 합니다. 놀이는 창의성과 균형의
> 토대입니다. 아이에게는 놀이가 실제입니다.

이것 말고도 지나친 방임의 형태가 하나 더 있는데, 그것은 내가 어느 부모에게서 들은 이야기 속에 잘 반영되어 있습니다: "선생님 눈에는 제가 무슨 일이든지 다 해주면서 딸아이를 응석받이로 키우고 있는 것처럼 보이겠지만, 제가 딸아이에게 들이는 시간과 힘은 어디까지나 제 딸이 잘되기를 바라서예요. 정말이지 그 아이가 인생에서 성공을 거뒀으면 좋겠어요. 어떤 부모들은 아이에게 아무 것도 안 하고 그저 놀고,

놀고, 또 놀아도 된다고 말한다지만, 우리 사라가 놀 때는 분명히 놀기 위한 목적이 있어서랍니다. 잘 짜인 놀이를 통해서 뭔가를 배우게 되는 것이죠. 전 사라가 모든 아이들의 머리 위에서 출발할 수 있었으면 좋겠어요. 그러니 제발 제가 사라를 응석받이로 키우고 있다고 말하지 말아 주세요. 전 그저 사라의 미래를 위해서 도와주고 있는 것뿐이니까요."

부모가 자녀의 성공을 원하는 것은 물론 존경할 만한 일입니다. 하지만 그것을 위해 희생하고 있는 것이 뭘까요? 어떤 부모들은 자녀의 성공 잠재력에 너무나도 집착한 나머지, 자녀의 삶에서 다른 뭔가를 놓쳐 버리고 있습니다 — 자발적이면서도 재미가 가득한 놀이 말입니다. 아이가 글을 좀 더 잘, 좀 더 빨리 읽고, 수학 문제를 좀 더 일찍 풀고, 10살에 대학 준비 과정을 밟는 게 과연 좋기만 할까요? 혹시 여러분은 아이의 성적표를 서류철에 끼워 가지고 다니면서 보여 달라고 하지도 않았는데 아무나 붙잡고 자랑하는 부모를 만난 적이 있나요? 그런 건 결코 건전한 행동이 못됩니다.

우리 자녀의 삶이 체계적인 활동으로만 꽉 짜여 있다면, 그것은 자녀에게 줌과 동시에 빼앗아 오는 것이기도 합니다. 일부 부모들은 생산적인 사람이 되고, 마감 시간을 맞추고, 무리한 스케줄을 소화해 내는 등, 고도로 잘 짜인 강도 높은 세계에 너무나도 익숙해져 있습니다. 그래서 자기 자녀에게도 이런 식의 생활양식을 강요하게 됩니다. 그들의 입술에는 "빨리 서둘러!"라는 말이 늘상 붙어 있습니다.

어떤 가정에서는 자발적인 놀이 대신 "놀이 데이트"가 진행되기도 합니다. 나는 이런 말을 들은 적이 있습니다: "너무나도 바쁜 제 생활을 유지해 나갈 수 있는 단 한 가지 방법은 제 아이의 생활까지 정신없이 바쁘게 만드는 것뿐이에요. 만일 그것 때문에 불평을 하면 아이가 원하는 물건을 주면 된답니다. 효과 만점이에요."

아이는 삶 자체가 놀이여야 합니다. 놀이는 창의성과 균형의 토대입니다. 아이에게는 놀이가 실제입니다. 놀이는 삶에 대해 배우고 상상력을 키워가는 방법입니다. 또한 놀이는 문제의 해결을 배워 나가는 방법이기도 합니다.

지나치게 서두를 경우 여러분의 삶은 실패하고 말 것입니다. 〈모든 것을 다 갖는 것보다 더 나은 삶을 위하여〉에서 밥 웰치는 다음과 같이 말했습니다.

서두른다는 말의 의미는 통찰력을 상실한다는 것이다. 자질구레한 일상사들로 완전히 옴짝달싹을 못하는 것은 커다란 그림을 너무 가까이에서 보는 것과도 같다. 그것은 마치 스크린에 비친 사진을 지나치게 가까운 곳에서 보는 것과도 같다: 보이는 것이라곤 회색빛깔의 흐릿한 영상뿐이다. 하지만 조금 여유를 갖고 뒤로 몇 발짝 물러서면, 작은 점들의 형태가 곧 희고 검은 그림이 될 것이다. 그리고 그 그림은 의미 있는 상이 될 것이며, 메시지를 담은 그림이 될 것이다. 여러분이 마지막으로 자신의 삶이라는 그림을 몇 발짝 물러서서 훑어본 게 언제인가?

서두른다는 말의 의미는 주변 사람과의 접촉을 상실한다는 것이다. 시간은 관계가 성장하기 위한 토양이다. 시간이 없이는 가족과의 관계, 친구와의 관계, 하나님과의 관계도 성장할 수가 없다. 어린이는 인내심을 가지고 대해야 한다. 배우자 역시 들어줄 귀가 필요하다. 친구 관계도 약속의 이행이 요구된다. 하나님께서도 우리가 매순간 관심을 갖길 원하신다.

서두른다는 말의 의미는 허둥대는 아이를 만들어 낸다는 것이다. 오늘날 너무도 많은 아이들이 어린 시절을 거치지 않고 성장한다.

마치 소인 행정가라도 되는 듯이 자신의 생활을 계획하고 집행하도록 강요당하고 있다. 우리는 어린이들이 좀 더 천천히 자랄 수 있도록 만들어 주어야 한다. 어린 시절의 순수함을 지닐 수 있도록 만들어 줘야만 한다. 아이들더러 성급하게 어른이 되라고 몰아대지 말자. 우리가 부추기지 않아도 아이들은 금방 어른이 되고 말 테니까.

서두른다는 말의 의미는 과정의 가치를 무시한다는 것이다. 우리는 과정 중심의 문화로부터 결과 중심의 문화로 탈바꿈해 버렸다. 맨날 시간에 쫓기다 보니 가족을 먹여 살리기 위해 패스트푸드점에 돈을 지불해야 할 지경이다. 또한 우리는 자녀를 양육하기 위하여 탁아 시설에 돈을 지불하고 있다. 심지어 어떤 사람들은 선물 사는 일을 대신 해달라고 가게 점원에게 돈을 지불하기도 한다.[7]

아이들은 이런저런 활동으로 바삐 움직이거나 자신이 할 수 있는 일을 다른 어른들에게 증명할 필요 없이, 그저 아이로 머물러 있고 싶어 할 때가 많습니다.[8]

어쩌면 우리는 자녀의 생활로부터 한 걸음 뒤로 물러서야 할지도 모르겠습니다. 어떤 작가는 다음과 같은 글을 썼습니다:

문제는 우리가 무조건 안으로 들어가기만 하지, 언제 밖으로 나와야 할지를 모른다는 것이다. 물론 몸부림치면서 간신히 해내고 있는 아이들은 부모가 관찰하고 개입하여 궤도를 벗어나지 않도록 도와주어야 한다. 하지만 내가 지금 말하고 있는 것은, 기회만 주어진다면, 그리고 시간만 주어진다면, 자기 스스로도 얼마든지 많은 일들을 해낼 수 있는 아이들에 관해서다. 그런 아이들이 부모가 자기를 위해 뭔가를 하고 있는 동안 그저 지켜보다가 따라하거나 아니면 한 쪽에 비켜서서 기다리고만 있는가? 그렇다면 바로 그 때가 그만 물러서야 할 때다. 또한 자녀가 도움을 요청할 때까지 진득하게 기다리지 못하고 금세 두 팔을 걷어 올리고서 여러분이 직접 일하기 시작하는가? 그렇다면 그 때가 바로 물러서야 할 때다. 조용히 물러서서 자녀가 여러분에게 도움을 요청할 때까지 기다려 주는 것이 훨씬 더 좋은 방법이다. 만일 아이가 혼자서도 얼마든지 할 수 있는 일을 가지고 여러분의 도움을 간절히 원하는 경우에는, 무작정 뛰어들어 도와주기 전에 우선 혼자서 한 번 더 시도해 보도록 기회를 주는 게 어떨까? 육아의 궁극적 목표는 아이 혼자서 생활할 수 있도록 하는 것, 아이가 부모의 도움 없이 독립적으로 기능을 수행할 수 있도록 하는 것이다.[9]

여러분의 자녀는 어떤가요? 그 아이도 너무 바쁜가요? 누군가가 그 아이에게 너무도 많은 것들을 요구하고 있나요? 어쩌면 여러분이 아닐 수도 있습니다. 운동 코치나 교사일 수도 있겠지요. 그런 요구에 대하여 여러분은 "안 돼"라고 말할 수 있는 권리가 있습니다. 부모니까요. 교사가 너무 많은 숙제를 내주거나, 운동 코치가 너무 많은 훈련을 시키거나, 음악 강사가 너무 많은 것을 요구할 때, 여러분은 얼마든지 자신의 의사를 표현할 수 있습니다. 우리는 자녀에게 어른들의 욕구를 강요해서는 안 됩니다. 때로는 어른들의 욕구부터 변해야 합니다.

자녀에게 너무 많은 것을 주고, 구조해 주고, 보호해 주고, 서두르고, 바쁘게 사는 것 ― 이것은 좋은 부모가 건강하게 균형 잡힌 가정을 일궈 나가는 방법이 결코 아닙니다. 앞으로 이 책을 계속 읽어 나가는 동안 여러분은 조금 더 나은 길이 따로 있다는 것을 깨닫게 될

것입니다. 대안은 얼마든지 존재합니다. 그리고 그 대안을 여러분도
선택할 수 있습니다.

05
다섯 번째 비결

좋은 부모는 자녀에게 도전을 하되,
너무 많이 도전하지는 않는다.

이전 세대들은 어린 시절을 어떻게 보냈을까요? 그들의 어린 시절은 그저 어른이 되어가는 단순한 여정에 불과했습니다. 아이들은 지금보다 훨씬 더 자기 마음대로 시간을 활용할 수 있었습니다. 놀고, 게임을 만들어내고, 몽상을 즐기고, 자신의 창의력을 발휘했습니다. 그도 그럴 것이, 스스로 즐길 만한 일을 찾아내야만 했으니까요. 그런데 지금 세대의 어린 시절은 마치 하나의 생산 과정인 것 같습니다. 도대체가 어른이 될 때까지 지긋이 기다리질 못합니다: 유치원생 시절부터 이미 생산 과정이 시작되는 것이지요. 그러면 누가 과연 생산자입니까? 바로 우리 부모들입니다. 아이들이 하는 일마다 일일이 점수를 매기는 사람이 누구입니까? 바로 우리 부모들입니다. 너무도 많은 부담을 떠안고 있는 사람은 누구입니까? 우리 모두입니다![1]

자기 자녀가 어린 시절의 방향을 전환하지 못하도록 막는 부모들이 종종 있습니다. 운동이든, 댄스든, 스카우트 활동이든, 음악이든 — 오늘날 많은 부모들이 자녀의 활동에 자기 인생을 걸고 뛰어듭니다. 자녀의 행복과 만족을 자기 자신의 행복과 만족보다 더 우선시합니다. 그런 부모들은 자녀의 스케줄을 챙기기 위하여 자기 자신의 스케줄을 몽땅 비워 놓습니다. 또한 자신이 선택한 온갖 활동들이 모두 원만하게 진행되고 있다는 것을 확인하려 듭니다.

어쩌면 그것을 고매한 행동이라고 말할 수도 있을 것입니다. 하지만

결국 그것은 아이가 삶의 거친 현실을 배우지 못하도록 방해하는 행동
입니다 — 모든 일이 다 잘 풀리지는 않으니까요; 언제나 승리하거나 성
공하지는 못하니까요; 아무리 열심히 노력해도 원하는 것을 얻지 못하
는 경우도 있으니까요. 다시 말해서, 위와 같은 부모의 행동은 삶이란
진정 공평하지 못하다는 사실을 전혀 깨닫지 못하도록 방해하는 것입
니다. 우리 모두는 불편과 좌절, 불만, 고통, 그리고 상실을 통해서 살아
가는 방법을 배워야 합니다. 특히 아이들의 경우, 우리 부모들이 아직
옆에서 도와줄 수 있을 때 그런 것들에 대처하는 방법을 익히는 것이 더
좋습니다. 그런 것이 바로 삶입니다.

　우리가 걱정해야 할 것은 비단 자녀의 감정뿐만이 아닙니다. 아마도
우리는 자기 자신의 복잡 미묘한 감정에 대해서 거의 관심이 없을 것입
니다. 난 참 궁금합니다 — 자기 아이가 사실은 "그저" 평범한 보통 아
이가 될 수도 있다는 사실에 대해서 여러분은 과연 어떻게 대처할 것인
지 말입니다. 많은 부모들의 경우, 이것은 참아내기 힘든 일입니다. 자
기 자녀가 엄청난 성공을 거둘 수 있을 것으로 기대하고 온갖 일들을 다
견뎌내는 부모들이 많으니까요.

운동을 강요하는 부모

> 스포츠는 즐기라고 있는 것입니다. 억지로 떠밀려서 운동을 하는
> 아이들은 금방 지쳐 버리고 맙니다. 열 살짜리 아이 입에서 "이제는
> 야구가 재미없어졌어요. 그만 둘래요," 소리가 나오게 해서는 안 됩니다.

요즘엔 운동 코치가 조직하고 안내해 주는 대로 놀이시간을 보내는 아이들이 참 많습니다. 물론 팀을 짜서 노는 것이 여러 모로 아이들에게 유익한 것은 사실입니다. 규칙적인 운동을 할 수 있고, 성취와 탁월한 성적의 기회도 갖게 되니까요. 또 도전과 인내와 팀워크에 대해서도 배울 수 있고, 연습을 많이 할수록 좀 더 실력이 나아진다는 점도 배울 수 있습니다. 기품 있게 승리하고 패배하는 방법도 배울 수 있고, 특별한 기술과 협동도 배울 수 있습니다. 그리고 때로는 심판하는 사람의 좋지 않은 판정을 통해서, 인간의 실수를 받아들일 줄도 알게 되고, 삶은 그리 공정하지 못하다는 사실을 배울 수도 있습니다![2]

그렇지만 불행히도 이런 식의 운동은 아이에게 엄청난 부담을 안겨줄 수 있습니다. 그리고 이러한 부담에 제대로 대처하지 못할 경우, 팀을 이뤄 놀이하는 경험이 오히려 어린이의 자신감을 해칠 수도 있습니다. 뿐만 아니라 자신의 정체감마저 해칠 수도 있지요. 부담은 아이 내면에서 비롯될 수도 있고, 부모나 코치 등 외부에서 비롯될 수도 있습니다.

여러분은 부모나 코치가 방관자의 입장에서 아이에게 계속해서 소리 지르며, 이기고 싶은 욕망이나 이길 수 있는 능력을 의심하고, 심지어는 지금 노력하고 있는지의 여부까지 체크하는 모습을 몇 번이나 목격하셨습니까? 이런 행동은 그 어떤 아이라도 받아들이기가 힘들 것입니다. 설사 처음엔 즐거운 맘으로 시작했다손 치더라도, 금방 내적인 혼란 상태에 빠져 버리고 말 것입니다. 경기장에 따라 나온 수많은 부모들이 자녀의 성공을, 혹은 자녀의 실패를 자신과 동일시하는 경향이 있습니다. 그리고 일부 아이들에게 이것은 견뎌내기 힘든 부담이 되기도 합니다.

내 친구 한 명은 초등학생 아들 셋을 키우고 있습니다. 한 아이는 리틀 리그에서 "A" 팀에 속해 있는데, 매일 두 시간씩, 일주일에 엿새를 꼬박 연습에 참가해야 합니다 — 거기에 두 번의 시합을 더 치러야 하고요.

이것은 다른 아들의 축구 시즌과 몇 주씩 겹칩니다. 축구는 일주일에 최소한 두 번씩 연습에 참가해야 하며, 게임도 뛰어야 합니다. 그런데 이 세 아이들은 각자의 축구, 야구 스케줄 외에도, 나머지 두 형제의 게임과 연습에까지 전부 동행해야 합니다. 혼자서는 집에 있을 수가 없기 때문이지요. 내 친구는 매일 기도합니다. 그 누구의 팀도 플레이오프에 진출하지 못하도록 해달라고 말이죠! 난 정말로 그 친구를 사랑합니다. 하지만 그 가족은 참 스트레스가 많은 가족입니다. 그리고 이런 가족은 우리 주변에 비일비재합니다.

스포츠는 즐기라고 있는 것입니다. 억지로 떠밀려서 운동을 하는 아이들은 금방 지쳐버리고 맙니다. 열 살짜리 아이 입에서 "이제는 야구가 재미없어졌어요. 그만 둘래요." 소리가 나오게 해서는 안 됩니다. 그저 스포츠가 좋아서 즐기고 있는 아이들도 물론 아주 많습니다. 하지만 〈로스앤젤레스 타임즈〉에 실린, "이제는 아이들 스포츠까지도 더 이상 놀이가 아니다"라는 제목의 기사에는, 매우 일반적인 시나리오 하나가 등장합니다. 기자는 최근 열 살짜리 어린이들 사이에서 벌어졌던 어떤 축구 경기에 대해 상세히 설명합니다. 골을 넣으려고 달려가던 한 소녀가 떠밀려서 발이 걸려 비틀거립니다. 그런데, 자신이 골을 넣어야 한다 — 무슨 일이 있어도 경기를 승리로 이끌어야 한다 — 는 일념에 불타고 있던 다른 팀 소녀가 이 소녀를 팔꿈치로 밀어 넘어뜨립니다. 그러자 부상당한 소녀 팀의 학부모들이 격분하여 상대편 소녀들, 심판, 상대편 학부모들에게 마구 소리를 지릅니다. 하지만 상대편 학부모들은 환호하고, 소리치면서, 반칙 행위를 한 그 소녀의 아버지와 손뼉을 마주치며 축하합니다.[3]

바로 일주일 전에 우리는 한 아버지의 비극적인 이야기를 들었습니다. 그는 아들의 하키 연습에 동행했다가 다른 아이의 아버지에게 맞아 사망했습니다. 최근 자녀들의 스포츠 경기장에서 학부모들이 폭력을 행사하는 사례가 급증하고 있습니다. 자녀들의 피해도 그만큼 늘어가고 있고요. 왜 이런 일이 벌어지는 걸까요? 자녀에게 무슨 짓을 해서라도 꼭 이기라고 격려하는 부모들에게도 일부 원인이 있습니다.

그러면 왜 부모들이 이런 행동을 하는 걸까요? 어떤 부모들은 자녀의 실력이 아주 탁월해서 대학 장학금을 탈 수 있었으면 하고 바랍니다. 또 어떤 부모들은 자녀가 인생에 성공하길 바라면서, 자신은 될 수 없었던 슈퍼 운동선수가 되라고 강요합니다. 그 이유가 무엇이든지 간에, 탁월한 능력과 승리를 굉장히 강조합니다. 그 어떤 부모나 코치도 아이에게 좌절이나 패배에 어떻게 대처할 것인지를 알려 주지 않습니다. 인격 형성에 대해서는 그 누구도 강조하지 않습니다; 오히려 자기중심주의와 공격행위에 대해 좀 더 중점적으로 가르치죠. 그러다 보니 어느새 승리보다는 놀이 자체에 가치가 있다는 사실을 망각하게 되는 것입니다.

그러면 이제부터 자녀의 스포츠를 모두 다 중지시키는 게 해결책일까요? 그럴 필요까지는 없습니다. 좋은 부모는 자녀를 격려해 주되 점잖고 후원적인 태도를 취함으로써 자녀가 운동을 계속하도록 도와줄 수 있습니다. 노력하고, 발전해 나가는 것도 좋지만 그 과정 속에서 내내 즐거움을 누리는 게 가장 중요하다는 사실을 강조하십시오.

또한 여러분은 지나치게 칭찬을 많이 하지 않도록 조심해야 합니다. 어떤 부모들은 자녀가 공을 치고받을 때마다 마치 월드 시리즈에서 우승이나 한 것처럼 과장된 반응을 보여줍니다. 하지만 부디 여러분의 자녀가 최고인 것처럼 말하거나 행동하지 마십시오. 그것이 사실이든 거짓이든 상관없습니다. 이런 것은 자녀가 같은 팀의 구성원들과 관계를 맺는 데 전혀 도움이 되지 않습니다.

무엇보다도 중요한 것은 그것이 누구의 게임인지를 명심하고 있어야 한다는 점입니다 — 바로 여러분 자녀의 게임인 것이죠. 여러분 자녀의 스포츠가 여러분의 삶을 지배하지 못하도록 하십시오.

다음의 제안들은 특히 스포츠 관련 경력을 지니고 있는 엄마 아빠들에게 굉장히 어려운 일일 수 있습니다. 첫째, 게임을 분석하지 마십시오. 자녀 앞에서는 더더욱 안 됩니다. 외야석의 코치나 아나운서는 게임에 대한 아이의 흥미를 떨어뜨릴 뿐이며, 심지어는 아이를 당황하게 만들 수도 있습니다. 부모가 너무 지나치게 간섭을 할 경우, 대부분의 아이들은 차라리 집에 남아 있고 싶어 합니다.

둘째, 부디 판정에 이의를 제기하지 마십시오! 도대체 누가 코치고 누가 심판입니까? 코치와 심판들 역시 여러분 — 엄마나 아빠 — 과 마찬가지로 아마추어에 불과한 사람들입니다. 그들을 격려해 주십시오. 자녀가 보는 앞에서, 그들에 대해 긍정적으로 말하고, 시간과 노력을 기울여 준 점에 대해 직접 감사 인사를 드리십시오. 자녀가 부모의 본보기를 따라 감사와 존경의 태도를 취할 줄 아는 사람으로 자라나는 게 무엇보다 중요합니다.

공부를 강요하는 부모

> 자녀에게 여정과 삶을 경험하라고 가르치는 것이 아니라,
> 이를 통해 반드시 획득할 것으로 보이는 목표와 보상,
> 최종적인 결과, 그리고 명성에 초점을 맞추라고 가르치는
> 부모들이 너무나도 많습니다.

어쩌면 여러분이 관심을 쏟고 있는 건 운동이 아닐 수도 있습니다; 아마 공부일지도 모르지요. 부모들은 자녀가 좋은 성적으로 반에서 일등을 할 수 있게 만들려고 자녀를 극한 상황으로까지 몰고 갈 가능성이 농후합니다. 앞에서 나는 유치원 시절부터 미리 진학할 학교들을 정해 놓고 (필요할 경우에는) 교수 프로그램과 대학교까지 선정해 놓는 부모들에 관해 이야기했습니다. 이러한 프로그램들은 생후 6주밖에 안 된 아이들도 얼마든지 기술을 습득하여 어른으로 성장할 수 있다고 약속하는 것들입니다.

1998년 〈뉴스위크〉에서 실시한 여론조사에 따르면, 미국인의 42퍼센트 정도가 자기 자녀는 개인 교수를 받아야 할 "필요성이 아주 크다"고 생각하는 것으로 드러났습니다. 하지만 자녀가 전혀 학구적인 성향이 아니라면요? 자녀가 아무리 최선을 기울여도 그저 "B"나 "C"를 맞아 온다면 어떡하시겠습니까? 학교에 가고 싶지 않다든가 아예 대학 진학조차도 원하지 않는다면요? 여러분은 자녀가 무엇을 성취하기를 바라나요? 자녀가 어떤 사람이 되길 원하십니까? ― 그것이 이제까지 자녀가 걸어온 길과 통할 수 있을까요?

내 경우, 자녀에 대한 부모의 학구적인 기대를 조절해야만 했습니다. 나는 9년이나 대학 생활을 했기 때문에, 우리 아이들도 고등 교육을 받는 게 당연하다고 생각하고 있었습니다. 사실, 대학교에서 교육자의 입장에 섰을 때 얻게 되는 이점들 중 하나가 바로 부양가족을 무료로 교육시킬 수 있다는 것이죠. 그래서 난 당연히 우리 아이들도 그런 이점을 누리고 싶어 할 줄 알았던 것입니다. 하지만 일찍이 나는 큰 아들 매튜가 정신적으로 성장이 매우 느리고 따라서 어느 학교도 갈 수 없다는 사실을 알아챘습니다. 스물 두 살의 나이로 그 아이가 사망했을 당시, 정신 연령은 겨우 18개월짜리 아기였습니다. 우리 딸 쉐릴은 대학을 입학

하였고 또 졸업도 했습니다! 하지만 일 년 후에 그 아이는 대학교가 자신에게 맞지 않는다는 결정을 내렸습니다. 그 아이는 언제나 예술적인 성향이 짙었기에 패션 디자인 스쿨에 등록하기로 마음을 먹었지요. 그러다가 그것도 자신에게 별로 맞지 않는다는 생각이 들자, 이번에는 매니큐어 학원에 등록을 했습니다. 그 후로 십 년 정도가 흐르자 딸아이는 국가 지도자급 네일 아티스트의 대열에 서게 되었고, 경쟁력 있는 최고 네일 수상자들 가운데 한 명이 되었습니다. 이제 쉐릴은 자신의 저서도 출판했고, 월마트나 케이마트 같은 대형 매장 안에도 네일 전사가 인쇄되어 있습니다. 그리고 세미나에서 강의를 하러 다니기도 하고, 최근에는 내 저서들 가운데 한 권인 〈완벽한 캐치〉의 일러스트를 맡기도 했습니다. 현재 쉐릴은 자신이 선택한 분야에서 만족스럽고 성공적인 삶을 살고 있습니다. 만일 내가 딸을 위해 계획했던 방향대로 밀어 붙였더라면 결코 지금처럼 살 수는 없었을 것입니다.

쉐릴은 어린 시절 굉장히 창의적인 몽상가 타입의 아이였습니다. 그 누구도 생각하거나 만들어 보지 못한 것을 생각해 내는 아이였습니다. 그야말로 꿈꾸는 아이였죠. (만일 여러분이 이 아이의 특성을 이해하지 못하겠다면, 데이너 스캇 스피어스와 론 브라운드가 쓴 〈의지가 강한 아이 혹은 꿈꾸는 아이〉를 꼭 한 번 읽어 보십시오.)[4]

그러니 우리 부부가, 쉐릴은 앞으로 이런 방향으로 나갈 것이다, 어느 정도의 전문가 수준에 도달할 것이다 하고 감히 짐작이나 할 수 있었겠어요? 우린 이 말을 입에 달고 살았습니다. "종잡을 수 없는 아이야." 쉐릴은 자신의 능력과 자신의 욕구, 자신의 성향, 자신의 마음을 따랐습니다. 그리고 마침내 자신의 천부적인 재능을 발견해 냈습니다. 우리는 그 아이가 어느 쪽으로 가고 있는지, 어떻게 결말이 날 것인지, 전혀 알지 못했습니다. 또 알아야 할 필요도 없었습니다. 우리가 해야 할 일은 그저 딸아이가 자유롭게 날 수 있도록 내버려 두는 것뿐이었습니다. 어쩌면 여러분은 지금 이런 생각을 하고 있을지도 모릅니다. "하지만 당신은 우리 아이를 모르잖아요!" 내 대답은 이렇습니다. "여러분 역시 여러분 자녀를 전혀 모르고 있습니다!" 내 말을 믿으세요. 우리 부부 역시 아이 일에 뛰어들어 간섭하고, 방향을 지시하고, 통제하고, 구조해 내고 싶은 욕구 혹은 충동과 싸워야만 했던 시절이 있었습니다. 지금 와 생각해보면, 그 때 그런 행동들을 취하지 않았다는 게 얼마나 다행인지 모릅니다.

나는 어린이나 청소년, 심지어는 성인이 된 자녀들에게까지 철저하게 강요하는 사람을 많이 만나봤습니다. 그런 사람들은 대개가 끝끝내 자신의 목표를 달성했지만 결코 만족스러워하지는 못했습니다. 왜일까요? 그것은 그들이 인생은 도착이 아니라 하나의 여정이라는 사실을 절대로 깨닫지 못했기 때문입니다. 만일 우리가 이 여정을 즐길 수 없다면, 그 결과도 당연히 즐길 수 없을 것입니다. 나 같은 경우, 책 한 권이 출판되어 나온 결과물 보다는 그 책을 저술하는 과정에서 훨씬 더 큰 만족감을 누립니다. 이러한 깨달음, 그리고 한 권의 책을 저술할 만한 배움의 과정이 내가 누리는 만족의 원천입니다. 중요한 것은 창조의 여정입니다. 한 권 한 권 책을 써낼 때마다 나 자신이 그만큼 변화할 것이라는 사실을 스스로 잘 알기 때문입니다. 아직도 배움의 여정이 계속되고 있는 셈입니다.

그런데도 자녀에게 여정과 삶을 경험하라고 가르치는 것이 아니라, 이를 통해 반드시 획득할 것으로 보이는 목표와 보상, 최종적인 결과, 그리고 명성에 초점을 맞추라고 가르치는 부모들이 너무나도 많습니다. 하지만 막상 그 목표점에 도달하고 나면 실망감이 밀려옵니다. 그런 것은 여러분이 기대했거나 원했던 것을 안겨 주지 못하기 때문입니다.

혹여 안겨 준다 할지라도 그 결과가 언제까지고 지속되지는 못하지요.

여러분은 어째서 사람들이 에베레스트 산을 오른다고 생각합니까? 산 정상에 우뚝 서서 부족한 산소를 들이 마시며 경관을 바라보기 위해서요? 결코 그렇지 않습니다. 그것은 경험이며 도전입니다. 산 정상에 서 있는 건 단 몇 분뿐이지만, 그곳에 서 있었던 경험이 앞으로 몇 년 동안은 그들 가슴 속에 남아 있을 테니까요.

여러 가지로 자녀에게 강요하는 부모

키즈러스라는 유명한 상점이 있습니다. 어떤 부모들에게는 이곳이 쇼핑을 하기 위한 장소가 아닙니다; 그저 살아가기 위한 방법일 뿐이지요! 한 번은 우리가 부부들을 위해 일주일간의 결혼생활 컨퍼런스를 개최했는데, 참가자들에게 나흘 동안 어떤 사람과도 토론을 하지 말며, 하루 동안은 자녀들에 관해서도 이야기하지 말아 달라고 당부했습니다. 그것은 생각만 해도 굉장히 어려운 일이었습니다! 자녀들에 대한 관심으로 맘과 시간을 많이 허비하는 것이 보통 부모들이니까요. 하지만 그 기간은 자녀들 이외의 삶을 가질 수 있는 절호의 기회이기도 했습니다. 몇몇 부부들에게는 그것이 매우 낯선 개념이었습니다. 여러분이라면 과연 다음과 같은 상황에 어떻게 대처할 것인지 궁금하네요.

- 직장에서 자녀에 관한 이야기를 할 수 없다면?
- 교회에서 자녀에 관한 이야기를 할 수 없다면?
- 친지가 다 모인 저녁 식탁에서 자녀에 관한 이야기를 할 수 없다면?
- 성탄절 기념 사보에 자녀에 관한 이야기를 기고할 수 없다면?

잠시 동안 자녀가 없는 삶을 살아 보는 것도 꽤 괜찮습니다. 사실 그 것은 아주 건전한 일입니다 — 여러분 자신과, 부부 관계와, 자녀에게 두루두루 좋은 일이지요! 자녀들을 그냥 내버려 두십시오. 〈하이퍼-자 녀양육〉의 저자들이 하는 이야기에 귀를 기울여 봅시다:

여러분 모두를 위한 말이다 — 비록 그것이 나에게는 거의 혹은 전혀 무의미하다 할지라도. 우리들 대부분은 진정으로 우리 자녀가 거룩한 신탁인이며, 우리 삶에서 가장 진실하고 가장 중요한 임무라 고 생각한다. 우리는 이 세상 최고의 엄마 아빠가 되기를 간절히 바 란다. 하지만 …… 앞 장들에서 이미 살펴보았던 것처럼, 우리의 현 대적인 접근은 육아를 신속하게 효과적으로 실시해야 할 하나의 직 업으로 변화시켰으며, 우리 자녀와 다른 부모들, 그리고 우리 자신 의 부모들에게 — 가장 심각하게는 우리 자신에게 — 심판 받아야 할 하나의 임무 수행으로 전락시켜 버렸다.

가능한 한 최고의 자녀 교육을 수행하기 위해서 우리는 달리고 또 달린다. 다음날에는 조금 더 빨리 일어나서 조금 더 많이 달린다. 그 러면서도 미처 다하지 못한 한 가지 — 가치를 가르치기 위하여 집 안일을 할당하는 것? 자녀에게 특별하고 고유한 재능을 부여하기 위하여 비올라를 구입하는 것? 좀 더 시간을 잘 보낼 수 있도록 계획 을 짜는 것? — 에 대해서 여전히 죄책감을 느낀다. 우리는 카풀 때 문에 정신이 없으며, 꽉 차버린 달력 때문에 숨이 막힐 지경이다. 커 다란 기대와 늘 높아져만 가는 기준 때문에 정신을 차릴 수가 없다. 우리는 결국 자기 자신의 흥미와 우정을 무시해 버리고 때로는 희생 하기까지 한다. 심지어는 부부관계도 예외가 아니다. 우리는 예민한 감각을 잃어 버렸던가, 아니면 그것을 무시하는 쪽을 선택했다. 그리하여 결국 우리들 대부분은 한참동안 벼랑 끝에서 흔들거리게 된다. 실제로 우리들 가운데 일부는 자신의 균형을 몽땅 상실해 버린 채, 불안증과 알코올 중독, 의기소침, 우울증, 기능 장애, 그리고 때로는 이혼까지도 도달하게 된다. 이 모두는 가족 구성원 전체가 — 심지어는 다 성장한 자녀까지도 — 삶에 대한 권리를 지니고 있다는 사실을 완전히 망각해 버렸기 때문에 벌어진 일이다.[5]

우리 자녀를 밀어 붙이는 현상은 예상한 것보다 더 많은 곳에서 증명됩니다. 최근에 나는 베이비 붐 시대 부모들의 자녀 교육에 관한 아주 놀라운 글을 한 편 읽었습니다. 저자 역시 자신이 보고 있는 현실에 대해 매우 놀라워하고 있었습니다. 어느 집 집들이 잔치에서 저자는 엄마가 12살짜리 아이들에게 보드카 잔을 건네주는 것을 목격했습니다. 이 엄마는 다음과 같이 말했습니다. "아주 조금인걸요, 뭐. 전혀 해롭지 않을 정도예요. 어쨌든 수지맞는 장사 아니에요?" 잠시 후 11살짜리 아이가 불경스러운 말들로 떠들어 대기 시작하였습니다. 그러자 그 엄마는 이렇게 대답했습니다. "사람들 앞에서 그렇게 공공연히 말하지 마." 그럼에도 불구하고 이 집안에서는 그런 게 너무나도 올바른 행동 같아 보였습니다.

또 어떤 엄마는 자기 딸과 9~13세 친구들을 데리고 '12세 관람 가' 영화를 보러 갔습니다. 하지만 영화를 보는 내내 괴상한 농담이나 비속어가 툭툭 튀어나와, 겉으로는 웃어넘기면서도 아주 당혹스러웠습니다. "영화관이 아이들로 꽉 차 있는데, 이런 건 정말로 안 좋은 게 아닐까?" 그녀는 스스로에게 이렇게 물었습니다. 그런데 그 질문에 대한 답은 다름 아닌 딸아이의 입에서 나왔습니다. "엄마, 저 영화는 적당하지가 않네요. 저렇게 나쁜 말들이 많이 나오는 걸 보여주실 줄은 몰랐어요."

얼마나 많은 아이들이 자기 부모가 자신의 행동을 그냥 내버려 두는 이유에 대해서 의아해하고 있을지, 나는 참 궁금합니다. 얼마나 많은 아이들이 자기 부모가 허락해 준 것들에 대하여 불편해 하고, 부담스러워 하고, 당혹해 하는 것일까요? 로마서 12장은 우리에게 다음과 같이 권고합니다. "여러분은 이 시대의 풍조를 본받지 말고, 마음을 새롭게 함으로 변화를 받아서, 하나님의 선하시고 기뻐하시고 완전하신 뜻이 무엇인지를 분별하도록 하십시오"(2절). 이 세상의 비동조자, 이것은 우리에게 그리스도인의 삶을 살라고 부르시는 소명의 일부입니다. 다들 좋은 부모가 되기 위해 무진장 애를 쓰고 있는 이 때, 우리는 이와 같은 상황에 어떤 식으로 적응해야 할지 생각해 볼 필요가 있습니다.

그리스도인 부모들이 만일 부모와 자녀 모두 '미성년자 관람 불가' 영화를 보아선 안 된다고 주장하면 어떨까요? 우리의 기준이 너무 높은 건가요? 어떤 경우엔 '12세 관람 가' 영화나 '보호자 동반 요망' 등급의 영화들마저도 우리 가족에게 보여줘서는 안 될 것들이 있습니다. 우리가 비디오 가게에 가서, 인기 영화의 다른 편집 버전, 그러니까 텔레비전이나 비행기에서 틀어 주는 버전을 좀 갖다 달라고 요구한다면 어떨까요? 부모의 입장에서 우리가 인터넷, 음악 CD, 도서 잡지, 그리고 텔레비전에 대해 검열관(나쁜 의미의 검열관이 아니라 좋은 의미의 검열관)의 역할을 수행한다면 어떨까요? 아이들이 집에 가져오기 전에 먼저 그 아이들이 원하는 말이나 메시지를 검토해 보면 안 되는 것일까요?

아이들의 기준은 그들의 눈에 비치는 우리 부모들의 기준에서부터 시작됩니다. 그러니까 아이들의 기준은 우리 부모들에게서 시작되는 셈이지요. 만일 우리가 아이들과 함께 어떤 것을 보는 게 불편하다면 당장 멈춰야 합니다. 계속해서 보다간 아까 그 엄마와 같은 처지가 되고 말 겁니다.

미국가치관연구소 소장인 데이빗 블랜큰혼 박사의 말에 따르면, 베이비 붐 시대의 부모들은 아주 다양한 방식으로 자녀들을 위해 주고 또 희생하고 있지만, 동시에 자녀들을 냉대하고 있는 것도 사실이라고 합니다. 자녀에게 어떤 가치관을 심어 주고 싶을 경우에는 그것들을 자녀에게 전달해 줘야 합니다. 그런데 우리는 자녀에게 어떤 행동을 하라고 말하기 싫을 때엔 그냥 내버려 두고 맙니다. 그러니 이제 와서 어떤 음악이나 쓰레기 같은 영화나 폭력적인 비디오 게임에 대해 무조건 비난부터 하지 마십시오. 거울을 들여다보면서 스스로에게 한 번 물어 보십시오: "이게 다 누구 책임인가? "

부모는 자녀의 안내자입니까, 아니면 추종자입니까? 부모는 자녀를 인도하는 사람입니까, 아니면 내버려 두는 사람입니까? 부모는 자녀가 잘못된 길을 선택하여 비틀거리도록 유도하는 사람입니까? 물론 자녀가 떼를 부릴 수도 있습니다. 하지만 여러분이 취해야 할 행동은 단 한 가지, 안 된다고 말하는 것입니다. 제일 잘 알 만한 사람은 바로 우리 부모들이니까요! 그리고 대부분의 경우, 특히나 우리가 뭔가 달라지고 싶어 하고 성서의 가르침에 따라 생활하고 싶어 할 때, 제일 많이 아는 사람은 바로 우리 부모들입니다.[6]

만일 여러분의 자녀가 말을 할 수 있는 나이라면, 저 유명한 세 단어 문장을 이미 들었을 것입니다: "그건 공평치 못해요." 독립하고 싶은 욕구가 커지면 커질수록, 그리고 자기 또래 친구들과 일치감을 형성하면 형성할수록, 여러분은 자녀의 입에서 이 말을 더 자주 듣게 될 것입니다. 이 시기에 부모들이 빠지기 쉬운 유혹은 자녀가 틀렸다는 사실을 증명해 주고 싶은 욕구입니다 — 어떻게 해서든지 자기를 정당화하고 모든 상황이 "공평하다"는 사실을 증명하고 싶어 하는 것이지요. 하지만 그런 경우에 좀 더 적합한 대답은 다음과 같습니다: "그래, 네 말이 옳아. 가정생활이 언제나 공평한 건 아니란다. 누군가는 책임을 져야 하고, 누군가는 결정을 내려야만 하는 거야. 그리고 네 인생에서 지금 이 순간 그런 일을 해줄 사람은 바로 우리란다 — 엄마와 아빠 말이야."

"시기"에 관한 문제

한 번은 세미나가 끝난 다음 어떤 부부가 나를 불러 세우더니 질문을 하나 했습니다. 나는 그들의 질문을 들을 준비가 되어 있지 않았고, 그들 역시 나의 대답을 들을 준비가 되어 있지 않았습니다. 그들이 이렇게 묻더군요. "네 살짜리 아들이 학교에 잘 적응하리라는 확신을 얻고 싶어요. 잠재력을 발휘해서 지능을 발달시킬 수 있으리라는 확신도 얻고 싶고요. 그리고 책을 빨리 읽었으면 좋겠어요. 책을 읽기에 너무 이른 나이는 아니잖아요, 그치요? 우리가 아이를 너무 밀어 붙이는 것일까요? "

그들의 질문에 나는 이렇게 대답했습니다. "짧은 대답을 원하십니까, 아니면 긴 대답을 원하십니까? "

그러자 가능한 한 많은 정보를 달라고 하더군요.

그래서 대답했습니다. "좋습니다. 긴 대답을 원하시는 거죠? 남자 아이들과 여자 아이들의 서로 다른 뇌 구조에 관해서 한 번 생각해 봅시다. 여러분에게 자녀의 뇌를 들여다 볼 수 있는 엑스레이 안경이 있다고 가정해 보시지요. 그 안경을 쓰고 들여다보면 남자 아이들과 여자 아이들 간의 차이점을 알 수 있을 겁니다.

뇌 속에는 좌뇌와 우뇌를 연결해 주는 부분이 있답니다. 신경 다발인데, 여자 아이들의 경우 남자 아이들보다 이 신경 다발이 40 퍼센트 정도 더 많이 있어요. 이것은 곧 여자 아이들이 좌뇌와 우뇌를 동시에 사용할 수 있는 반면, 남자 아이들은 필요한 순간마다 이쪽 뇌에서 저쪽 뇌로 스위치를 돌려야 한다는 것을 의미합니다. 여자 아이들은 양쪽 뇌를 오가면서 좀 더 크로스 토크를 즐길 수 있답니다. 그러니까 여자 아이들은 자기 뇌를 전체적으로 사용할 수 있다는 말이죠.

이렇게 특별히 연결적인 조직 때문에, 여자 아이들은 남자 아이들보다 더 빨리 언어 기술이 발달하는 것이고, 젊은 남자들보다도 더 많은 단어들을 사용할 수 있는 겁니다. 어째서 남자 아이들이 여자 아이들보다 책을 더 못 읽는 줄 아십니까? 그것 역시 뇌 때문입니다. 양쪽 뇌를 동시에 잘 사용할 수 있는 뇌가 책을 더 잘 읽을 수 있는 뇌이기 때문이죠."

그러자 그들이 대답했습니다. "와, 정말로 놀랍군요! 남자와 여자의 이런 차이점들에 대해서 좀 더 자세히 알 수 있는 책이 없을까요? " 그래서 나는 〈커뮤니케이션: 결혼 생활의 열쇠〉라는 책을 그들에게 소개해 주었습니다.[7]

나는 계속해서 다음과 같이 말했습니다. "어떤 남자 아이들은 여섯 살이나 일곱 살이 될 때까지도 책을 읽을 준비가 안 되어 있을 수 있습니다. 그런데도 일찍부터 책을 읽기 시작한다면 분명히 강요당한 느낌을 받을 것이고, 나중에도 독서에 흥미를 느끼지 못할 것입니다. 그럼에도 불구하고 책 읽기를 가르치고 싶다면, 즐겁게 가르쳐야만 합니다. 하지만 독서에는 다른 요인이 더 있습니다. 댁의 아들은 아버지가 자리에 앉아 독서하는 모습을 자주 보나요? "

그랬더니 그 아버지가 몇 초 동안 생각하다가 이렇게 말했습니다. "글쎄요, 아닌 것 같은데요."

나는 이렇게 말했습니다. "무엇보다도 아버지가 직접 모범을 보여 주는 게 최고예요. 특히 텔레비전을 끄고 자리에 앉아서 책을 읽거나, 매주 아들을 도서관에 데려가 책의 즐거움을 깨우쳐 준다면 그야말로 효과 만점이겠죠. 제 아버지는 8학년 까지만 교육을 받고 나서 세탁물 배달 트럭을 운전해서 생계를 꾸려 가셨지요. 하지만 2주에 한 번씩 꼭 도서관에 가서서 여러 권의 소설책을 읽곤 하셨어요. 아버지는 매일 저녁 책을 읽으셨어요. 그런 아버지의 모습은 저에게 굉장히 훌륭한 모범이 되었지요. 당신도 삶을 위해서 그런 걸 한 번 생각해 보는 것도 좋겠군요."

그러자 그들은 다음 질문으로 넘어갔습니다. "하지만 아들이 지능을 발달시킬 수 있도록 어떻게 도울 수 있겠어요? "

나는 대답했습니다. "음, 어떤 유형의 지능을 발달시키고 싶으신데요? 지능에도 여러 가지 유형이 있거든요. 언어적인 기술, 시각적인 태도, 운동이나 기계적인 기술, 음악적 재능, 자발적인 동기 부여, 사회적 기술 등등 아주 많지요. 그리고 마지막 두 가지가 정서적인 지능의 기초입니다. 아시다시피, 똑똑해지는 데에는 여러 가지 방법이 있어요. 대부분의 부모들은 지능이 어딘가에 존재한다고 생각하는데요, 그들이 원하는 건 높은 아이큐 점수, 대학수학능력평가 최고 성적, 올 에이 학점 같은 거예요. 전 지금까지 35년이 넘도록 대학원생들을 가르치고 있답니다. 그런데 대학원생들 가운데에도 부모님을 기쁘게 해드리기 위해서 모든 시험에 최고 성적을 거둬야 한다고 생각하는 학생들이 참 많더군요. 그런 학생들은 올 에이 학점으로 졸업한 다음에도 사회에서 성공하기가 아주 힘들어요. 삶이 전혀 균형 잡히지 못했기 때문이죠. 그들은 자신의 기능을 다하지 못하고, 다른 사람들과도 잘 어울리지 못해요. 여러분은 아이가 어떤 분야에 뛰어난 지능을 가지고 있는지, 여러분의 아이를 위해서 어떤 분야의 지능이 뛰어나길 원하는지, 한 번이라도 상의

해 보셨나요? ”[8]

그들은 이런 문제에 대해 한 번도 생각해 본 적이 없었습니다. 거의 모든 부모들이 다 그렇지요. 나는 모든 엄마 아빠들이 학부모가 되기 전에 미리 신시아 울리히 토비아스의 저서인 〈여러분의 자녀가 배우고 성공하는 길〉을 읽는다면 과연 어떤 일이 벌어질까 참으로 궁금합니다. 아마도 부모와 자녀 모두 좀 더 편안하게 생활할 수 있을 것입니다. 그리고 좀 더 많은 아이들이 학교생활을 즐길 수 있을 것이며, 아무런 강요 없이 자신의 잠재력을 발휘할 수 있을 것입니다.

감정이입의 덮개

> 여러분과 자녀는 서로 충돌할 수도 있습니다. 자녀는 성장하려 하고,
> 여러분은 자녀에게 영향력을 행사하는 관리인이 되고자 하기 때문입니다.
> 이러한 충돌은 피할 수 없으며 또한 건전한 것이기도 합니다.

론 타펠 박사는 매월 〈맥콜스〉라는 잡지에 "자신감에 찬 부모" 칼럼을 작성한 사람입니다. 그는 몇 년 동안 만나온 부모들 가운데 가장 성공적인 부모들을 보면 모두들 공통적인 특징 한 가지를 지니고 있다고 말했습니다 ― 그것은 바로 자녀에게 "감정이입의 덮개"를 제공해 주기 위해 노력했다는 것입니다. 여기에서 그가 "덮개"라고 칭하는 개념은 아주 흥미롭습니다. 그것은 가족 구성원 전체를 둘러싸고 있는 하나의 컨테이너와도 같습니다. 여러분 가족과 주변 문화 사이에 경계선을 제공해 주는 것이지요. 그리고 여러분은 부모로서 이 컨테이너를 (최소한 이론상으로는) 책임지고 있습니다.[9]

이 컨테이너는 여러분의 가치관과 기대, 그리고 여러분 자신이 자녀

와 관계 맺는 존재 방식으로 이루어져 있습니다. 그 덮개는 손에 잡힐 듯 생생한 편이 더 좋습니다. 여러분은 이 컨테이너가 여러 가지 요인에 따라 늘어나기도 하고 줄어들기도 한다고 여길 수 있습니다: 자녀의 나이, 자녀의 기질, 가정의 정서적 환경, 그리고 이런 것들을 다루는 일에 여러분이 어느 정도 지쳐 있는가 정도에 따라서 달라지는 것처럼 여겨질 것입니다.

이러한 감정이입 덮개는 세 가지의 기본적인 능력에 기초합니다. 그 능력들을 가리켜 이른바 3C라고 부릅니다 — 연민(compassion), 영향력(consequences), 대화(communication).

'연민'은 자녀가 성장해 나가면서 겪게 되는 경험들을 이해하는 것입니다. 아이의 겉모습 속에 숨겨진 것을 들여다보는 것, 자녀의 욕구를 밝혀내는 것, 그리고 자녀가 정말로 여러분에게 말하고 싶은 것이 무엇인지를 알아내는 것입니다.

영향력은 자녀에게 적절한 행동을 가르치기 위한 도구입니다.

그리고 세 번째 능력인 '대화'는 위의 연민과 영향력이 생겨나는 맥락입니다. 다시 말해서 여러분과 자녀 사이에 이 세 가지 기본적 능력이 생겨나는 최적의 시간을 의미합니다.

이 세 가지 능력을 균형 있게 사용하기 위해서는 때때로 마술적인 힘이 필요하기도 합니다. 여러분과 자녀는 서로 충돌할 수도 있습니다. 자녀는 성장하려 하고, 여러분은 자녀에게 영향력을 행사하는 관리인이 되고자 하기 때문입니다. 이러한 충돌은 피할 수 없으며 또한 건전한 것이기도 합니다. 자녀는 이러한 덮개의 경계를 직접 느껴볼 필요가 있습니다. 만일 그 덮개가 너무 빨리 열려 버린다면 자녀는 안전하다는 느낌을 가질 수 없을 것입니다. 또 때로는 자녀 쪽에서 독립이 아니라 접촉과 연결을 확보하기 위해 그 덮개를 열기도 합니다. 만일 여러분이 그 덮개를 너무 빨리 열어 버린다면, 자녀는 그것이 다시 닫힐 때까지 계속해서 밀어 붙일 것입니다. 또 정반대의 경우, 자녀는 소속감이라는 안전한 느낌을 다시 한 번 경험할 수 있는 장소를 발견할 때까지 계속해서 방황하게 될 것입니다. 어린이가 성숙한 방식으로 행동하기 시작할 때, 그리고 자신이 책임 있는 사람임을 증명할 수 있을 때, 그 때가 비로소 덮개를 아주 조금씩 느슨하게 열어줄 시기입니다. 미숙한 방식으로 행동하는 동안에는 아주 엄하게 다룰 필요가 있습니다.[10]

이러한 감정이입의 덮개가 제대로 작동하게 하려면, 다음에 열거해 놓은 자녀 교육의 세 가지 역할을 부모가 인정해야만 합니다. 이 세 가지 역할을 유동적으로 수행해야만 합니다:

자녀가 5~9살일 때에는 여러분이 "보호자 부모"의 역할을 수행합니다. 자녀가 불안과 공포를 느끼지 않도록 도와주어야 하고, 자녀가 혼란스러워 할 때에는 설명을 해 주어야 하며, 자녀가 세상과 관계를 맺을 수 있도록 도와주어야 합니다. 이 나이에는 감독뿐만 아니라 교육과 보호도 필요합니다. 부모는 자녀가 안정을 취할 수 있도록 도와주어야 합니다.

자녀가 사춘기 직전의 나이, 곧 9~12살 정도일 때에는 여러분이 "친구 부모"의 역할을 맡게 됩니다. 자녀는 마치 유치원생처럼 독립과 관계 형성을 위해 덮개를 닫았다 열었다 하는 전환기에 있습니다. 이 시기에는 부모가 자녀의 삶을 공유하고 좀 더 많은 시간을 자녀와 함께 지내면서, 규칙을 강화하는 동시에 바른 길로 안내해 주어야만 합니다.

그러다가 자녀가 12~16세가 되면 "현실주의자 부모"의 역할을 맡게 되지요. 여러분은 청소년기의 삶과 투쟁, 유혹에 대해 현실주의적인 견해를 유지하면서 자녀의 곁에 머물러 있어야 합니다. 이 시기에는 여러분의 존재와 가치관을 정확히 파악해야 합니다. 그래야만 자녀의 문제 제기에도 성공적으로 살아남을 수가 있습니다.

이제 여러분에게 여섯 살, 열 살, 열네 살짜리 아이가 있다고 가정해 봅시다. 여러분은 한꺼번에 세 개의 모자를 쓴 셈이며, 어떤 아이와 있을 때 어떤 모자를 쓸 것인지 결정을 내려야만 합니다.

우리가 부모로서 꼭 알아야 할 단어가 두 가지 있습니다. 하나는 "충동"입니다. 이것은 일부 부모들이 자기 자녀의 삶에 매 순간마다 깊이 연루되어야 한다고 느끼는 것입니다. 이것은 종종 안내나 감독이라는 미명하에 이루어지기도 합니다. 자녀가 아무리 나이를 먹어도 이런 부모들은 자녀의 삶을 각양각색으로 통제하고자 애를 씁니다.

나는 어떤 엄마와 여덟 살짜리 아들에 관한 이야기를 들은 적이 있습니다. 저녁 8시 경, 잠자리에 들려면 삼십 분도 채 안 남았는데, 아들이 다음 날 수업을 위해 통나무집을 세워야 한다고 말했습니다. 그러자 엄마가 도와주겠다고 나섰고, 밤 11시까지 계속해서 만들었습니다. 벽이 많이 기울긴 했지만 어쨌든 시간 안에 마쳤습니다. 엄마는 아들을 구조해주면서도(그 엄마는 아들이 성공하기를 원했기 때문에 언제나 이런 식으로 행동하였습니다) 계속해서 아들의 무책임한 성격에 대하여 불평을 늘어놓았습니다. 하지만 이 엄마는 사실 자기도 모르는 사이에 아들에게 몇 가지 교훈을 심어준 것이나 다름없습니다. 그게 무엇인지 혹시 알겠습니까?

- 너의 선택으로부터 다른 사람들이 너를 구조해 줄 것이다.
- 다른 사람들이 너를 구조해 주고 널 위해 네 일을 하게 만드는 것이 최선의 방책이다.
- 아무리 권위 있는 사람일지라도 너의 확실한 성공을 위해서라면 규칙(취침 시간)을 어길 것이다.
- 다른 사람의 도움이 없다면 넌 실패할 것이다.

- 너 혼자 하는 것만으론 충분치 못하다.
- 마지막 순간까지 가만히 기다리는 게 효과적이다.[11]

구원자들은 대개가 자기 자녀의 성공을 확신하고픈 충동을 지닌 부모들입니다.

성공적인 뉴욕 변호사였던 어떤 엄마 역시 충동적인 구원자의 덫에 걸리고 말았습니다. 그 엄마는 단 한 번도 자기 자신을 위한 주말 밤 계획을 세우지 못했습니다. 그 이유는 간단했습니다: 세 명의 아들들 때문이었죠. 6학년부터 11학년까지, 세 아들들은 매일 밤 숙제를 마치기 위하여 엄마의 도움을 필요로 했습니다(어디까지나 엄마의 말에 의하면 말입니다). 엄마가 도와주지 않으면 도저히 숙제를 못해낼 것 같았습니다(엄마의 기준에 맞게). 11학년(16살) 아이까지도 유치원생이나 다름없을 정도였습니다. 큰아들이 숙제를 시작하면 그 엄마는 아들 옆에 앉았습니다. 그리고 세 아들 모두에게 이런 식으로 행동하였습니다.

이런 식으로 가다간 아들들이 대학교에 들어간 다음에도 옆에 앉아서 숙제를 도와줘야 하는 것 아닐까요!? 이 엄마는 결코 정상적인 생활을 하고 있는 게 아닙니다. 이 집 아들들은 기능적인 어린이가 되는 방법을 배우지 못하고 있으며, 앞으로 기능적인 어른이 되는 방법까지도 배우지 못할 것입니다.[12]

모든 부모들이 알고 있어야 할 두 번째 단어는 바로 "연습"입니다. 자녀가 앞으로 여러분 없이도 자신의 삶을 이어가고 독립적으로 기능을 수행할 수 있으려면 연습이 필요합니다 — 연습은 많이 할수록 좋습니다. 사실 처음에는 잘못된 결정을 내리고, 마감 시간을 놓치고, 시험 성적이 떨어지고, 특권을 상실하고, 장난감을 도둑맞고, 복통을 불러올 만한 음식을 먹기 일쑤일 것입니다. 하지만 그렇게 연습해 보지 않고서 어떻게 배울 수 있겠습니까? 뛰어 들어서 구조해 주지 않는 것이 얼마나 어려운 일인가는 나도 잘 압니다. 나도 딸아이가 시시각각 내리는 선택과 결정들 때문에 무진장 고통을 받았습니다. 그리고 상황을 바로잡고 싶은 내 안의 충동과 계속해서 싸워야만 했습니다 — 예, 그렇습니다. 나 역시 마찬가지였지요. 하지만 만일 내가 딸아이에게서 실질적인 삶의 연습 기회를 빼앗아 버렸다면, 그 아이가 과연 무엇을 배웠을까요? [13]

설계자 부모

> 우리가 부모로서 수행해야 할 역할은 우리 자녀의 삶을 위한
> 하나님의 계획과 디자인을 대신하는 것이 아니라
> 거기에 협력하는 것입니다.

여러분은 설계자가 일하는 모습을 본 적 있습니까? 설계자는 제도판에다가 아주 복잡하고 상세하게 최종 작품을 디자인합니다. 새 집이나 쇼핑몰 같은 것 말입니다. 오늘날에는 대부분의 부모들이 마치 이런 설계자 같습니다. 설계자 부모는 최종 작품을 포함하여, 자녀의 삶의 온갖 측면들을 마음속으로 디자인합니다. 그들은 자녀의 삶이 어떤 결과를 맺을 것인가가 전적으로 자기 책임이라고 믿습니다. 그들은 자기가 바라는 자녀의 미래 모습에 대해 아주 확실하고 섬세한 그림을 지니고 있습니다. 그래서 자녀의 활동과 선택과 인간관계를 주의 깊게 안내하고 통제합니다. 그들은 자기 자녀에게 일어난 일들을 영화화하고, 자녀가 "올바른" 아이들과 어울리고 사귄다고 확신합니다. 이런 형태의 가정에서는 "반드시", "꼭"이라는 말이 자주 들립니다.

우리 모두는 자녀의 삶을 자기가 지니고 있는 디자인에 따라 완성해

가려는 성향이 있습니다. 그리고 자녀의 고유한 성향이 우리를 위협할 경우 이러한 차이점을 없애려고 노력합니다. 기본적으로 우리는 자기 자신과 닮은 사람에게 편안함을 느낍니다. 따라서 우리도 모르는 사이에 자녀를 자신의 개정판으로 만들어 내고자 애를 씁니다. 우리는 자녀를 우리 형상대로 창조하고 싶어 합니다. 하지만 바로 그것 때문에 하나님과 갈등을 겪게 됩니다. 하나님께서는 당신의 형상대로 우리 자녀를 창조하시고자 하기 때문입니다.

우리는 자녀의 개성을 부인하고 정체성을 해치는 행동들을 저지름으로써, 부모의 권위를 남용하는 경우가 아주 많습니다. 우리가 부모로서 겪게 되는 가장 큰 도전과 기쁨 가운데 하나는 바로 자녀의 고유성을 존중하고 무슨 일이 있어도 결코 변하지 않을 것들을 인정하는 것입니다. 우리는 자녀를 재창조하라고 부름 받은 것이 아닙니다. 자녀를 인도하라고 부름 받았습니다. 자녀의 고유성을 인정하고 나면 우리의 좌절감도, 쓸데없는 말로 자녀를 학대하기 쉬운 우리의 성향도, 크게 줄어들 것입니다.

자녀가 성장을 한 다음에도 여전히 설계자-부모의 기대는 사라지질 않습니다. 그들의 기대는 자녀의 휴가를 결정한다던가, 자녀가 결혼할 상대를 선택한다던가 하는 식으로 나타납니다. 만일 그런 부모들이 자신의 목표를 성공적으로 달성한다면, 아마도 결국에는 아주 의존적인 성인아이가 만들어지고 말 것입니다. 방향을 바꿀 때마다 죄책감을 잔뜩 느끼고, 마음이 우유부단하고 연약하며, 왜곡된 하나님 상을 지닌 성인아이 말입니다. 부모의 청사진대로 이루어질 경우, 자녀뿐만 아니라 부모 자신까지도 비싼 대가를 치를 수가 있습니다. 이런 부모들은 다음의 세 가지 경험들을 자주 하게 됩니다: 탈진, 좌절, 분노.

불행히도, 설계자-부모의 대화 유형을 특징짓는 중심 단어는 바로 "명령"입니다. 이런 부모들은 툭하면 독재자가 되어 자녀의 삶 속에 뛰어 듭니다. 이런 부모의 대화는 거의 언제나 명령문으로 이루어집니다: 어디를 가고 어디를 가지 말 것인지, 무엇을 하고 무엇을 하지 말 것인지, 무엇을 말하고 무엇을 말하지 말 것인지 등등.

우리가 부모로서 수행해야 할 역할은 우리 자녀의 삶을 위한 하나님의 계획과 디자인을 대신하는 것이 아니라 거기에 협력하는 것입니다. 우리 자녀를 위한 궁극적 목표와 목적에 대하여 가장 좋은 청사진을 지니고 계신 분은 바로 하나님이십니다. 실제로 하나님은 설계자이십니다; 우리는 하나님의 디자인을 그대로 따라야 합니다.[14]

그러면 우리 자녀가 책임감 있는 어른 그리스도인으로 성장할 수 있도록 도전을 해야 할까요, 하지 말아야 할까요? 예, 그렇습니다. 도전을 해야만 합니다.

우리 자녀들을 밀어 붙여야 할까요? 아닙니다. 우리는 자녀에게 강요하라고 부름 받은 존재가 아닙니다. 우리는 자녀를 양육하라고 부름 받았습니다. 거기에 차이가 있습니다.

06

여섯 번째 비결

좋은 부모는 자녀를
응석받이로 키우지 않는 방법을 잘 안다.

"**전**우리 아이가 버릇없는 응석받이로 성장하지 않기를 진심으로 원해요. 우리 아이가 어른이 되었을 때 자신의 기능을 제대로 수행하는 사람이 되었으면 좋겠어요. 그러니 절대로 실패하지 않을 확실한 방법을 가르쳐 주세요!"

그런 보증을 마다할 부모가 어디 있겠습니까? 하지만 불행히도 여러분에게 나는 그런 걸 제공할 수 없습니다. 그 누구도 할 수 없는 일입니다. 하지만 도움이 될 만한 원칙들은 얼마든지 있습니다. 우선은 자녀에 대한 부모의 반응이 너무나도 비판적이라는 사실을 이해하는 데서부터 출발하도록 하지요.

아이들은 저마다 다릅니다. 한 집안의 형제들이라도 아이마다 차이가 나지요. 유전적인 면에 기초하여 아이가 태어났을 때부터 주어진 개성도 다양합니다. 어떤 아이들은 다른 아이들보다 제멋대로 행동하고 싶어 하는 성향이 강할 수도 있습니다. 또 어떤 아이들은 다른 아이들보다 좀 더 감정적으로 반응하기도 합니다. 어떤 아이들은 다른 아이들보다 좀 더 충동적이고, 또 어떤 아이들은 자기 행동의 결과에 순응하지 못합니다. 하지만 이와 같은 차이점들에 얽매여서는 안 됩니다. 제아무리 힘들다 할지라도, 아이들이 응석받이가 되지 않도록 막을 수 있는 우리만의 역할이 있는 법이니까요.

자녀를 응석받이로 만드는 확실한 방법

　그렇습니다. 나는 응석받이 아이를 만들어 내지 않는 방법에 대해서는 아무런 보증도 해줄 수 없습니다. 하지만 어떻게 해야 응석받이 아이를 만들어낼 수 있는가에 대해서는 아주 확실한 방법을 일러줄 수가 있습니다. 일단 내 이야기를 듣고 나면, 반대의 결과를 얻어내기 위한 방법에 대해서 여러분 나름대로 결론을 내릴 수가 있을 것입니다. 응석받이 아이를 만들어내기 위한 확실한 방법은 다음과 같습니다:

- 아무리 현실적인 것이라 할지라도 자녀에게 절대로 경계선을 긋지 마십시오. 그리고 여러분의 입에서 "안 돼"라는 단어가 절대로 흘러나오지 않게 하십시오.
- 어떤 행동에 대해 명확한 결과를 안겨줌으로써 자녀의 행동에 참견하는 일은 절대로 하지 마십시오.
- 자녀가 자기 행동에 책임지도록 허용하지 마십시오. 어떻게 하면 남을 비난하고 변명할 수 있는지를 가르치십시오.
- 어떤 상황에 처해 있든지 자녀가 자기 행동에 따른 당연하고도 부정적인 결과를 경험하지 못하도록 막으십시오. 자녀를 구조하십시오 — 자녀의 눈을 가려 주십시오.
- 자녀가 매사에 당신에게 의존하도록 격려하십시오. 어떻게 하면 당신 일에 끼어들어 양도 받을 수 있는지 가르쳐 주십시오.
- 자녀가 독립의 신호를 보내기 시작할 때에는 슬프고 불안한 표정을 보여 주십시오. 그리하여 그 아이가 탯줄 모양처럼 여러분과 연결되어 있게 하십시오. 그야말로 효과 만점인 방법입니다.

- 될 수 있는 한 모든 영역에서 자녀에게 즉각적인 만족을 안겨 주십시오. 명심하십시오. 여러분의 역할은 제공자라는 사실을요.
- 자녀가 스트레스 쌓이는 삶의 사건들(실패, 결과, 지연된 만족, 거절 등등)을 경험하지 못하도록 보호하십시오.
- 자녀가 무슨 문제에 직면하든지 간에 그 문제를 해결하는 해결사의 역할은 바로 여러분의 것이라는 사실을 언제나 명심하십시오.

만일 위의 방법들이 효과가 없다면, 욕설을 섞어가면서 폭발해 버리세요. 이렇게 하면 자녀의 마음속에 죄책감과 불안감이 싹틀 것입니다.

> 시간의 압박과 극도의 피로, 죄책감, 평화에 대한 욕구,
> 변화와의 조화, 배우자의 압력 등이 끼어들어
> 우리가 아주 나쁘다고 알고 있는 육아 전략들에 굴복하도록
> 만들어 버리는 경우가 더러 있습니다.

확신하건대, 대부분의 부모들은 이런 게 결코 자신이 원하는 자녀 교육 방법이 아니라고들 말할 것입니다. 하지만 아무리 좋은 의도에서 비롯된 것이라 할지라도, 시간의 압박과 극도의 피로, 죄책감, 평화에 대한 욕구, 변화와의 조화, 배우자의 압력 등이 끼어들어 우리가 아주 나쁘다고 알고 있는 육아 전략들에 굴복하도록 만들어 버리는 경우가 더러 있습니다. 내가 부모로서 살아온 날들을 되돌아 볼 때, 나 역시 이렇게 부정적인 훈계들을 한꺼번에 혹은 번갈아가면서 받아 들였던 게 사실입니다 — 제 딸에게 물어 보세요! 어쩌다 한 번씩 이런 실수를 저지르는 부모는 응석받이 아이를 길러 내지 못할 수도 있습니다. 하지만 지

속적으로 이런 부정적인 훈계에 집착하는 부모라면 틀림없이 응석받이 아이들을 길러 내게 될 것입니다.

자녀를 응석받이로 만드는 여러 가지 방법

　명심하십시오. 자녀를 응석받이로 만드는 방법은 아주 많습니다. 너무 많은 용돈을 준다거나 너무 많은 물건들을 사주는 것도 한 가지 방법입니다. 자녀의 잘못된 행동들에 대해서 훈계를 하지 않는 것도 한 가지 방법입니다. 좀 더 잘 할 수 있는 능력이 있는데도 평범한 행동을 칭찬하는 것 역시 한 가지 방법입니다. 그리고 자녀의 요구와 생각이 집안의 살림살이 수준을 능가할 경우에도 자녀는 응석받이가 됩니다. 자기가 한 행동에 대해 책임지지 않도록 자란 아이 역시 응석받이가 됩니다.[1]

　부모와 자녀가 함께 해야 할 일도 많고, 함께 해서는 안 되는 일도 많습니다. 우리가 부모로서 수행해야 할 역할도 많고, 수행하지 말아야 할 역할도 많습니다. 중요한 것은 자녀가 여러분이 부모라는 사실을 반드시 명심해야 한다는 것입니다. 좋은 부모는 그냥 놀이 친구가 아닙니다. 물론 얼마든지 자녀들과 함께 놀아줄 수는 있습니다. 하지만 자녀와 같아져서는 안 됩니다.

　자녀의 종이 되어서도 안 됩니다. 그럴 경우 자녀는 부모가 자기를 위해 일을 대신해 주도록 조종하는 법을 배우게 됩니다. 어떤 부모들은 다른 부모들도 다들 자녀에게 요구하는 일들을 요구하면서, "내가 아이에게 너무 많은 일들을 요구하는 게 아닐까" 걱정하는 통에 그만 자녀의 종이 되고 맙니다. 아이가 "아 글쎄, 우리 친구들 가운데 그런 일을 해야 하는 애는 아무도 없다니까요"라고 말하면, 그 부모들의 의심은 금방 진실로 밝혀지고, 쉽사리 자녀에게 굴복하고 맙니다. 하지만 언제부터 여러분 가정에서 자녀가 해야 할 일과 하지 말아야 할 일을 이웃집 부모들이 결정하게 되었나요?

아이들은 결코 부모와 동등하지 않습니다. 그런데도 어떤 부모들은 자녀가 마치 동등한 존재인 것처럼 조언을 구합니다.

어느 작가는 좋은 부모가 되고 싶어 하는 사람들에게 다음과 같이 충고하였습니다:

> "자녀는 받침대가 아니라 발판이다."
>
> "자녀의 행동은 부모의 형편을 벗어나지 않고, 언제나 부모의 형편에 맞아야 한다."
>
> "따분한 아이로 키우고 싶으면, 아이가 아무런 행동도 안 하고 있을 때마다 무슨 행동을 할지 지정해 줘라."
>
> "자녀에게 지나치게 비현실적인 칭찬을 해주면 그저 평범한 행동만을 할 것이다."
>
> "자녀에게 분에 넘치는 보상을 주는 것보다는 솔직한 피드백을 주는 것이 더 낫다."[2]

여러분은 자녀와의 대화에서 여러분이 지니고 있는 권리가 무엇인지 생각해 본 적 있습니까? 잠시 그것에 대해 생각해 보도록 하지요.

여러분은 즉각적인 결정을 내려야 할 필요가 전혀 없습니다. 자녀가 어떤 일에 대해 지금 당장 결정을 내리라고 여러분을 몰아세운 적이 몇 번이나 있었나요? 아이가 숨을 헐떡이면서 문을 밀고 들어오더니, 여러분이 무슨 일을 하고 있었는가는 전혀 신경 쓰지 않고 뭔가를 강요합니다. "아, 맙소사, 탐이 외박을 하겠대요 ─ 오늘은 금요일이니까요 ─ 모든 애들이 다 그러기로 했어요. 딱 한 자리가 남았는데, 탐이 저더러 같이 가자고 부탁했어요 …… 그래서 …… 그래서 지금 당장 탐에게 알려 줘야 해요 — 집에 돌아오자마자 전화해 달라고 했다고요 ······ 그래도 괜찮죠? ”

부담 꽉꽉 — 만일 여러분이 괜찮다고 대답하지 않으면 세상이 폭발해 버릴 것입니다. 여러분이 지니고 있는 권리는 무엇인가요? 여러분은 천천히 생각할 수 있는 권리, 지금 당장 결정하지 않아도 되는 권리를 지녔습니다. 여러분은 이렇게 대답할 수 있습니다:

"지금 당장은 괜찮다고 대답할 수가 없구나. 네가 엄마에게 충분한 시간을 주지 않았잖아. 만일 지금 당장 대답해야 한다면 엄마 대답은 노우야."

위의 경우와 같이, 여러분이 결정을 내리는 데 어느 정도의 시간이 필요한가 하는 것도 자녀에게 분명히 밝혀 둬야 할(서면으로 작성해서 붙여 둬야 할) 규칙들 가운데 하나입니다.

> **여러분은 또한 마음을 바꿀 수 있는 권리도 지니고 있습니다.**

여러분은 또한 마음을 바꿀 수 있는 권리도 지니고 있습니다; 배우자와 상의할 수 있는 권리; 다른 부모들이나 교사나 코치와 함께 점검해 볼 수 있는 권리도 지니고 있습니다; 또한 여러분은 자녀더러 양쪽 부모 모두에게 사실을 밝히고 나서 결정을 받아들이라고 부탁할 수도 있습니다.[3]

예, 부모가 된다는 건 참으로 힘든 일입니다. 부모 노릇을 한다는 건 아주 평범하면서도 어려운 일입니다. 따라서 여러분은 자신이 수행해야 할 여러 가지 역할들을 유동성 있게 조절할 줄 알아야 합니다. 다양한 역할들을 자유자재로 조절할 수 있게 될수록, 자녀의 삶에 미칠 수 있는 영향력 역시 증가합니다. 여러분이 맡고 있는 여러 가지 역할들을 생각하면서, 그것들 가운데 어떤 것이 어떤 식으로 여러분의 성장에 도움을 줄 수 있을지 한 번 생각해 보십시오. 또한 이 역할들 가운데 어떤 부분이 지금 당장 자녀와 실천하기에 적당한지도 생각해 보십시오.

교사-코치

이 역할을 통해서 여러분은 자녀가 뭔가 새로운 기술을 익히거나 원래 지니고 있는 기술을 발달시킬 수 있도록 돕게 될 것입니다. 이 역할은 도움의 손을 펼쳐야 할 경우에만 자녀를 도와주고, 나머지 시간에는 자녀 혼자서 뭔가를 배울 수 있도록 내버려 두는 것입니다. 하지만 부디 여러분이 엄청난 능력을 지닌, 강인한, 소리를 질러대는 축구 코치나 배구 코치라고는 생각하지 마십시오. 그저 자신을 분만 코치 정도로 생각하십시오. 여러분은 뭔가가 탄생하는 과정 — 언제나 자연스럽게 벌어지는 과정, 하지만 훨씬 더 큰 어려움이 도사리고 있는 과정 — 을 돕기 위하여 존재하는 것입니다.

코치나 교사의 역할을 수행하기 위해서는 자녀가 배우고 싶어 하는 게 무엇인지, 언제 자녀와 대화를 나눌 것인지 알아야만 합니다. 나아가 자녀가 이미 알고 있는 것과 알고 싶어 하는 것에 집중해야만 합니다. 자녀에게 노력과 실수를 통해 배울 수 있는 기회를 주십시오. 자녀의 문제 제기를 환영해 주십시오.

리더-가이드

리더-가이드로서 여러분은 자녀 혼자서 탐험할 수 없는 분야를 도와 함께 탐험하게 될 것입니다.

나는 여러 차례 가이드를 고용해 보았습니다. 농어 낚시를 할 때에 내 기량을 연마하도록 도와주고 새로운 호수에 대해서도 가르쳐 달라고 가이드를 고용했습니다. 이런 경우 가이드가 없으면 괜히 쓸데없이 여기저기 돌아다니기만 하다가 성공이나 즐거움 같은 건 거의 맛도 보지 못한 채 되돌아올 수 있습니다. 나보다 유능한 사람이 주변에서 도와주면 얼마든지 맛볼 수 있는 것들을 말입니다. 하지만 명심해 두십시오. 중요한 것은 자녀가 상당한 위험에 봉착했을 때에도 편안함을 느낄 수 있는 방식으로 학습 경험을 구조화해야 한다는 것입니다. 자녀가 새로운 노력을 통해 조금이라도 진전을 보인다면 그때마다 반드시 칭찬과 긍정적인 강화를 사용하십시오. 무엇을 배웠는지 물어 보고 또 그것이 자녀에게 어떤 의미를 지니고 있는지 물어 보십시오.

멘토-현인

여러분이 배우라고 생각해 보세요 ― 그런데 주연 배우로 뽑히지 못했다고요. 멘토-현인의 역할을 수행할 때에는 오로지 조연 배우로서의 기능만 수행해야 합니다. 그러니까 자녀가 이미 알고 있는 사실들을 깨달을 수 있도록 도와줄 방법을 찾는 것이지요. 여러분의 임무는 답을 제시하는 것이 아니라 질문을 명확히 해주는 것입니다. 논제에 빛을 비춰 줄 수는 있지만, 가르치고 지시하는 것은 삼가야 합니다. 그리고 이것은 말할 필요도 없이 굉장히 어려운 일입니다!

자녀가 싸우는 모습을 봤을 때, 혹은 자녀가 뭔가 중요한 것을 놓칠 것만 같은 순간에, 직접 뛰어 들어서 그 상황에 좀 더 잘 대처할 수 있는 방법을 가르쳐 주지 않고 참기란 매우 어려운 일입니다. 또한 우리가 그런 상황에서 자주 느끼곤 하는 좌절감과 초조감을 자녀가 눈치 채지 못하도록 하는 것 역시 무척이나 힘겨운 일입니다. 하지만 자녀에게 무슨 일을 하라고 일러 주고 그것에 대해 우리가 어떻게 느끼는지를 눈치 채도록 내버려 두는 것은, 배우고 싶은 자녀의 욕구에 찬물을 끼얹는 행위입니다. 여기에서 지켜야 할 규칙은 첫째도 자중, 둘째도 자중, 셋째도 자중입니다! 자녀가 자신의 능력을 발견하도록 내버려 두십시오. 그 과정 속에서 노력도 기울이고 실수도 저지를 것입니다. 하지만 자녀의 실수가 확실해졌을 경우에도 결코 두려워하지 않도록 노력하십시오.

만일 자녀가 사춘기 이전의 아이거나 십대 청소년이라면 이 역할이 매우 중요합니다. 이 시기의 어린이들은 자신이 이제까지 교육 받아 왔던 가치를 시험하게 되며, 서로 모순적인 가치 체계들과 좀 더 고차원적으로 직면하게 됩니다. 그런 모습을 발견하면 깜짝 놀랄 수도 있습니다. 하지만 그것은 여러분이 이제껏 가르쳐 온 가치관들을 자녀가 진정으로 "소유"할 수 있는 유일한 방법입니다.

여러분이 이 역할을 수행할 때에 명심해야 할 사항은, 결코 듣고 싶지 않은 말을 듣게 될 수도 있다는 것입니다. 여러분은 자녀가 믿었으면 좋겠다고 생각되는 것들을 실제로 믿게 하기 위해서 당장 고치려 들거나 무시하는 성향을 지니고 있을지도 모릅니다. 제발 그러지 마십시오! 그런 건 전혀 효과가 없습니다. 여러분의 역할은 자녀가 진리를 탐구할 수 있도록, 그리고 그것을 자신의 것으로 만들 수 있도록 도와주는 것입니다.

친구–동료

이 역할은 자녀가 나이를 먹어감에 따라 천천히 발전하는 역할입니다. 어쩌면 자녀가 십대였을 때 가장 많이 발달할 수도 있습니다. 때로는 유아기에도 이미 어느 정도 시작될 수가 있습니다. 이 역할을 수행할 때에 여러분은 자녀와 함께 즐길 수 있는 활동을 하게 됩니다. 쉐릴과

나의 경우는 낚시가 가장 좋은 활동이었습니다. 쉐릴이 다섯 살이었을 때부터 둘이서 낚시를 다니기 시작했으니까요. 우리는 함께 즐거운 소풍도 많이 다녔고, 이제는 쉐릴도 나만큼이나 물고기를 많이 낚아 올립니다. 사실 캐나다로 여행을 갔을 적에도 쉐릴은 여행 중 가장 큰(22파운드나 나가는) 북부 강꼬치고기를 낚았을 뿐만 아니라 그 해 그 호수에서 가장 큰 물고기를 낚았습니다. 딸아이는 엄청나게 흥분했었고, 나는 그런 딸이 무척이나 자랑스러웠지요!

중요한 것은 이러한 기회를 포착할 만한 시간을 주는 것입니다. 이 기간에는 여러분의 장난스런 측면이 표출될 수도 있습니다. 하지만 명심하십시오. 자녀는 여러분이 원하는 것보다 좀 더 오랫동안, 혹은 적절한 기간이 지난 다음에도 여전히 이 역할을 여러분에게 기대할 수도 있습니다. 그럴 경우에는 여러분 쪽에서 이 역할을 그만 두어야만 합니다.

상담자-믿을 수 있는 벗

때로 여러분은 믿을 수 있는 경청자의 역할, 비밀을 지켜주는 사람의 역할, 이것이야말로 가장 영향력이 큰 역할이라고 생각하게 될 것입니다. 이런 역할을 수행할 때에는 충고를 던지지 말아야 합니다. 그저 여러분이 들은 말들 혹은 자녀가 말하고 있는 의미에 대해 단순한 반응만 보여주어야 합니다. 자녀의 상처를 공유하게 된 순간, 절대로 진부한 말들을 늘어놓지 마십시오. 자녀가 자신의 느낌을 있는 그대로 느낄 수 있게 해주고, 필요한 경우에는 슬픔을 표출할 수 있도록 격려해 주십시오.

보호자–옹호자

이 역할이 아마도 가장 자연스럽게 여겨질 것입니다 ─ 그만큼 적절치 않은 순간에 이런 역할을 수행할 가능성도 굉장히 큽니다. 이 역할을 수행할 때에는, 자녀가 생의 어려운 시기를 보내는 동안 자녀를 위해 지원 체계를 제공해 줍니다. 여러분은 자녀에 대한 믿음과 자녀의 의도에 대한 신념을 행동으로 옮깁니다. 자녀의 행동이 낳은 결과를 자녀가 직접 경험하도록 내버려 둠으로써, 의심이 지닌 이점을 자녀에게 알려 줍니다. 자녀가 실수나 오판을 하더라도, 그 결과로부터 자녀를 보호해 주어서는 안 됩니다. 오히려 실수와 오판의 결과를 통해서 교훈을 얻을 수 있도록 도와주고, 다음번에는 다른 식으로 행동할 것이라 믿어 주어야 합니다. 그러면서도 동시에 자녀가 죄책감에 사로잡히지 않도록 보호해 줘야 합니다. 자녀에게 한 번 더 기회를 주지 않으려 드는 사람들로부터도 보호해 주어야 합니다. 여러분은 행동 그 자체보다는 의도에 초점을 모아야 합니다. 만일 자녀가 잘못을 저질렀다면, 다음번에는 과연 어떤 식으로 행동할 것인지에 대해서 대화를 나눠보십시오.

제공자–후원자

부모는 의식주, 건강과 같이 자녀가 지니고 있는 온갖 기본적 욕구들을 가장 먼저 채워 주는 제공자입니다. 여러분은 이 모든 욕구들을 채워 줄 수 있으면서도 여러 가지 이유 때문에 다른 기관의 기금을 받고 사는 가족들이 얼마나 많은가를 알고 나면 굉장히 놀랄 것입니다.

자녀의 욕구를 반드시 충족시켜 주십시오. 그리고 자녀 혼자서 자신의 욕구를 충족시킬 수 있을 때까지 후원해 주십시오. 이것은 곧 몇 년이 지나면 자녀가 더 이상 여러분을 필요로 하지 않도록 후원해 주는 것을 의미합니다.[4]

건전한 자녀 양육의 또 다른 요소들

이상은 우리 부모들이 자녀의 삶 속에서 수행해야 할 기본적인 역할들이었습니다. 하지만 이 외에도 건전한 자녀 양육의 요소들이 더 있습니다. 예를 들어 우리는 자녀가 우리를 필요로 할 때 도움을 줄 수 있어야 합니다. 학교에서 집에 돌아왔을 때 매일같이 빈 집만 기다리고 있다면, 그것은 자녀에게 아주 부정적인 영향을 미칠 수가 있습니다. 아이는 버림받은 듯한 기분을 느낄 수도 있고, 감독의 부재 탓에 심각한 어려움에 빠질 수도 있습니다. 적절한 순간에 적절한 시간을 자녀와 함께 보내는 것이 먼저입니다. 일에 대한 욕구는 그 다음입니다.

부모들은 또한 삶의 일상적인 위험 요소들로부터 자녀를 보호해야 할 의무가 있습니다. 아직 대처 능력이 제대로 갖춰지지 않은 자녀라면 각종 정보와 경험들로부터도 막아줘야 합니다. 미디어 노출 ― 텔레비전과 영화, 레코드까지 모두 포함해서 ― 은 부모가 막아 주고 제한해 주고 감독해 줘야 합니다. 아이들은 자기 능력에 합당하지 않은 일을 결코 강요받아서는 안 되며, 자기 연령에 적합하지 않은 온갖 행동이나 경험들에도 노출되지 않도록 보호받아야 합니다.

부모들이 정말로 자기 자녀에 대해 잘 알고 있느냐는 비판의 여지가 있는 문제입니다. 자녀의 발달 단계에 대해 아주 잘 알고 있으며 자녀의 나이나 단계에 적합한 게 무엇인지를 잘 알고 있다고 말하는 부모들 역시 마찬가지입니다. 부모들은 각 단계에 적합한 행동과 특권 그리고 책임에 관하여 많은 정보를 지니고 있어야 합니다. 또한 부모들은 각 자녀의 고유성을 존중하고, 자녀와 상황 양쪽에 적합한 반응을 해야만 합니다.

잠언 22장 6절은 부모들에게 다음과 같이 훈계합니다: "마땅히 걸어야 할 그 길을 아이에게 가르쳐라. 그러면 늙어서도 그 길을 떠나지 않는다." 이 성서 본문은 자녀의 개성을 존중해 주라고 주장합니다. 현명한 부모는 자녀가 자신만의 특별한 재능 영역을 발달시킬 수 있도록 격려해 줍니다.

> 어느 단계에 있든지, 자녀의 욕구는
> 자녀가 상처받기 쉬운 부분과 연관되어 있습니다.

자녀가 부모에게서 정말로 바라는 것은 무엇일까요? 어느 단계에 있든지, 자녀의 욕구는 자녀가 상처 받기 쉬운 부분과 연관되어 있습니다.

어린 아이는 자기 부모가 모든 것을 다 알고 또 모든 일을 다 할 수 있다고 믿어야 합니다. 여러분은 자신이 전지전능한 존재라고 생각합니까? 아마도 아닐 것입니다. 그렇지만 자녀의 입장에서는, 자기 안전을 확보하고 이 세계를 이해할 수 있도록, 여러분을 이런 식으로 생각할 수밖에 없습니다.

그러다가 자녀가 책임감을 형성할 만한 나이가 되면, 자기 부모는 그저 책임감 있게 본인의 기능을 수행하고 있을 뿐이라는 사실을 깨닫게 됩니다. 모든 가족 구성원들에 대해서 이런 식의 깨달음을 갖게 되지요.

모든 어린이들은 신체적으로나 언어적으로나 애정과 칭찬을 받아야 하며, 그러한 표현을 통해 증거를 얻어야 합니다. 하지만 부모들 가운데는 자기 자신이 이런 것을 받아 보지 못했기 때문에 자녀에게 증명해 주는 것도 아주 어렵다고 생각하는 사람이 많습니다. 이것은 극복하기가 아주 어려운 장애물입니다. 아이들은 껴안아 줘야 하고, 달콤하게 속삭여 줘야 합니다. 특히 아이들은 자기 부모가 서로 키스하고 껴안아 주는 모습을 지켜보면서 즐거워합니다 ― 피할 수 없는 부부싸움이 끝난 다음에는 특히나 더 그렇습니다. 이것은 자녀에게 다시 한 번 확신을 심어줄 뿐만 아니라, 갈등에 어떻게 대처해야 하는지에 관해서도 아주 소중한 교훈을 안겨 줍니다.

좋은 부모는 자녀를 위해 건전한 규칙과 지침들을 세웁니다. 나아가, 부모가 없을 경우 자녀 혼자서도 스스로 규칙을 세울 수 있는 방법을 가르쳐 줍니다. 하지만 그런 경우라도 부모가 수행해야 할 역할은 명확합니다: 부모는 부모의 자리에, 자녀는 자녀의 자리에 머물러 있어야 하는 것입니다. 각자가 자신의 위치를 이해하고 존중해야만 합니다.

좋은 부모는 딱 한마디의 단어, "안 돼"를 언제 말해야 하는지 잘 압니다. 그들은 이것이 전혀 나쁜 말이 아니란 사실을 잘 알고 있습니다. 이것은 부정적인 단어도 아니고, 부적절한 금지의 단어도 아닙니다. 자녀에게 회복 불가능한 상처를 입히는 단어는 더더군다나 아닙니다. 부모의 입에서 나오는 "안 돼"는 흔히들 자주 사용하는 사랑의 언어입니다.

여러분은 자녀에게 "안 돼"라고 말하는 것이 괴로운가요? 그렇다면 어떤 사건이 벌어졌을 때 쉽게 이 말을 사용할 수 있도록 다음과 같이 연습해 봅시다. 이 때 "안 돼"라는 말을 정당화할 필요는 전혀 없다는 사실을 명심하세요. 그 이유를 설명할 필요도 없습니다. 그저 조용히, 고요하게, 그리고 침착하게 말하십시오.

"안 돼, 지금 당장은 그걸 하지 않을 거야."

"안 돼, 오늘은 그걸 사지 않을 거야."

"안 돼, 하지만 다음 기회엔 아마도 가능할 거야. 내가 알려 줄게."

"안 돼, 이건 우리가 해야 할 일이야."

"안 돼, 이게 오늘 밤 계획이야."

건전한 가정에서는 의존이 아니라 독립을 촉진시켜 줍니다. 자녀 양육의 역할을 수행해 나가면서 점차적으로 부모의 권위와 결정권을 양도할 수도 있습니다. 이것은 곧 자녀가 점점 더 성장하고 변화해 가고 있다는 사실을 받아들이고 격려해 주는 것을 의미합니다. 자녀는 우리에게서 자신의 모델을 발견할 수 있어야 합니다.

효과적인 자녀 교육의 중요한 특징을 한 가지 더 들자면 바로 자녀들의 삶을 단순화시킬 수 있는 능력입니다. 굳이 수많은 아이템이 아니더라도 가능한 일입니다. 하지만 우선은 부모의 생활양식에서부터 시작하겠지요.

자녀가 모든 것을 다 가질 필요는 없습니다. 최근에 나는 아주 의미 있는 제안을 몇 가지 들었습니다. 다음의 제안들이 별 효과 없을 거라고 미리부터 속단하지 말고 일단은 시도해 보십시오. 깜짝 놀라며 기뻐할 일이 생길 것입니다. 물론 다 실천한다 할지라도, 자녀들에게 죄다 효과를 거두지는 못할 것입니다. 자녀 교육 방법이 언제나 대중적인 건 아니니까요.

우선 여러분은 데이트와 운전 시간을 나이별로 제한할 수 있습니다.

저녁에 외식을 하러 나갈 경우엔 자녀의 선택을 제한해 보는 게 어떨까요? 어린이 메뉴는 그야말로 어린이를 위한 것입니다. 그런데도 어떤 가족들은 음식 주문의 특권을 어른이 아니라 12살짜리 자녀에게 넘기는 경우도 있습니다.

성탄절이나 생일에 한 자녀가 받을 수 있는 장난감의 개수를 제한하는 것에 대해서는 어떻게 생각하시나요? 새 장난감 한 개가 생길 때마다 헌 장난감 한 개를 치우는 것은요? 아니면 새 장난감 한 개를 차지하고 나면 그 후로 6주 동안 그 어떤 요구도 하지 않는 것은요? 성탄절 선물을 2~3주에 걸쳐 나누어 주는 방법은요?

옷은 또 어떻습니까? 어떤 가족들은 자녀가 어른스럽게 옷을 입고 화장을 시작해도 좋다고 판단되는 나이를 미리 정해 둡니다. 미리 규칙과 기준을 정해 놓고 모두가 읽을 수 있도록 붙여 두면, 나중에 서로 말다툼할 필요가 없습니다. 자녀들이 "이건 불공평해요" 라고 말해도 괜찮습니다. 그들은 무엇이 공평하고 무엇이 불공평한지를 잘 아는 전문가가 못 되니까요. 기준은 바로 여러분이 세우는 겁니다.

또한 여러분은 어떤 특정 항목에 대해서 자녀들과 협상하는 방법을 배워 나갈 수도 있습니다. 예를 들어서, 자녀가 너무 고가의 운동 장비를 사달라고 말했을 때 여러분은 이렇게 물어볼 수 있습니다. "이걸 사는 데 너는 얼마까지 보탤 수 있겠니? 네 몫을 한 번 정해보자." 그렇게 해서 자녀가 먼저 자기 몫을 지불하게 하든가, 아니면 여러분이 먼저 반값을 지불한 다음에 자녀가 나머지 반을 지불하게 하는 것도 좋습니다.

내 친구의 아들은 값비싼 기타를 사고 싶어 했습니다. 아직 기타를 연주할 줄도 모르면서 말이죠. 그래서 일단은 기타를 대여해서 수업부터 받는 것으로 의견을 모았습니다. 일주일을 하루도 거르지 않고, 매일 30분씩 석 달 동안 연습을 한 다음에야 비로소 내 친구 아들은 그 기타의 주인이 될 수 있었습니다.

또 다른 친구의 아들은 개를 한 마리 키우고 싶어 했습니다. 그래서 개를 돌보는 데 필요한 모든 것들을 자신이 책임지겠노라고 부모님께 말씀을 드렸습니다. 그러자 부모님은 먼저 아들에게 한 가지 임무를 맡긴 다음에 그것을 제대로 완수해 내면 개를 사주겠다고 대답하였습니다. 그 아이가 해야 할 일은 매주 한 번씩 20주 동안 잔디를 깎고서 깎아낸 잔디를 쓸어 모으는 것이었습니다. 누가 지시하지 않아도 혼자 알아서 말입니다. 그 아이는 흔쾌히 동의했지만 몇 주가 지나자 그만둬 버렸

습니다 — 결국 강아지도 받지 못하고 말았지요.[5]

건전한 의존

〈독립적인 자녀로 키우기〉라는 책의 저자는 십대들의 독립심 기르기를 미국독립선언문에 비유합니다. 독립이란 "인류의 역사에서" 발생하는 사건입니다. 따라서 이것은 피할 수 없습니다. 그러므로 독립에 저항하기 보다는 차라리 독립을 예비하는 쪽이 더 나은 방법입니다. 그리고 가능하기만 하다면 부모가 그 과정을 책임질 필요가 있습니다. 떠들썩한 반항의 회오리바람 속에서 정신없이 악전고투하는 것보다는 그 편이 훨씬 낫습니다.

부모가 자녀를 해방시켜 주지 않을 경우, 온 가족이 참담한 결과를 맞을 수도 있습니다: "정서적으로 무력해진 부모가 정서적으로 무력해진 자녀를 견뎌 내면서 살고, 그 자녀는 어른처럼 자유롭게 살려고 하지만, 정작 자기 나라와 자손과 사회의 운명을 결정해야 하는 책임은 회피하려고 합니다. 그 결과 모두가 — 과거, 현재, 미래의 — 독립성을 상실하고 맙니다."[6]

독립선언문의 또 다른 구절 역시 성인기로 나아가는 자녀를 둔 가족들에게 아주 적합합니다: 독립선언문에는 "한 민족과 다른 한 민족의 정치적 결합을 해체"해야 한다고 명시되어 있습니다. 때로는 자녀 스스로 집을 떠나야 할 시기를 결정하기도 합니다. 또 때로는 부모가 먼저 그런 결론에 도달할 수 있습니다. 양쪽 모두 어떤 것을 결정할 수 있는 힘을 쥐고 있습니다. 그리고 이 힘이 적절하게 유지될 경우 유쾌하고 건전한 방식으로 속박이 사라질 수 있습니다.

나아가 독립선언문은 독립이란 개별적이고 평등한 위치를 차지하는 삶이라고 밝힙니다. 얼마 동안 미국은 정치적으로나 경제적으로나 영국에 의존했었습니다. 미국은 체계적인 권력의 안전과 보호가 필요했습니다. 하지만 미국은 점점 성장을 이룩하였고, 마침내는 독립적인 삶에 대한 욕구가 생겨났습니다. 그리고 영국은 당연히 이 신진 식민지를 감시, 보호하고 싶어 했습니다. 영국이 미국을 기꺼이 해방시켜 줄 의향이 없었기 때문에, 혹은 해방시켜 줄 수가 없었기 때문에, 그 속박을 끊기 위해, 값비싼 대가를 치른 유혈의 미국 혁명이 발발할 수밖에 없었던 것입니다. 불행히도 어떤 가족들은 자녀의 독립 요구로 인해서, 좀 더 규모가 작은 자기들만의 혁명전쟁을 치루는 가운데 뜻밖의 사상자가 생겨나기도 합니다![7]

다음은 폴 맥킨과 지니 맥킨이 자녀가 독립을 향해 나아갈 수 있도록 도와주었던 이야기입니다:

> 아이들이 나이를 먹어가면서부터 우린 성서 공부를 시작했어요 …… 그런 다음엔 우리가 주님과 함께 걸으면서 깨달은 것들과 우리 아이들의 고요한 시간에 대해 대화를 나누기 시작했지요. 신문을 통해서 우리는 주님께서 가르쳐 주고 계시는 것들을 공유했어요. 힘겨운 한 주를 보낸 다음에는 그것에 대해 이야기하고 우리 가족의 확신을 한 몸에 받음으로써 자유로운 기분을 만끽했습니다. 우리는 한 영혼이 되어 주님께 집중하였습니다.
>
> 우리는 또한 타냐와 토드가 자기 삶의 목표를 발전시킬 수 있도록 도와주었어요. 우리 생각에, 독립적인 존재가 된다고 하는 것은 곧 자기가 어디로 가고 있는지를 잘 아는 것이라고 여겨졌거든요. 1983년에 우리는 마스터 플래닝 협회와 친밀한 관계가 되었고, 그들은

우리가 여러 가지 문제들에 대해 생각해 볼 수 있도록 도와주었답니다. 예를 들면 "지금부터 5~20년 후에 어떤 꿈을 성취하게 될 것인가?"나 혹은 "정말로 부담스럽게 느껴지지만 특별히 충족시켜줄 만한 욕구는 무엇인가?" 같은 문제들 말이죠. 우린 자녀들이 이미 지나온 중대한 사건들을 평가하고, 또 실현되기를 바라는 이상에 대해서도 제대로 평가할 수 있도록 도와주었어요. 우린 대학교와 직장, 그리고 우리 삶의 목표에 대해 대화를 나눴지요. 이렇게 해서 우린 함께 꿈을 꿀 수 있었고, 그것들 가운데 일부는 정말로 실현되었어요.

아이들이 좀 더 독립적인 존재가 되면서부터 폴과 저는 아이들 나름대로 가족의 날을 짜도록 시켜봤어요. 우리 네 사람이 각각 매월 몇 번째 일요일을 잡아 계획을 세웠지요. 토드가 가장 좋아했던 활동은 크로스컨트리 스키였고, 타냐가 젤로 좋아했던 활동은 다나 포인트 하버에서 휴식을 취하는 것이었죠.

가족 시간에 우리가 했던 일들 중 가장 보탬이 된 것은 바로 다가올 일들에 대해 이야기를 나누는 것이었어요. 매주 우리는 달력을 앞에 두고 선약한 일들을 확인한 다음 나머지 시간들을 계획하였답니다. 아이들이 어렸을 적엔 놀 수 있는 자유 시간을 가장 좋아했었지요; 그런데 조금씩 시간이 지나면서 아이들 활동도 우리 활동과 일치하기 시작했어요. 함께 달력을 들여다보는 것으로 인해 우리는 서로의 생활에 깊은 관심을 갖게 되었고, 바쁜 가족들을 괴롭히곤 하는 잘못된 대화를 피할 수가 있었답니다. 그렇게 해서 우리 가족은 서로를 위해 더 많이 기도할 수 있게 되었고, 우리가 함께 나눈 기회와 부담들을 이해할 수 있게 되었지요.[8]

독립적으로 성장하도록 도와주신 부모님의 접근 방법에 대해 어떻게

생각하느냐고 타냐에게 물었더니, 이렇게 대답하더군요: "우리 부모님
은 저를 위해 아주 많은 결정들을 내려주셨지만, 동시에 저 스스로도 많
은 결정을 내리게끔 허용해 주셨어요. 부모님은 제가 책임감 있게 대처
할 수 있다는 사실을 증명할 경우 저에게 자유를 주셨지요 ─ 때로는 전
혀 책임을 다하지 못했을 경우에도, 제가 아주 소중하고 중요한 사람이
라는 사실을 알려주셨어요. 전 제가 꽤 똑똑하고 결정을 잘 내린다는 사
실을 알아요. 지금 당장은 잘 하지 못하는 것들도 많지만, 나중에는 분
명히 책임감 있는 어른이 될 거예요."

토드 역시 다음과 같은 평가를 내려 주었습니다: "돌이켜 보면, 우리 부
모님은 정말로 우리 생활과 우리가 흥미를 느끼는 일들에 관심이 많으셨
던 게 확실해요. 부모님은 한 번도 이런 식으로 말씀하신 적이 없어요.
'애들아, 엄마랑 아빠는 지금 이 일을 하고 싶으니까 방해하지 마라.'

우리 부모님은 우리가 원하는 활동들에 대해서 조언을 많이 해주셨어
요. 우린 주말마다 적어도 한두 시간씩은 꼭 부모님과 함께 어떤 활동을
했어요 ─ 보통 아이들이 하는 활동들과는 판이한 활동을요. 아빠와 난
작은 비행기를 하나 갖고 있는데 거기에 연료도 같이 넣고 공중을 날 때
는 줄도 같이 잡았어요. 또 우린 기차 세트에도 똑같이 관심이 많았고,
기차 위에서 여러 가지 활동을 하며 시간을 보내기도 했죠. 정말로 재미
있었어요! 전 제 친구 부모님들이 자녀와 함께 시간을 보내는 경우가
아주 드물다는 사실을 잘 알아요; 그래서 우리 부모님이 제 생활에 진심
으로 관심을 많이 갖고 계시는구나 생각해요."[9]

바트는 아버지인 토니 캠폴로에게 편지를 쓰면서, 부모님이 자신의
성장을 도와준 방법에 대해 다음과 같이 회상하였습니다:

그것이야말로 진정한 자유였다고 생각해요: 선택과 결정들로

꽉 찬 세상 속에서, 다른 사람이 안겨 주는 엄청난 부담과 우리 자신의 욕구 속에서, 실수나 실패에 대한 두려움 속에서, 하나님을 사랑하고 그분의 백성을 사랑하는 것이 정말로 중요한 으뜸 임무임을 이해하는 것, 그리고 그런 일들을 실천하는 것은 어떤 상황에 처하든지 우리가 천부적으로 지니고 있는 결정 능력이라는 사실을 이해하는 것 말이에요.

아빠와 엄마는 내가 원하는 걸 다 하도록 내버려 두지 않으셨지만, 아빠, 그래도 아빤 제게 자유를 주셨어요. 정말로 고맙게 생각해요.

사랑해요.

바트 드림.[10)]

궁극적인 목표

그저 하나님에 대한 지식만 지닌 아이들은 훌륭한 육아의 궁극적인 목표가 아닙니다. 하나님과 개인적인 관계를 맺고 있는 아이들이야말로 궁극적인 목표이지요. 하나님의 말씀이 자기 삶의 모든 분야에 연결된다는 사실을 정말로 믿는 아이들이 훌륭한 육아의 궁극적인 목표입니다. 그러기에 우리는 자녀에게 하나님의 길을 가르쳐야 합니다. 그리고 자녀가 자기 마음속에 있는 어두움과 혼자 걸을 때의 위험, 자기 자신을 믿을 때의 위험을 민감하게 알아채도록 도와주어야 합니다. 우리는 자녀에게 십자가의 힘을 가르쳐 줘야 하며, 하나님의 약속 조항들을 가르쳐야 합니다.

하나님은 자녀를 인도하고, 안내하고, 양육하고, 바로잡고, 훈육하라고 우리 부모들을 부르셨습니다. 하나님은 자녀에 대한 권리를 우리에게 전적으로 맡기셨습니다. 그러므로 우리는 그 책임을 당연한 것으로 받아들여야 합니다.

창세기 18장 19절에서 하나님은 아브라함에게 이같이 말씀하십니다. "내가 아브라함을 선택한 것은, 그가 자식들과 자손을 잘 가르쳐서, 나에게 순종하게 하고, 옳고 바른 일을 하도록 가르치라는 뜻에서 한 것이다. 그의 자손이 아브라함에게 배운 대로 하면, 나는 아브라함에게 약속한 대로 다 이루어 주겠다."

에베소서 6장 4절에서 우리는 자녀를 "노엽게 하지 말고, 주님의 훈련과 훈계로" 양육하라는 명령을 받습니다. 자녀는 신실한 부모가 나름대로 모범을 보이고, 현명한 방향을 택하고, 결정을 잘 내리는 모습만 보고 자라더라도, 얼마든지 훌륭한 결정을 내리는 사람으로 성장할 것입니다. 이런 식의 훈육을 거친다면 여러분 자녀는 결코 응석받이나 버릇없는 아이라는 소릴 듣지 않도록 자라날 것입니다.

07
일곱 번째 비결

좋은 부모는
좋은 대화 상대가 되기 위해 노력한다.

여러분은 자신이 자녀들에게 어떤 식으로 말을 하는가에 대해서 한 번이라도 생각해 본 적이 있습니까? 그러니까, 여러분의 주장이나 질문, 또는 표현에 대해 진지하게 생각해 본 적이 있느냐는 말입니다.

부모들이 자녀에게 하는 말은 대개가 "생활 용어"입니다. "이거 해라," "저거 해라," "옷 입어라," "씻어라," "장난감 치워라," "이 닦아라." 우리는 진정한 대화를 나누는 부모라기보다는 차라리 명령만 잔뜩 하달하는 훈련 담당 하사관에 더 가깝습니다. 그러니 우리 자녀들이 "부모의 말에 귀를 기울이지 않는 귀머거리"가 되는 것도 어찌 보면 당연한 일입니다.

만일 여러분 자녀의 뇌 속을 들여다 볼 수 있다면 어떨까요? 그러니까 여러분의 말이 자녀에게 입력되는 과정을 훤히 들여다 볼 수 있다면 말이지요. 우리의 메시지를 다른 사람에게 제대로 전달하기란 그리 쉬운 일이 아닙니다. 하물며 우리와 전혀 다른 각도에서 생각하는 아이들은 어떻겠어요? 우리가 무슨 말을 하든지, 그것은 언제나 다음의 여섯 가지 구성 요소를 갖추게 됩니다.

언어를 통한 대화의 여섯 가지 메시지

첫째는 여러분이 전달하고자 했던 메시지입니다 ― 여러분이 말하려고 했던 바로 그 메시지죠. 그것은 미리 생각해 둔 것일 수도 있고, 아니면 즉석에서 갑자기 나온 것일 수도 있습니다. 어느 쪽이든, 여러분이 의도했던 메시지가 제대로 전달되지 않을 가능성이 있습니다. 그래서 두 번째 메시지가 생기는데, 그것은 바로 여러분이 실제로 이야기한 내용입니다. 이제 자녀에게로 초점을 돌려 봅시다. 세 번째 메시지는 자녀가 실제로 들은 메시지입니다. 그리고 네 번째 메시지는 자녀가 정보를 거르고 처리하면서 나름대로 받아들인 메시지입니다! 이렇게 해서 오해의 소지는 점점 더 커져 버립니다.

다섯 번째 메시지는 문제를 훨씬 더 심각하게 만듭니다 ― 이것은 자녀 쪽에서 자신이 들었다고 말하는 메시지입니다. 자, 그럼 다시 여러분 쪽으로 초점을 돌려 볼까요? 여섯 번째 메시지는 여러분 쪽에서 자녀가 들었다고 말한 것처럼 받아들이는 메시지랍니다.

절망스럽다고요? 그렇지 않습니다. 오히려 이것을 통해 우리는 어째서 그토록 많은 대화들이 힘겹게 느껴지는가를 이해할 수 있습니다. 우리는 다른 사람들이 자기 말을 귀 담아 들어 주고 나아가 자신이 하는 말을 제대로 이해해 주기 바랍니다. "둘러대지 않고 이야기하는" 것은 정말로 중요한 목표지만, 그 목표를 달성하기란 결코 쉬운 일이 아닙니다. 그보다는 차라리 서로의 언어로 이야기하는 것이 더 쉬울 것입니다.

여러분은 자녀에게 다음과 같은 말을 얼마나 자주 합니까? "도대체 몇 번을 이야기해야 되겠어?" "그러게 내가 뭐라 그랬니?" "방금 내가 한 말 못 들었어?" 어쩌면 아이는 여러분의 말을 듣기는 들었지만 그것을 제대로 이해하지 못한 것일 수도 있습니다. 모든 사람은 제각기 다른 방식으로 정보를 받아들이니까요.

제7장에서 여러분은 좀 더 효과적으로 자녀와 대화를 나눌 수 있도록 도와줄 만한 지침들을 몇 가지 발견하게 될 것입니다. 그것들 가운데 몇 가지는 여러분도 이미 따르고 있는 지침들일 수 있고, 또 몇 가지는 아주 생소하게 들릴 수도 있을 것입니다.

여러분의 말에 주의하세요

여러분은 자녀에게 이렇게 물어본 적이 있습니까? "좀 얌전히 굴 수 없겠니?" 아마도 우리들 모두가 그런 말을 해봤을 것입니다. 그럼 이 질문에 대한 논리적 대답은 무엇일까요? "알았어요, 하지만 제가 정말로 원하는 건 이게 아니에요." 아무래도 여러분의 질문을 고쳐보는 게 좋을 것 같네요. "얌전히 군다"는 말을 자녀가 정말로 이해하고 있는지 곰곰이 생각해 볼 필요가 있습니다. 일부는 이해하고, 일부는 이해하지 못합니다. 어쩌면 이런 식의 질문을 아예 꺼내지 않는 편이 더 나을지도 모릅니다. 처음부터 명령을 하는 것이지요. 무엇보다도 이러한 질문은 조용한 순간에는 보통 하지 않는 법입니다. 대개는 여러분이 원하는 만큼 자녀가 얌전히 굴지 않는다는 이유로 좌절을 했을 때 이런 질문이 나오게 되어 있습니다. 이런 경우 좀 더 나은 접근 방법은 여러분이 기대하고 있는 행동을 분명하게 밝히는 것입니다: "이제 좀 얌전히 있었으면 좋겠어. 무슨 말이냐 하면……."

우리 모두가 사용해온 질문이 한 가지 더 있습니다: "이제 그만 좀 하지?" 하지만 그런 행동이 지속될 경우 자녀의 대답은 불을 보듯 뻔합니다! 다시 말하지만, 지금은 질문을 하기에 적당한 시간이 아닙니다. 자녀는 이런저런 행동들을 그만 두어야 하는지 말아야 하는지 결정짓는 사람이 아닙니다. 그것은 바로 여러분의 몫입니다. 여러분이 분명하게 말해야 합니다. "이제 그만 했으면 좋겠구나." 조용한 목소리로, 하지만 단호하게 이와 같이 말하는 것이 훨씬 더 좋은 결과를 가져올 것입니다.

얼버무리지 마세요

> 만일 토론이나 논쟁의 주제가 확실하지 않다면,
> 여러분의 요구를 질문 형으로 말하지 마세요.

"네가 지금 무슨 짓을 하고 있다고 생각하니? "라는 질문은 지금 벌어지고 있는 일이 무엇이든지 간에 그것을 끝까지 하라고 요구하는 것과도 같습니다. 해명이나 이유, 변명은 여러분이 정말로 원하는 게 아닙니다. 이런 질문을 하는 것은 전혀 쓸모없는 말다툼에 불과합니다. 이런 질문은 행동에 아무런 영향도 미치지 못하니까요. 만일 토론이나 논쟁의 주제가 확실하지 않다면, 여러분의 요구를 질문 형으로 말하지 마세요.

"네가 지금 내 화를 돋우는구나!" 이것은 질문이 아닙니다. 하지만 이 말이 과연 아이에게 무엇을 전달할지, 한 번 생각해 보십시오: 아이가 화를 돋울 수 있도록 여러분 스스로가 이미 허락을 했다는 뜻입니다. 따지고 보면 여러분은 아이에게 이런 말을 해온 거나 다름없습니다: "넌 정말 강한 아이야!" 이것이 진정 여러분이 원하는 것입니까? 절대로 아닙니다! 여러분이 진짜로 하고 싶은 말은 "네 행동 좀 고쳐야겠구나" 입니다. 하지만 자녀는 이것을 주요 메시지로 받아들이지 않습니다. 그러므로 이런 지경에 이르기 전에 먼저 여러분 자녀에게 확실히 말하는 것이 바람직합니다.

질문을 통해서 뭔가를 모호하게 전달하기 보다는 분명한 말로 표현하십시오. 그 편이 여러분이 원하는 대답을 좀 더 쉽게 받아낼 수 있는 방법입니다. 부모는 위의 질문들만 들어도 그것이 무엇을 의미하는지 잘 알 수 있지만, 아이가 그 말을 어떻게 받아들일지는 전혀 미지수입니다.[1]

여러분은 똑같은 질문이나 명령을 되풀이하는 일이 많은가요? 어떤 메시지를 반복적으로 전달하는 일은요? "네가 안 들었잖아," "네가 내 말에 귀를 안 기울였잖아," "네가 내 말을 이해하지 못했잖아" 하고 변명할 수도 있겠지요. 물론 얼마든지 가능한 일입니다. 하지만 그럼에도 불구하고, 자녀가 받아들이는 메시지는 전혀 다릅니다. "엄마가 무슨 말을 하더라도 첫 번째에 바로 대답할 필요는 없어."

아이들은 금방 기회를 포착합니다. 한 번은 어떤 아이가 친구에게 다음과 같이 말하는 걸 들은 적이 있습니다. "지금 꼭 안 가도 되잖아? 어차피 네 엄마가 전화할 텐데 말야." 그러자 그 친구가 이렇게 대답했습니다. "그래, 아직은 안 가도 돼. 엄마 목소리가 점점 커지고 엉덩이에 손을 갖다 대기 전까지는 괜찮아. 아마 다섯 번쯤은 똑같은 말을 되풀이하실 걸? 그때야 말로 진짜라고."

여러분은 자녀에게 어떤 어조로, 어떤 몸동작을 취하면서, 어떤 이야길 반복하나요? 그것이 정말 자녀에게 전달하고픈 메시지, 맞나요?

자녀가 이해할 만한 언어를 사용하세요

우리는 자녀에게 거침없이 말하는 경향이 있습니다. "시간이 우리에게서 도망치고 있어"라든가 "우리가 시간을 허비하고 있어"라든가 "우리 시간을 더 늘릴 필요가 있어" 등의 말들이 의미하는 바를 우리는 물론 잘 압니다. 하지만 우리 아이들은 과연 어떨까요?

이 문제에 대해서 자세히 논의해 볼 필요가 있습니다. 여러분은 자녀가 버릇없이 굴거나 늦장을 부렸을 때, 혹은 엉망진창으로 어질러 놓았을 때, "정말 고약한 아침이었어" 라는 말을 자주 하는 편입니까? 이런 말은 아침에게 비난의 말을 던지는 것이며, 자녀를 책임에서 해방시켜 주는 말입니다. 여러분이 던진 메시지는 아침에 벌어진 일들이 모두 아이의 통제권을 벗어난 일들이라는 뜻입니다. 그러므로 자녀에게 말을 할 때에는 정말로 여러분이 하고 싶은 말만 하세요.

그 외에도 아주 보편적인 유혹 한 가지가 있습니다. 부모라면 누구나 다 빠지게 되어 있는 유혹이지요. 자녀로부터 뭔가 정확하지 않은 것 같은 말을 들었을 때, 우리는 쉽사리 그것을 정정하거나 설명하거나 해명해 버리고 싶어집니다. 하지만 이 세 가지 유혹에 절대로 져서는 안 됩니다. 자녀의 말이 아무리 틀렸다고 생각되더라도 말입니다. 자녀의 말을 정정하거나 설명하거나 해명할 경우, 자녀들은 다음과 같은 메시지를 듣게 됩니다: "네가 틀렸어." 그렇게 되면 아이들은 더 이상 자신의 기분을 솔직하게 털어 놓고 싶지 않을 것입니다. 여러분은 자녀의 정확성을 판단해 주라고 부름 받은 존재가 결코 아닙니다. 바로 자녀의 감정에 귀를 기울이라고 부름 받은 존재인 것입니다.[2]

상투적인 표현을 사용하지 마세요

여러분은 상투적인 표현들을 모조리 알고 있습니다. 여러분 부모로부터 다 들어 봤기 때문이죠. "이게 다 너 좋으라고 하는 일이야," "너도 한 번 애 낳아서 길러 봐. 그러면 내 말이 무슨 뜻인지 알게 될 거다, " "언젠가는 너도 이 모든 지혜를 깨닫게 될 거야."

우리는 일반적이지 않은 결정들을 정당화하기 위하여 진부한 표현들을 많이 사용하는데요 — 왜 그런 것에 신경을 씁니까? 변명을 할 필요가 전혀 없습니다. 변명한다고 도움이 되는 것도 아니고요.

아이들은 흐리멍덩한 눈빛으로 여러분의 상투적인 표현에 대답을 안 할 수 있습니다. 어쩌면 여러분이 하는 모든 말에 눈과 입을 닫아버리고 있는지도 모릅니다. 그 말을 어제도 들었고, 오늘도 들었으며, 내일도 또 듣게 될 것입니다. 그러니 당연히 아무런 의미도 지니지 않게 되는 것이지요.

"아빠가 돌아오실 때까지 가만히 기다려라"나 "그만 울어, 안 그러면 벌 받을 줄 알아" 같은 표현은 어떤가요? 이런 말들이 진짜로 행동을 변화시킬 수 있을까요? 만일 여러분이 정말로 뭔가를 말하고 싶다면, 결과를 변화시킬 만한 신선한 방법으로 이야기해 보십시오.

여러분이 원하는 것을 명확하게 밝히세요

여러분은 자녀에게 뭔가를 부탁할 때 "…… 해줄 수 있겠니? "라는 표현을 사용해 본 적 있습니까? 아마도 그럴 겁니다. 우리 모두 마찬가지겠죠. 여러분의 의도는 자녀에게 어떤 임무를 완수하라고, 어떤 프로젝트를 완성하라고, 어떤 행동을 실천하라고 부탁하는 것입니다. 하지만 "…… 해줄 수 있겠니? "라는 표현을 사용할 경우, 그것은 자녀의 능력을 묻는 것과도 같습니다.

그러니까 자녀에게 도움을 요청하는 것이 아니라 능력을 조사하는 셈이 되는 것입니다. 이것은 결코 직접적인 표현이 못됩니다. 자녀의 승낙을 얻고 싶다면 차라리 "…… 하겠니? "라고 말하세요. 그것이 훨씬 더 명확한 요청입니다.[3] 그리고 요청을 할 때에는 "아니오"라는 대답도 얼마든지 수용할 수 있다는 사실을 확실히 해두세요. 그게 아니라면 절대 요청하지 마세요 — 차라리 명령을 내리세요!

자녀의 학습 유형에 맞추려고 노력하세요

여러분은 자녀에게 이런 질문을 해본 적이 있습니까? "도대체 몇 번 씩 얘기해야겠니?" "내가 방금 뭐라고 했니?" "내가 방금 한 말 못 들었어?" 아이는 아마도 여러분 말을 들었을 것입니다. 듣기는 들었으되, 그 말을 제대로 이해하지 못한 것이겠지요. 왜냐하면 사람들은 저마다 다른 방식으로 정보를 받아들이게 되어 있으니까요.

때때로 우리 부모들은 방금 자기가 한 말이 자녀에게 제대로 전달되지 않은 것 같을 때 좌절감을 느끼곤 합니다. 그런 경우 우리에게 필요한 것은 무엇일까요? 바로 우리의 표현 방법을 조금 바꾸어 보는 것입니다. 아이들의 학습 유형에 맞추어서 말입니다.

정보를 받아들이는 방법에는 주로 세 가지가 있습니다. 우리 모두는 그 세 가지 방법을 아주 다양하게 사용하고 있는데요, 보통은 그 중 어떤 한 가지를 가장 빨리 배우게 됩니다. 여러분은 이것들 가운데 어떤 학습 유형에 속하나요? 여러분 자녀는 어떤 유형에 속할 것 같은가요?

어떤 사람들은 청각적인 유형에 속합니다. 이런 유형에 속하는 사람들은 가르침을 귀로 들어야 가장 잘 배우며, 단어의 소리를 형성함으로써 — 즉 정보를 반복함으로써 — 가장 잘 기억합니다.

또 어떤 사람들은 시각적인 유형에 속합니다. 이런 사람들은 눈으로 보고 읽어야 가장 잘 배우며, 어떤 것을 기억하기 위하여 강력한 시각적 조합을 이용합니다.

세 번째로는 운동 감각적인 유형이 있습니다. 이런 유형에 속하는 사람들은 소재와 신체적으로 연루될 때 가장 잘 배웁니다. 또 그들은 자신이 배우고 있는 것과 관계를 맺을 수 있는 기회가 주어질 때 가장 잘 기억합니다.

자녀가 사용하는 언어에 귀를 기울이세요

다른 사람이 말하는 것을 잘 들어 보세요. 그 사람이 자주 사용하는 단어들을 통해서 그 사람의 학습 유형을 알 수 있습니다.

시각적인 유형에 속하는 사람들은 다음과 같은 표현들을 자주 사용합니다:

- 네가 무슨 얘길 하는지 알겠다(see).
- 그거 괜찮아 보인다(look).
- 지금 당장은 이것에 대해 명확히 말할 수 없어(clear).
- 아직은 이것에 대해 조금 혼란스러워(hazy).
- 아이고, 그 사람들이 질문을 던지는 순간 눈앞이 캄캄해지더라고(blank).
- 그거야말로 이 문제에 새로운 빛을 비춰주는군(light).
- 내 의도가 뭔지 알아(see)?

한편, 청각적인 유형에 속한 사람들은 다음과 같은 용어들을 자주 사용합니다:

- 나도 그것에 공감해(ring).

- 그거 정말 괜찮게 들리는데? (sound)
- 알았어(hear).
- 네 말을 이해하려고 노력하는 중이야(tune).
- 이 새로운 아이디어 좀 들어봐(listen).
- 생각 좀 해 봐야 해(ask).
- 그 아이디어가 나랑 딱 맞네(click).

그리고 운동 감각적인 유형에 속한 사람들은 다음과 같은 표현들을 많이 사용합니다:

- 난 이걸 이해할 수가 없어(get a handle).
- 이 프로젝트에 대한 느낌이 아주 좋은 걸(get a good feeling).
- 내가 하는 말이 와닿니? (get in touch)
- 그 사람들이 하는 말을 따라잡긴 쉬워(flow).
- 네가 뭘 하려는 건지 도대체 모르겠어(grasp).
- 정말 힘든 상황이야(heavy).

자녀가 사용하는 말들을 귀 담아 들어보세요. 좋은 부모는 이것이야말로 자녀와 가장 효과적인 방식으로 대화할 수 있는 단서임을 잘 압니다.

아이들은 저마다 다릅니다. 어떤 아이들은 말을 할 때 온갖 정보와 세부 사항들까지 부풀려서 말하길 좋아합니다. 마치 한 편의 장편 소설을 쓰는 것처럼 말이죠. 그런 아이들은 자칫 굉장히 자세한 일들까지 보고함으로써 부모를 조종하려 들 수도 있습니다. 반면에, 여러분의 자녀가 요점이나 최종 결과만 간추려서 말하는 아이라면, 여러분이 원하는 정보를 요점만 간단히 전달하는 데 뛰어날 것입니다. 혹여 여러분이 말을 잘못 전달하더라도, 아이 쪽에서 여러분의 말을 정정해 줄 것입니다. 그런 아이들의 경우, 아이에게 꼭 필요할 것 같은 온갖 정보들이 사실은 전혀 필요치 않습니다. 그러니 조금만 제공하십시오. 그런 후에 뭔가가 더 필요하다면 직접 요청하게 하십시오. 이렇게 요점만 간추려서 이야기하는 아이들과 대화를 나눌 때에는, 여러분 역시 열 마디 미만의 문장을 사용하려고 노력해야 합니다. 그건 어쩌면 힘든 도전일 수 있습니다. 하지만 그렇게 함으로써 좀 더 나은 결과를 맞이할 수 있을 것입니다.

어떤 아이들은 생각하거나 대화를 나누는 방식이 이른바 "곧은 화살"처럼 정직합니다. 그런 아이들은 최종 결과만 간추려서 이야기하는 것도 좋아하고, 일어난 일을 연속적으로 묘사하는 것도 좋아합니다. 만일 여러분의 사고방식이나 대화 방식이 장황하게 떠들어대는 "만담가" 유형에 속한다면 (그리고 그 사고방식이나 대화 방식에 별다른 게 전혀 없다면), 곧은 화살 유형의 아이는 자칫 이야기 방향을 놓쳐 버릴 수 있습니다. 만담가들은 흔히들 이야기를 시작할 때 자신의 주제를 정확히 밝히지 않는 경우가 많기 때문입니다. 또한 만담가들은 자신의 생각이나 문장을 제대로 완성하지 못하고 끝맺는 경우도 많습니다. 그러니 한참 동안 다른 이야기를 떠들다가 주제로 되돌아가는 일도 다반사지요. 물론 만담가들끼리는 서로를 쉽게 이해하고 마음도 잘 통합니다. 하지만 곧은 화살은 이야기 방향을 놓쳐 버리고 그만 좌절하게 됩니다. 만일 자녀가 만담가라면, "모든 가능성에 대해 생각해 보자"라는 말을 자주 사용하도록 노력하세요. 곧은 화살과 달리, 만담가들은 이런 제안을 받고 움츠러드는 게 아니라 오히려 힘을 얻게 되니까요.[4]

여러분이 어떤 유형에 속하든지, 자녀의 유형에 맞추어 귀를 기울이는 일은 얼마든지 가능합니다.

말을 무기로 사용하지 마세요

이 세상에 태어난 사람은 누구나 인류 역사상 가장 강력한 무기들 가운데 하나인 입을 가지고 있습니다. 그러면 이 무기의 탄약은 무엇일까요? 바로 말입니다. 성서는 말이 지닌 힘에 관하여 여러 차례 언급하고 있습니다:

> 말을 부리려면, 그 입에 재갈을 물립니다. 그래서 우리는 말의 온몸을 끌고 다닙니다. 보십시오, 배도 그렇습니다. 배가 아무리 커도, 또 거센 바람에 밀려도, 매우 작은 키로 조종하여, 사공이 마음먹은 곳으로 끌고 갑니다. 이와 같이, 혀도 몸의 작은 부분이지만, 큰 일을 할 수 있다고 자랑합니다.
>
> 보십시오, 아주 작은 불이 굉장히 큰 숲을 태웁니다. 그런데 혀는 불이요, 불의의 세계입니다. 혀는 우리 몸의 한 부분이지만, 온 몸을 더럽히고, 인생의 수레바퀴에 불을 지르고, 마지막에는 혀도 지옥불에 타 버립니다.
>
> 들짐승과 새와 기는 짐승과 바다의 생물들은 어떤 종류든지, 모두 인류가 길들여서 다스리고 있습니다. 그러나 사람의 혀는 누구도 길들일 수 없습니다. 혀는 걷잡을 수 없는 악이요, 죽음에 이르게 하는 독으로 가득 찬 것입니다. 우리는 이 혀로 주 아버지를 찬양하기도 하고, 또 이 혀로 하나님의 형상대로 지으심을 받은 사람들을 저주하기도 합니다. 또 같은 입에서 찬양도 나오고, 저주도 나옵니다. 나의 형제자매 여러분, 이래서는 안 됩니다! (야고보서 3장 3~10절)

> 너도 말이 앞서는 사람을 보았겠지만, 그런 사람보다는 오히려 미련한 사람에게 더 바랄 것이 있다. (잠언 29장 20절)

생명을 사랑하고, 좋은 날을 보려고 하는 사람은 혀를 다스려서 악한 말을 하지 못하게 하며, 입술을 다물어서 거짓말을 하지 못하게 하여라. (베드로전서 3장 10절)

경우에 알맞은 말은, 은쟁반에 담긴 금사과다. (잠언 25장 11절)

아이들은 말로 부모를 찌르는 방법을 금방 배웁니다. 말을 무기로 사용하여 부모의 대답을 바꾸거나 자기 방식대로 조종합니다. "싫어요!" "안 할래요!" "인색해요!" "불공평해요!" "엄만 나쁜 엄마예요," "정말 바보 같아요," "상관없어요," "엄마 뜻대로 안 될 걸요," "새 부모님이 있었으면 좋겠어요," "정말 미워요."

이런 말들이 우리에게서 이끌어내는 것은 무엇일까요? 분노, 두려움, 좌절감, 죄책감, 무력감입니다. 여러분은 부모 자리를 박탈당하는 것 같은 심정, 일주일간 자녀를 다른 나라로 배 태워 보내는 것 같은 심정, 누가 진짜 책임자인가를 자녀에게 보여 주고 싶은 심정이 될 것입니다. 그럼에도 불구하고 화가 난 바로 그 순간, 여러분은 자신의 감정적 대응을 검토해 보고 그것이 타당한 것인지 아닌지를 판단할 만한 기회를 얻게 됩니다.

> 아이들은 말로 부모를 찌르는 방법을 금방 배웁니다.
> 말을 무기로 사용하여 부모의 대답을 바꾸거나
> 자기 방식대로 조종합니다.

나는 농어 낚시꾼입니다. 농어의 반응을 불러일으키기 위해서 나는 가짜 미끼나 플라스틱 벌레, 혹은 후림 미끼를 던집니다. 농어가 몇 번

씩이고 미끼를 무는 것은 배가 고파서가 아니라 자기 영역을 침범 당한 것 같은 위협을 느끼기 때문입니다. 현명한 농어라면 내가 내미는 미끼를 무시하고 절대 물지 않겠죠. 농어가 계속해서 미끼를 무시하면 그 자리에서 철수합니다. 마치 이 농어처럼, 여러분 역시 미끼를 무시해버리고 문제 해결에 도움이 될 만한 방식으로 대응하는 쪽을 선택할 수가 있습니다.

〈자녀와 부모의 권력 투쟁〉이라는 책에서 저자는 자녀가 말로 공격을 해올 때마다 다음과 같이 대응하라고 가르쳐 줍니다: "그만해라, 그건 협박이야. 나도 네 말이 아주 중요하다고 생각해. 하지만 네가 그런 식으로 말한다면 더 이상 듣지 않을 거야. 내가 귀 기울여 들을 수 있도록 좀 더 설득력 있게 이야기할 수 있잖아."[5]

어떤 부모는 이렇게 말하더군요. "나도 그렇게 이야기할 수 있었으면 좋겠어요. 하지만 일단 화가 나면 감정적인 반응부터 앞서고 말아요. 누가 책임자인가를 아이에게 가르쳐 주고 싶어지고요."

그래서 난 이렇게 대답했습니다. "그러니까 결국은 아이의 감정이 부모의 반응을 결정짓는 셈이군요. 안 그런가요? "

"예, 그런 것 같네요."

"누가 책임자인지를 아이에게 알려 주고 싶다고요? "

"예, 그래요."

"하지만 아이가 부모의 행동을 결정짓도록 허용해 주고 있잖아요? 누가 진짜 책임자인가요? "

착각하지 마세요. 자녀에게는 이 질문의 대답이 너무나도 확실할 테니까요!

아이들만 부모에게 말로 상처를 입히는 것은 아닙니다. 여러분은 아이들에게 어떤 식으로 말하는 편인가요? 다음의 성서 구절들을 되새겨

보세요. 많은 도움이 될 것입니다:

- 함부로 말하는 사람의 말은 비수 같아도, 지혜로운 사람의 말은 아픈 곳을 낫게 하는 약이다. (잠언 12장 18절)
- 좀처럼 성을 내지 않는 사람은 매우 명철한 사람이지만, 성미가 급한 사람은 어리석음만을 드러낸다. (잠언 14장 29절)
- 입과 혀를 지킬 수 있는 사람은 역경 속에서도 자기의 목숨을 지킬 수 있다. (잠언 21장 23절)
- 너도 말이 앞서는 사람을 보았겠지만, 그런 사람보다는 오히려 미련한 사람에게 더 바랄 것이 있다. (잠언 29장 20절)

혼잣말에 주의하세요

날마다 우리는 자기 자신과 끊임없는 대화를 나눕니다. 예, 괜찮습니다. 혼잣말을 한다고 해서 이상한 사람이나 멍청한 사람은 아니니까요. 오히려 혼잣말을 하는 것은 아주 정상적인 행동입니다.

하지만 여러분은 다음과 같은 요인들을 스스로 판단할 수 있습니다:

- 여러분의 감정 — 분노나 우울, 죄책감, 불안 같은 — 은 대부분 혼잣말에서 비롯되고 혼잣말 때문에 증가하는 건가요?
- 여러분이 자녀에게 어떤 식으로 행동하느냐 하는 것도 자녀의

행동 자체가 아니라 여러분의 혼잣말에 의해 결정되나요?
- 여러분이 하는 말이나 말하는 태도도 혼잣말을 직접적으로 표현하는 것인가요?

혼잣말은 여러분 스스로에게 말하는 것입니다 — 여러분 자신과, 자녀와, 여러분의 경험과, 과거와, 미래와, 하나님에 관하여 여러분 스스로에게 말하는 것입니다.

혼잣말 혹은 내적 대화는 감정이나 느낌도 아니고 태도도 아닙니다. 하지만 반복적인 혼잣말은 태도와 느낌, 가치관, 신념으로까지 발전합니다.

여러분의 생각은 거의 대부분이 자동적인 것들입니다. 본인도 모르는 사이에 생각이 의식 속으로 아주 부드럽게 미끄러져 들어오는 것이죠. 대부분의 생각들은 여러분의 기억과 경험들이 저장되어 있는 창고에서 자극을 받아 생겨납니다. 이 저장소는 여러분이 가장 관심을 기울이고 있는 일들로 가득 차 있습니다.

성서는 생각하는 삶에 대하여 많은 것들을 들려줍니다. 성서에는 '생각하다' (think), '생각했다' (thought), '마음을 쓰다' (mind)라는 단어가 삼백 번도 넘게 등장합니다. 잠언 23장 7절에는 이렇게 기록되어 있습니다: "무릇 그 마음의 생각이 어떠하면 그의 사람됨도 그러하니."

성서는 생각의 출처가 곧 우리 마음이라는 말을 자주 들려줍니다:

- 의인의 마음은 대답할 말을 깊이 생각하지만, 악인의 입은 악한 말을 쏟아낸다. (잠언 15장 28절)
- 그러나 입에서 나오는 것들은 마음에서 나오는데, 그것들이 사람을 더럽힌다. 마음에서 악한 생각들이 나오는데, 곧 살인과 간

음과 음행과 도둑질과 거짓 증언과 비방이다. (마태복음 15장
18~19절)

하나님께서는 우리의 생각을 잘 알고 계십니다: "사람의 행위는 자기 눈에는 모두 깨끗하게 보이나, 주께서는 속마음을 꿰뚫어 보신다"(잠언 16장 2절). 그렇다면 우리의 생각은 어떨까요? 여러분은 자신의 내부에서 일어나는 것들과 자기가 말하는 것들 사이의 관계를 알고 있나요? 모든 관계를 건강하게 유지하기 위해서는 이것을 확실히 알아야만 합니다.

기쁜 소식이 있습니다: 그것은 우리의 생각이 성령의 통제 하에 놓일 수 있다는 것이지요. 베드로전서 1장 13절 말씀을 보면, 마음을 굳게 먹고 정신을 차리라고 적혀 있습니다. 이것은 우리가 부모의 역할을 수행하는 동안 조금이라도 발전을 저해할 만한 요소가 있다면 마음에서 완전히 몰아내라는 정신적 훈계입니다. 하나님께서는 다음과 같은 일에 집중하라고 말씀하십니다: "마지막으로, 형제자매 여러분, 무엇이든지 참된 것과, 무엇이든지 경건한 것과, 무엇이든지 옳은 것과, 무엇이든지 순결한 것과, 무엇이든지 사랑스러운 것과, 무엇이든지 명예로운 것과, 또 덕이 되고 칭찬할 만한 것을, 이 모든 것을 여러분은 골똘히 생각하십시오"(빌립보서 4장 8절).

부모들이 자주 질문하는 것들 가운데 하나는 이것입니다: "제가 변해야 한다는 건 잘 알아요. 저도 변하고 싶다고요. 하지만 어떻게 해야 하는지를 잘 모르겠어요. 선생님은 그게 가능한 일이라고 말씀하셨죠? 좋아요, 어떻게 가능한 거죠?"

여러분은 이와 같은 질문을 던진 것만으로도 충분히 멋진 출발을 하신 겁니다. 근본적인 대답은 바로 노력입니다. 노력을 기울이십시오. 그러면 변화가 일어날 것입니다. 다음과 같은 단계들을 밟아 보세요:

1. 대화 일지를 기록하세요. 자녀와 나눈 대화들 가운데 골치 아팠던 내용을 일지에 적어 보세요. 무엇이 잘못되어가고 있는지를 알 수 있을 것입니다.

2. 여러분은 자녀에게 어떤 식으로 말하나요? 어떤 유형이 따로 있나요? 말을 너무 많이 하나요, 아니면 너무 적게 하나요? 여러분의 문제는 정말로 문제가 될 만한 것들인가요? 혹시 여러분의 부모님이 했던 말과 똑같지 않나요?

3. 녹음기를 사용해 보세요. 기본적인 대화를 한 번 녹음해 보세요 — 등교 직전이나 하교 직후에, 식사하기 직전이나 직후에, 혹은 잠자리에 들기 직전이나 직후에 말이죠. 어떤 점을 깨달았나요?

4. 자녀가 지금 막 발달시키기 시작한 성격적 특징들 가운데 특별히 걱정되는 점이 있나요? 아이가 무언가에 집착하고 있나요? 걱정되는 점을 기록해 두고, 누구에게 도움을 청할 것인지 한 번 생각해 보세요.

5. 여러분과 자녀가 대화를 나누는 동안 주변 사람들은 어떻게 느꼈는지, 망설이지 말고 과감하게 물어 보세요. 어쩌면 맘에 들지 않는 대답을 듣게 될 수도 있습니다. 하지만 진짜로 변화하고 싶다면, 신뢰할 만한 주변 사람들의 견해를 적극적으로 받아들이세요.

6. 이 책을 처음부터 다시 한 번 읽고, 여러분의 삶에 변화를 가져올 수 있다고 여겨지는 제안이 있으면 모두 다 기록하십시오. 앞으로 한 달 동안 매일 이 제안들을 큰 소리로 낭독하십시오. 그리고 여기에 새로운 유형의 응답이 필요하다면, 기록해 놓고서 큰 소리로 읽으십시오. 그러면 자신의 새로운 표현을 듣는 데에도 금방 익숙해질 것입니다.

변화는 얼마든지 가능합니다. 하지만 인내가 필요합니다 — 하룻밤 사이에 대화 방식이나 양육 형태를 발전시킬 수는 없습니다. 좋은 부모로 성장할 수 있도록 지혜를 주시고 인도해 주실 것을 하나님께 간구해 보세요. 하나님의 도우심을 힘입어 성공을 거둘 수 있을 것입니다.

08
여덟 번째 비결

좋은 부모는
경청과 타이밍이라는 도구를
어떻게 사용해야 하는지 잘 안다.

좋은 부모가 자녀에게 줄 수 있는 가장 멋진 선물들 가운데 하나
는 바로 자녀의 말을 귀 담아 들어주는 것입니다. 야고보서 1장
19절 말씀과 같이, 우리는 언제든지 귀 기울여 들을 수 있는 준비를 갖
추고 있어야 합니다. "누구든지 듣기는 빨리 하고, 말하기는 더디 하고,
노하기도 더디 하십시오." 아마도 부모와 자녀 사이보다 이 말씀이 더
중요한 의미를 지니는 경우도 없을 것입니다.

경청은 타인에게 베푸는 법을 가르쳐주는 정신적 의미의 선물입니다.
잠언에는 다음과 같은 말씀이 기록되어 있습니다. "듣는 귀와 보는 눈
— 이 둘은 다 주께서 지으셨다"(잠언 20장 12절). 자녀의 말에 귀를 기
울일 때 여러분은 다른 어떤 방법으로도 줄 수 없는 중요한 느낌, 희망,
사랑을 자녀에게 안겨줄 수 있습니다. 경청을 통해서 우리는 다른 사람
들의 느낌을 촉진시킬 수도 있고 확인할 수도 있습니다. 특히 그 사람이
생의 위기에 처해 있다면 더더욱 그렇겠지요. 다음과 같은 성서 말씀들
을 묵상해 보세요:

- 주님, 주님께서 나의 간구를 들어주시기에, 내가 주님을 사랑합
  니다. 나에게 귀를 기울여 주시니, 내가 평생토록 기도하겠습니
  다. (시편 116편 1~2절)
- 다 들어보지도 않고 대답하는 것은, 수모를 받기에 알맞은 어리

석은 짓이다. (잠언 18장 13절)

- 송사에서는 먼저 말하는 사람이 옳은 것 같으나, 상대방이 와 보아야 진실이 밝혀진다. (잠언 18장 17절)
- 오만한 사람이 벌을 받으면 어수룩한 사람이 깨닫고, 지혜로운 사람이 책망을 받으면 지식을 더 얻는다. (잠언 21장 11절)
- 네가 나를 부르면 내가 너에게 응답하겠고, 네가 모르는 크고 놀라운 비밀을 너에게 알려주겠다. (예레미야 33장 3절)
- 누구든지 듣기는 빨리 하고. (야고보서 1장 19절)

그렇다면 귀 담아 듣는다는 건 무엇을 의미할까요? 그냥 듣는 것은요? 이 둘 사이에 무슨 차이점이 있을까요? 듣는다는 건 여러분의 목적을 달성하기 위해 내용이나 정보를 획득하는 것을 의미합니다. 한편 귀 담아 듣는다는 건 자녀에게 관심을 갖고서 자녀의 말에 공감하는 것을 의미합니다. 듣는다는 건 대화를 나누는 동안 여러분 내부에서 진행되는 것에 초점을 맞추는 것을 의미합니다. 한편 귀 담아 듣는다는 건 자녀의 느낌을 이해하기 위하여 노력하면서, 자녀의 입장이 되어 귀를 기울이는 것을 의미합니다. 여기에는 아주 커다란 차이가 있습니다. 아이들은 이 둘의 차이점을 귀신 같이 알아챕니다!

> 귀를 기울인다는 건 자녀에게 관심을 갖고서
> 자녀의 말에 공감하는 것을 의미합니다.

경청이 진짜로 의미하는 것은 다음과 같습니다:

1. 경청은 아들딸의 얘기가 끝나기 전에는 절대로 먼저 말을 하지 않겠다고 다짐하는 것입니다. 어떻게 대답할 것인지를 궁리하느라 바빠서도 안 됩니다. 자녀가 하는 말 그 자체에 집중해야 합니다. 그리고 잠언 18장 13절에 있는 말씀을 실천에 옮기세요: "다 들어보지도 않고 대답하는 것은, 수모를 받기에 알맞은 어리석은 짓이다."

2. 경청은 자녀의 얘기를 그 내용이나 태도에 대해 아무런 비판도 가하치 않고 완전히 받아들이는 것입니다. 자녀가 말하는 어조나 사용하는 단어들이 맘에 들지 않는다고 해서, 일일이 대응을 하다 보면 자녀가 말하는 의미를 놓쳐 버리고 말 것입니다 ― 그렇게 되면 자녀 쪽에서도 자연히 우리의 화를 돋울 만한 어투를 사용하게 되겠지요! 어쩌면 자녀가 제대로 이야기를 전달하지 못할 수도 있습니다. 하지만 일단은 다 들어주고 난 후에 좀 더 적합한 단어나 어조에 관하여 논의해 보는 것이 어떨까요? 자녀의 메시지를 최우선의 자리에 두세요; 대화의 수단에 관해서는 나중에 논의하세요. 자녀의 이야기를 인정한다고 해서 전적으로 동의하는 것은 아니니까요.

3. 경청은 자녀의 얘기를 듣고 그대로 되풀이할 수 있는 것, 그리고 자녀가 이야기하는 동안 어떤 느낌이었을지 말해줄 수 있는 것입니다. 진정한 경청은 자녀의 느낌과 견해에 관심을 지니는 것, 그리고 자녀의 입장에서 그 감정들을 이해하려고 노력하는 것입니다. 그렇게 할 때에 우리는 긍정적인 방식으로 관계를 맺을 수 있습니다.

경청은 누구나 배울 수 있는 기술입니다. 좀 더 예민하게 듣도록 여러분의 마음과 귀를 훈련시킬 수 있습니다; 여러분의 눈 역시 좀 더 명확히 보도록 훈련시킬 수 있습니다. 또한 여러분은 눈으로 듣는 방법과 귀로 보는 방법까지 익힐 수가 있습니다. 예수께서는 다음과 같이 말씀하셨습니다: "그래서 내가 그들에게 비유로 말한다; 그들은 보아도 보지 못하고, 들어도 듣지도 못하고 깨닫지도 못한다. 이사야의 예언이 그들에게서 이루어지는 것이다. '너희가 듣기는 들어도 깨닫지 못하고, 보기는 보아도 알아보지 못할 것이다; 이 백성의 마음은 무디어지고, 귀는 듣지 못하고, 눈은 감겼다. 이는 그들이 눈으로 보고 귀로 듣고 마음으로 깨달아 그들이 다시 돌이켜 내게 고침을 받을까 염려 된다' (마태복음 13장 13~15절)."

여러분의 귀로 듣고 보세요.

여러분의 눈으로 보고 들으세요.

사람들이 귀를 기울이는 데에는 여러 가지 이유가 있습니다. 어떤 부모들은 자기에게 유용한 사실, 정보, 세부사항들을 확보하기 위하여 귀담아 듣습니다. 또 어떤 부모들은 사람 자체에게 연민을 느껴 귀를 기울입니다. 그런가 하면, 다른 사람의 실패나 문제들에 관한 흥미진진한 이야기에 푹 빠져서 소문에 귀를 기울이는 사람들도 있습니다. 때로는 의무감이나 필요성 때문에, 혹은 공손히 행동하느라 귀 담아 들어 주는 사람도 있으며, 그저 남의 일에 참견하는 게 좋아서, 끊임없이 남의 삶 속에 파고들어 꼬치꼬치 조사하느라 귀를 기울이는 사람도 있습니다.

하지만 좋은 부모는 관심 때문에 귀를 기울입니다.

더러는 이렇게 묻는 사람도 있습니다: "가만히 귀를 기울이고 있으면, 상대방이 끝도 없이 말을 늘어놓는 것 같아요. 어째서일까요? " 아마도 처음에는 그럴 것입니다. 하지만 여러분이 계속해서 완벽하게 침묵을 지킨다면, 자기 말만 늘어놓던 상대방도 이제 그만 물러서야 할 때라는 긴장감을 느끼게 될 것입니다.

어째서 우리는 자녀의 말을 귀 담아 듣는 것일까요? 일단은 그렇게 하도록 교육과 훈계를 받았기 때문입니다. 하지만 우리가 자녀의 말을 경청해야 하는 데에는 다음과 같은 다섯 가지 기본적인 이유가 있습니다:

1. 자녀를 이해하기 위해서
2. 자녀를 즐겁게 해주기 위해서
3. 자녀로부터 뭔가를(그들의 학습 언어 같은 것) 배우기 위해서
4. 자녀에게 도움이나 원조나 위로를 주기 위해서
5. 자녀를 향한 우리의 사랑을 보여주기 위해서

대화의 보편적 장애물

대화에 관심을 갖고 귀를 기울이려면, 대화를 가로막는 보편적인 장애물이 무엇인지 알고 있어야 합니다.

그 중 하나는 방어 자세입니다. 자녀의 얘기를 들으면서 논박이나 변명, 이견 거리를 생각해 내느라 바쁠 경우, 정작 자녀의 메시지는 놓쳐버리고 말 것입니다. 그렇게 되면 다른 문제들이 잇따라 발생하겠지요.

방어적인 대응에는 여러 가지가 있습니다. 우리는 다음과 같이 조급한 결론에 도달할 수도 있습니다. "괜찮아, 네가 지금 무슨 말을 하려는지 나도 잘 알거든. 이전에도 우린 이 문제를 쭉 겪어 왔잖아. 흔히 있는 문제지, 뭐." 하지만 이번에는 그런 문제가 아닐 수도 있습니다. 정확히 알아내게 될 때까지는 지긋이 기다리십시오.

우리는 자녀의 말 속에서 자신의 기대를 읽어 내는 일도 있으며, 심지

어는 똑같은 상황에서 우리가 할 말을 자녀에게 투사하는 일도 있습니다. 이런 태도는 진정한 경청이 아닙니다. 자녀는 결코 여러분이 아닙니다. 모든 걸 다 알고 있다고 착각하지 마세요; 확실히 이해할 수 있도록 노력하세요.

경청은 타인의 말을 그저 듣고만 있는 게 아닙니다 — 자녀의 이야기에 지대한 관심을 갖고서 귀 담아 듣는 것입니다. 아이들은 이야기 자체보다도 태도를 통해서 더 많은 것들을 보여 주는 경우가 많습니다. 그러므로 우리는 자녀의 이야기뿐만 아니라 전 인격체에 귀를 기울여야만 합니다. 귀를 기울이려면 먼저 상대방에게 마음 문을 활짝 열어 주어야 합니다: 언어뿐만 아니라 느낌과 태도, 관심까지도 마음 문을 열고 받아들여야 합니다. 경청이란 자녀가 들려주는 이 모든 것들에 기꺼이 응답할 수 있는 자세를 의미합니다.

경청은 사랑의 표현입니다. 경청은 자녀의 이야기를 진지하게 받아들일 수 있을 정도로 관심을 보여주는 것입니다. 자녀의 말을 사랑으로 들어줄 때, 자녀는 여러분 삶의 귀중한 손님이 될 것입니다.

여러분이 귀 담아 듣고 있다는 사실을 알면, 아이도 여러분에게서 신뢰와 안도감을 느낄 것입니다. 아이의 말을 귀 담아 들어줄 때, 여러분은 아이 삶의 귀중한 손님으로 초대 받게 될 것입니다. 여러분을 본받아, 아이 역시 여러분의 이야기를 마음 문 열고 들어줄 것입니다.

경청과 듣기는 엄연히 다르다는 사실을 명심하세요. 듣기의 목표는 본인의 목적을 위해 내용이나 정보를 얻는 것입니다. 이런 경우에는 자녀와 대화를 나누는 동안에도 여전히 자기 내면에서 벌어지는 일들에만 초점을 맞추게 됩니다. 자신의 대답과 생각, 느낌에만 집중하게 되는 것이지요.

우리는 자녀와 대화를 나눌 때 경청을 잘 하는 부모가 되려고 합니다.

자녀에게 관심을 기울이고, 자녀의 말에 공감하는 부모가 되고 싶어 합니다. 그리고 자녀의 말에 귀를 기울일 때 우리는 자녀의 생각과 느낌을 이해하려고 애를 쓰게 됩니다. 우리 자신이 아니라 순전히 자녀를 위해서 귀를 기울이는 것이죠.

훌륭한 경청은 침묵과 함께 시작됩니다. 심지어는 자녀가 뭔가를 잘 못했을 경우에도, 아이의 말을 귀 담아 들을수록, 현 상황을 이해하는 데 도움이 될 만한 정보를 좀 더 많이 확보할 수 있습니다. 알고 보면 여러분이 짐작한 것과 전혀 딴판인 경우가 많습니다! 어린 아이일수록, 여러분에게 원하는 것은 비평과 거리가 멉니다. 여러분은 쉽사리 생각을 말로 옮길 수 있지만, 학령기 이전의 아이들에게는 굉장히 어려운 일입니다. 아이의 말을 대신 끝맺어 준다거나, 빨리 얘기하라고 재촉하지 마세요. 어린 아이들에게는 자신을 표현할 수 있는 시간을 아주 충분히 제공해 주어야만 합니다.

아이가 어떤 문제나 비판적인 관심거리에 관하여 털어 놓을 경우, 그 즉시 충고를 던져서는 안 됩니다. 질문하는 방법을 익히세요. 그러면 결국에는 훨씬 더 많은 것들을 알아내게 될 것입니다. 다양한 연령의 자녀들에게 적용할 수 있는 예들을 몇 가지 들어보기로 하지요:

- 그 일을 했을 때 네 마음은 어땠니?
- 그것 말고 다른 행동을 취할 수 있다고는 생각해보지 않았니?
- 일이 이런 식으로 끝나길 원했니, 아니면 …… ?
- 좀 더 나은 해결책은 무엇이었을 거라고 생각하니?
- 이 일을 해결하기 위해 무엇을 할 수 있다고 생각하니?
- 네가 나라면 지금 어떻게 하겠니? [1]

접촉과 응시를 통한 대화

이것 말고도 — 말없이 — 매우 효과적으로 대화를 나누는 방식이 있습니다. 우리는 말 한 마디 없이도 얼마든지 대화를 나눌 수 있습니다. 접촉과 포옹은 그 어떤 말보다도 많은 것들을 전달해 줍니다. 우리 집 정신지체아 아들, 매튜는 스물 두 살의 나이로 사망했을 당시 겨우 18개월짜리 지능 밖에 안 되었습니다. 우리는 매튜를 자주 사랑으로 어루만지고 포옹해 주었습니다. 하지만 그럼에도 불구하고 매튜는 몇 년 동안 한 번도 우리를 마주 안아준 적이 없었습니다. 그저 일방적인 애정 표현이었을 뿐이죠. 그런데 매튜가 열다섯 살이 되면서부터 발달과 훈련에 뭔가 변화가 일었습니다. 일 년에 한두 번씩은 우리가 포옹해 주는 동안 두 팔을 뻗어서 마주 안아왔던 것입니다. 어떻게 보면 그리 큰일도 아니었지만, 우리에게는 엄청난 의미가 있었습니다. 여러분도 가정에서 절대 포옹을 건너뛰지 마세요.

> 아이들과 대화를 나눌 때에는 반드시 눈을 들여다보고 얘기하세요.
> 한 번의 윙크라 할지라도
> "사랑해"라는 말을 충분히 대신해 줄 수 있습니다.

여러분의 눈도 아이와 접촉하는 통로가 될 수 있습니다. 아이들과 대화를 나눌 때에는 반드시 눈을 들여다보고 얘기하세요. 한 번의 윙크라 할지라도 "사랑해"라는 말을 충분히 대신해 줄 수 있습니다. 여러분의 눈은 침묵 가운데 사랑의 언어를 전달해 줍니다. 비밀스런 신호를 한 번 고안해 보세요. 여러분의 가족만 알아챌 수 있도록 특별한 메시지를 전달해줄 아주 독특한 방법을 말이죠.

대화 시간을 정해 두세요

잠언 15장 23절에는 이런 말씀이 기록되어 있습니다: "적절한 대답은 사람을 기쁘게 하니, 알맞은 말이 제 때에 나오면 참 즐겁다." 하루 중 언제 자녀와 대화를 나누느냐는, 자녀와 어떻게 대화를 나누느냐 만큼 이나 중요할 수 있습니다. 하루 중에서 자녀와 대화를 나누기에 가장 적합한 시간은 언제일까요? 자녀가 가장 좋은 반응을 보여주는 것은 언제 일까요? 언제 아이가 가장 행복할까요? 가장 슬플 때는요? 언제 아이가 가장 편안한 휴식을 취할까요? 대부분의 아이들은 "상처 입은" 시기가 바로 그런 순간입니다.

그럼 "상처 입은" 시기란 무엇일까요? 그것은 아이가 신체적, 감정적 상처를 입은 채로 여러분에게 다가오는 시간입니다. 그런 위기의 순간에 여러분이 어떻게 반응하느냐에 따라서 아이는 독립심을 키울 수도 있고 의존심을 키울 수도 있습니다. 예를 들어, 여덟 살짜리 자녀가 스케이트를 타다가 무릎에 생채기가 났을 경우, 여러분은 뭐라고 말할 겁니까? 다음의 네 가지 가능성이 있습니다:

"어휴, 가엾기도 해라. 이 쪼그만 무릎에 상처가 났구나. 자, 집에 들어가서 자리에 눕자. 그럼 엄마가 네 무릎을 치료해 줄게. 잠깐 쉬고 있으면, 네가 가장 좋아하는 과자를 갖다 줄게." 이런 반응을 통해서 아이는 어떻게 해야 관심을 끌 수 있는지, 어떻게 해야 특별한 대우를 받을 수 있는지 배우게 됩니다.

"넌 참 바보 같구나. 엄마가 말했잖아, 스케이트를 타기엔 너무 어리다고 말이야. 집에 가면, 저 스케이트는 치워둬라. 좀 더 균형을 잘 잡을 때까지 기다려야 돼. 다음번에는 엄마 말 좀 잘 들어." 이런 반응은 아이에게 무력감을 안겨주기에 딱 좋습니다.

"오, 얘야, 걱정하지 마라. 이건 네 잘못이 아니니까. 스케이트가 최상 품이 아니었던 거야. 저 바보 같은 보도에 계속 날카로운 소리를 내면서 부딪치잖니. 시청 사람들은 저런 것도 안 고쳐 주고 도대체 뭘 하는 거야? 이제 스케이트는 타지 마라." 이 불쌍한 아이는 주변의 것들을 비난하는 방법만 배우게 됩니다. 스스로 책임지는 방법은 전혀 배우지 못하고 말입니다.

"조던, 그저 조금 긁혔을 뿐이야. 일단 밴드를 붙여 줄게. 나중에 목욕할 때 깨끗이 씻도록 하자. 돌아가서 스케이트 더 타. 처음 배울 때에는 누구나 다 넘어진단다. 나도 물론 그랬었고. 한 번은 며칠 동안이나 최악의 사태까지 갔었지. 넌 지금 아주 잘하고 있는 거야. 이제 곧 넘어지지 않고 탈 수 있을 거야."

이런 식의 반응은 매우 현실적이고, 사건에 대한 통찰력을 그대로 유지하고 있습니다. 이것은 아주 커다란 가르침을 주는 반응이며, 좋은 부모가 취해야 할 태도를 제대로 실천한 본보기입니다.[2]

식사 시간도 대화하기에 알맞은 시간입니다. 그렇습니다. 식사 시간은 야단법석이 될 수도 있고, 즐거운 시간이 될 수도 있습니다! 조금만 노력을 기울여서 계획을 짠다면, 식사 시간이야말로 가족이 토론을 벌일 수 있는 좋은 기회가 될 것입니다. 어떤 가족은 이런 말을 하더군요: "우린 일주일에 네 번 내지 다섯 번 정도는 저녁식사를 함께 하려고 노력한답니다. 식탁에서는 텔레비전을 봐서도 안 되고, 비디오 게임을 해서도 안 돼요. 전화기도, 초인종도, 무선 호출기도, 모두 꺼 놓아야 하지요. 먼저 식탁을 떠나서도 안 돼요. 우린 대화를 나누거나, 때로는 그 날 있었던 중요한 일들을 서로에게 말해 준답니다. 또 어떤 때는 접시 바닥에 몇 가지 질문들을 붙여 놓았다가, 한 사람씩 자기 접시에 붙어 있는 걸 물어보기도 하죠. 우린 규칙도 정해 두었어요. 한 사람이 이야기하고 있는 동안에는 그 누구도 방해해서는 안 된다는 것이에요."

또 어떤 가족은 세 아들과 함께 하나의 전통을 세웠습니다. 한 달에 한 번씩 아침식사 시간을 이용하여 원탁에 둘러 앉아 토론을 하는 것이죠. 저마다 5분씩, 요즘 자기 삶에서 벌어지고 있는 일들과 그것에 대한 자신의 느낌을 이야기합니다. 아무런 방해도 없이 말이죠. 자기 순서가 끝나고도 5분이 더 필요한 사람은 얼마든지 연장할 수 있습니다. 그 시간은 온전히 자기 자신만의 시간이니까요.

많은 시간을 함께 나누세요

특별히 대화 시간으로 정해둔 때가 아니라도 온 가족이 자발적으로 모여 관계를 이루는 순간들이 있습니다. 아침도 가능하고, 차로 이동 중일 때도 가능하며, 방과 후나 잠자리에 드는 시간도 가능합니다.

아침에는 보통 어떤 얘기들을 나누나요? 여러분이 아침에 처음으로 건네는 말은 긍정적이고 유쾌한 인사인가요, 아니면 침울한 임무 위주의 명령인가요? 아침 시간에 벌어지는 대화는 그 날 하루의 분위기를 좌우하는 중요한 요인입니다. 아침마다 여러분은 다음과 같은 명령이나 불평을 늘어놓기 쉽습니다:

"교과서 빼먹었네."

"이러다 또 늦겠다."

"코트 입으라고 엄마가 아침마다 이야기해야만 하겠니? "

"아침 먹어라. 힘을 써야 하잖아."

똑같은 메시지를 전달하더라도 좀 더 다른 방법으로 대화를 나눌 수 있는 길이 있습니다. 이렇게 얘기해 보세요:

　"피아노 위에 네 교과서 있더라. 지금 현관문 옆에 갖다 둘 수도 있을 텐데 말이야."

　"시계 좀 볼까? 오늘은 우리 모두 안 늦겠네."

　"일기 예보를 봤는데, 오늘 추워질 거라고 하더구나. 난 따뜻한 재킷을 입을 생각인데, 넌 뭘 입을 거니? "

　"졸려 보이는구나. 아침을 잘 먹으면 정신 차리는 데 도움이 될 거야."

　차를 타고 이동하는 시간도 양질의 대화를 나눌 수 있는 기회입니다. 아주 짧은 시간이라도 가족 모두가 같은 방향으로 이동하는 일은 거의 드문 일이지요. 무슨 이유에선지, 아이들은 차 안에서 부모에게 말을 더 잘 하는 것 같습니다. 특히 라디오가 켜져 있고, 손에는 게임기가 들려 있고, 이어폰 없이 시디플레이어로 음악을 들을 때 말이지요.[3]

　자녀가 친구와 함께 있을 때, 그 때도 부모가 귀를 기울이고 아이에 대해 알아내기 딱 좋은 기회입니다. 아이는 부모가 마치 보지 못하는 것처럼 친구와 대화를 나눕니다. 나중에 아이와 함께 이야기해 보아야 할 만한 일이 있거든 메모를 해 두세요. 만일 적절하다고 판단될 때에는 자녀와 친구의 대화에 끼어들어도 좋습니다.

　방과 후 처음 4분 동안 여러분과 자녀가 나누는 대화를 한 번 떠올려 보세요. 그것이 저녁 전체의 분위기를 좌우할 수 있습니다. 우선은 이 때가 자녀와 대화를 나누기에 아주 적합한 시간이라는 사실을 직시하십시오. 어떤 아이들은 대화를 나누기 전에 먼저 휴식을 취하면서 과자라도 먹어두는 게 좋습니다. 직장에 다니는 부모가 막 집에 돌아오면 긴장을 풀고 쉬어야 하는 것처럼, 아이에게도 재충전의 시간이 필요한 거죠.

　처음에는 아이가 할 말이 거의 없는 것처럼 보이기도 할 것입니다. 어떤 부모는 이런 불평을 하더군요. "제가 '오늘은 어땠어? ' 하고 물으면 '좋았어' 나 '괜찮았어' 나 '지루했어' 라는 대답 밖에 안 돌아와요. 또

'오늘은 뭘 했니? ' 하고 물으면 '이것저것' 이나 '아무 것도' 라는 대답만 하지요."

사실 이 아이는 간단한 질문에 간단히 대답했을 뿐입니다. 이런 경우에는 뭔가 창의적인 방법으로 질문하는 게 더 좋습니다. 예를 들면, 이것저것 심문하기보다 차라리 아이를 유심히 관찰하는 겁니다. "오늘은 좀 피곤해 보이는구나," "오늘은 아주 특별한 일이 있었던 것 같네," "좀 침체된 것 같아 보이는데." 좀 더 구체적인 질문을 던지는 것도 대화의 장을 열기 좋은 방법입니다: "오늘은 (미술, 사회 시간에) 어떤 걸 배웠니? " "오늘 (과학, 쓰기, 수학) 시험은 어떻게 치렀니? " 이 때 반드시 신체적 접촉을 해야 합니다![4]

잠자리에 드는 시간도 아이가 긴장을 풀고, 낮 동안에는 말하지 않으려 했던 것들을 쉽사리 털어 놓을 수 있는 좋은 기회입니다. 사실, 아이들은 잠자리에 들기 전 10분 정도만 귀를 기울여 주더라도, 원래 의도했던 것보다 더 많은 이야기들을 술술 털어 놓기 마련이지요! 바로 이 때 아이 침대 맡에 앉아서 다음과 같이 질문하면 딱 좋습니다. "오늘 좋았던 순간들은 언제야? 가장 좋았던 일은? 나빴던 순간은 언제였니? " 그런 다음 부모는 자녀와 함께 기도를 함으로써 아주 특별한 방식으로 하루를 마감할 수 있습니다. 자녀의 하루를 사랑과 희망의 언어들로 마무리해 주는 것이지요.

자녀가 모든 걸 다 털어 놓을 수 있는 시간을 마련해 주세요

대화에는 여러 가지 요소들이 따릅니다. 이야기도 대화에 속하고, 침묵도 대화에 속합니다. 이야기 내용은 보통 부모와 자녀 간의 대화에서 가장 중요한 부분이 됩니다. 하지만 때로는 침묵이 아주 좋은 요소가 되기도 합니다. 침묵은 반성을 하거나 정서적으로 친밀감을 느낄 수 있을 만한 시간을 벌어 주기 때문입니다. 하지만 어떤 때는 침묵이 오히려 부정적인 역할을 할 수도 있습니다. 여러분과 자녀 사이에 미처 말하지 못한 것들이 있을 수도 있다는 생각을 해본 적 있습니까? 어쩌면 여러분은 부모의 입장에서 하고 싶은 말들을 모두 다 할 수 있으며 또 여태껏 그래왔다고 생각할지도 모릅니다. 그렇다면 여러분의 자녀는 과연 "어떤 것이라도" 털어 놓을 수 있을까요? 아이가 모든 걸 다 털어 놓을 수 있도록 허락 받았다는 느낌을 갖고 있을까요? 여러분은 아이의 행동이나 아이가 만들고, 그리고, 쓴 작품들만큼이나 아이의 인격 자체에도 충분히 관심을 기울이고 있나요?

> 하루에 5분씩 한 아이하고만 시간을 보내 보세요.
> 그 누구와도 함께 있지 말고, 아무런 방해도 없이,
> 일대일로 말입니다. 매일 한 아이도 빼놓지 마세요.

〈내가 뭐라고 했어?〉의 저자는 모든 부모와 자녀들이 하루에 5분씩 시간을 내서 솔직하고 열정적인 대화를 나누어야 한다고 주장하였습니다. 어떻게 보면 5분은 그리 긴 시간이 아닌 것처럼 여겨질지도 모릅니다. 어쩌면 이미 5분이나 그 이상의 시간을 들여 대화를 나누는 부모도 있을 것입니다. 하지만 우리의 실태는 어떤가요? 문제는 대개가 쫓기듯이 대화를 나누기 일쑤라는 데 있습니다. 그것도 한꺼번에 두세 가지 일을 하면서 말이죠. 여러분이 마지막으로 자녀와 마주 앉아 얼굴을 맞대고 대화를 나눠본 게 언제인가요? 텔레비전도 안 켜져 있고, 컴퓨터도 안 켜져 있고, 게임기도 안 켜져 있고, 음식도 안 차려져 있는 상황에

서 — 오로지 두 사람만 마주 앉아 눈과 눈을 마주 보며 이야기한 게 언제 적 일인지 기억하십니까? 아마도 그런 기억을 떠올리기조차도 힘든 부모들이 많을 것입니다. 그렇다면 여러분이 앞으로 할 수 있는 일들을 가르쳐 드리지요:

하루에 5분씩은 한 아이하고만 시간을 보내 보세요. 그 누구와도 함께 있지 말고, 아무런 방해도 없이, 일대일로 말입니다. 매일 한 아이도 빼놓지 마세요. 그리고 그 시간만큼은 다른 어떤 행동도 진행하지 못하도록 막으세요. 그 시간만큼은 아이가 무엇이든지 터놓고 얘기할 수 있도록 허락해 주세요. 여러분은 듣고만 있어야 합니다 — 말을 하거나, 도중에 방해하거나, 아이의 말을 고쳐 주어서도 안 됩니다. 여러분이 할 일은 그저 귀 담아 들어주는 것, 이해해 주는 것, 그리고 아이가 얘기하면서 스스로 어떻게 느끼고 있는지를 확인해 보는 것뿐입니다. 어째서 이런 걸 하냐고요? 아무런 비용도 들이지 않고, 그저 짧은 시간을 할애함으로써, 여러분과 아이가 규칙적인 토대 위에 관계를 맺을 수 있고, 고요한 효과를 불러일으킬 수 있으며, 공개적이고 정직한 대화를 나눌 수 있고, 두 사람의 관계가 좀 더 가까워질 수 있기 때문입니다.

이 일을 시작할 때에는 아이에게 앞으로 매일 둘이서 특별한 시간을 갖게 될 것이라고 알려 주세요. 그리고 이 시간에는 어떤 생각이나 느낌도 거리낌 없이 이야기하라고, 여러분은 그저 경청하고 있겠다고 말해 주세요. 어쩌면 아이가 이 시간에 대해 약간의 저항이나 재치 있는 의견을 내보일 수도 있을 겁니다. 그래도 괜찮습니다. 괜히 그런 것 갖고 다투지 마십시오. 그저 한 번 시도해 보세요.

이 때에는 규칙을 따르는 게 아주 중요합니다. 개인적인 시간이란 말의 의미는, 이 시간이 오직 여러분의 자녀에게만 속해 있다는 것입니다. 화장실도, 전화도, 무선 호출도, 다른 아이들도, 배우자도, 강아지도 —

그 어떤 것도 여러분의 주의를 끌어선 안 됩니다. 이 시간은 오직 일대일로 이루어져야 합니다. 아빠와 엄마가 각자 한 아이씩 데리고서 이야기를 나눠야 합니다. 얼마든지 가능한 일입니다. 내 친구 중에는 지난 몇 년 동안 매주 다섯 아이들과 각각 하루에 한 시간씩 개인적인 시간을 보낸 사람이 있습니다. 그 가족에겐 기적과도 같은 일이었죠.

매일 5분씩 시간을 내는 건 필수입니다. 만일 시간을 뺄 수 없다면 바로 그 다음 날 보충하도록 하세요. 만일 직장에 붙들려 있는 상황이라면 두 번째 작전으로 넘어갈 수도 있습니다 — 전화로 대화를 나누는 것이지요. 하지만 이 경우에도 똑같은 규칙이 적용됩니다 — 아이가 원하는 대로 죄다 털어 놓을 수 있게 하는 것이지요. 단, 게임이나 외출했던 일에 대해 시시콜콜 보고하는 건 피하도록 하세요 — 그냥 아이의 기분이 어떤지만 물어봐 주세요. 이것은 절대 민주적인 과정이 아닙니다! 아이에게 5분을 준다고 해서 부모에게도 똑같이 5분을 주는 것이 결코 아닙니다. 이해 받고 칭찬 받아야 할 사람은 바로 아이입니다 — 여러분 역시 이해 받고 칭찬 받아야 마땅하지만, 그것을 충족시켜 줄 사람은 자녀가 아닙니다.

만일 아이가 5분 동안 그저 여러분과 조용히 앉아 있고 싶어 할 경우엔 그렇게 해도 괜찮습니다. 아이가 생각을 하는 동안 방해하지 마세요. 아이는 맘속으로 여러분에게 이야기를 하고 있는지도 모릅니다. 어떤 아이들은 입을 열기까지 며칠 혹은 몇 주일이 걸리기도 합니다. 그러니 침묵을 말로 채우려고 애쓰지 마세요. 이 시간은 아이가 이제껏 꾹꾹 참아온 것들을 모조리 털어 놓는 시간입니다. 물론 이 때 아이의 태도는 공손해야 합니다.[5]

긍정적인 말로 칭찬해 주세요

어떤 부모들은 사명감에 불타는 것 같습니다. 그들은 아이가 뭔가 잘못을 저지르거나, 명령에 불복종하거나, 부모의 말에 잘 따르지 않을 때 붙잡아 주라고 부름 받은 사람처럼 행동합니다. 이런 부모의 눈에는 그런 것들만 보입니다. 또한 이런 부모들은 채 드러나지도 않은 잘못을 가지고 아이를 호되게 나무라기 일쑤입니다. 하지만 이런 식의 접근 방법은 자녀의 실수를 더욱 더 부추기고, 똑같은 실수를 계속해서 되풀이하도록 만들 뿐입니다.

나는 골든 리트리버를 두 마리 키우고 있습니다. 그 개들은 아주 훌륭한 가족입니다. 나는 시간과 관심을 쏟아가면서 그 개들을 돌봐주고 훈련시킵니다. 셰필드와 아스펜은 밖에 나가 신문을 찾아서 물어옵니다. 우린 버려야 할 물건이 있을 때 그것을 마룻바닥에 떨어뜨리거나 던지면서 "쓰레기"라고 말합니다. 그러면 셰필드나 아스펜 중 한 마리가 그것을 집어물고 쓰레기통에 갖다 버립니다. 또 나는 셰필드가 자기 밥그릇을 서랍에서 빼내올 수 있다고 장담합니다. 셰필드는 침실로 달려 들어가, 서랍을 끌어 당겨 열고는, 나에게 밥그릇을 가져다줍니다. 그리고는 다시 돌아가서 자기 먹이 가방을 가져옵니다. 나는 아스펜을 데리고 나갈 때 가죽 끈을 묶지 않습니다. 아스펜은 내 왼쪽에 바짝 붙어서 반 마일 정도를 함께 걷습니다. 나는 "따라와!"라는 말을 자주 합니다. 그러면 그렇게 하도록 훈련을 받아온 아스펜이 나를 따라옵니다. 아스펜과 셰필드는 결코 초능력 개가 아닙니다; 단지 훈련을 받은 것뿐이지요. 어떻게 훈련시켰냐고요? 뭔가를 잘 해내지 못했을 경우, 아무 말도 없이, 그저 반복해서 시도했을 뿐입니다.

개들이 뭔가를 잘 해냈을 경우엔 그것에 대해 칭찬해 주었습니다 — 최고야! 나는 개들에게 칭찬의 말을 건네주거나, 쓰다듬어 주거나, 배를 쓸어주거나, 머리를 토닥여 줬습니다. 어떤 면에서는 사람도 이 개들과 아주 흡사합니다. 뭔가를 잘 해냈을 때에는 그것에 대해 칭찬해 줄 필요가 있습니다 ― 최고야! 그리고 실수를 저질렀을 경우엔 그것에 대해 꼬치꼬치 따지면서 상황을 악화시키지 말고, 차라리 다음번에는 어떤 식으로 다르게 행동해야 할 것인지에 초점을 모으세요.

우리 모두는 자신의 존재와 행동에 대해서 칭찬을 받기에 마땅합니다. 칭찬은 중요한 존재라는 느낌을 안겨줍니다. 조시 맥도웰은 칭찬의 중요성에 대해 다음과 같이 설명합니다:

지극히 짧은 말 한 마디가 삶에 어떤 개념이나 원칙을 안겨줄 수 있다는 것은 참 재미있는 일이다. 나는 아이들을 무조건적으로 칭찬해 주는 일에 열중하였다. 하지만 아이들을 칭찬해 주는 방법을 배우기 위해서는 엄청난 노력이 필요했다. 그렇다고 그동안 아이들이 한 행동에 대해 한 번도 칭찬을 안 해 준 것은 아니다; 다만 아이들이 잘못한 일들을 모두 확실히 고친 다음에야 비로소 칭찬을 해주었던 것이다. 당연히 아이들은 실수를 하기 마련이므로, 잘못을 찾아내기란 너무나도 쉬웠다. 그리고 아이들은 나의 관심을 끌기 위한 가장 좋은 방법은 뭔가 실수를 저지르는 것이라는 사실을 직관적인 능력으로 깨닫고 있었다. 그것은 나에게 너무나도 심각한 문제였다.

그동안 나는 한편으로는 아이들을 칭찬해 주려고 노력하면서도, 다른 한편으로는 아이들의 잘못을 고쳐주려고 애썼다. 그러니 종종 스스로가 정신분열증 환자처럼 여겨졌다고 해도 전혀 이상한 일이 아니다! 하지만 내가 강조점을 뒤바꿔 버린 바로 그 순간부터 모든 것이 변했다. 아이들이 잘못한 일에 집중하는 대신, 잘한 일을 찾아내려고 의식적인 노력을 기울이기 시작하였다. 나의 새로운 목표는, 매일 한 아이에게서 적어도 두 가지씩은 칭찬할 만한 일을 찾아내는 것, 그리고 내가 찾아낸 것들에 대해서 아이에게 확실히 칭찬을 해 주는 것이었다.

아이들이 나의 "갑작스런 변화"를 알아챘는지 어쨌는지는 잘 모르겠다. 하지만 나 자신은 확실히 알고 있었다. 나의 육아관이 송두리째 변해 버린 것이다.

나는 집안을 둘러보다가 켈리가 공부하고 있는 모습을 발견하고는 잠깐 멈춰 서서 이렇게 말했다. "얘야, 네가 공부하는 방법을 칭찬해 주고 싶구나." 또 선이 쓰레기를 치우고 있는 모습을 발견하면 잠깐 멈춰 서서 이렇게 말했다. "선, 잊지 않고 쓰레기를 치워 줘서 고마워."

나는 어린 케이티가 장난감을 치우고 있는 모습을 보고서도 다음과 같이 말했다. "케이티, 우리 예쁜이, 네 장난감을 잘 간수하는 걸 보니 아빠는 정말로 고맙구나."

그와 동시에 나는 아이들 모두를 공동 장소에 — 예를 들면 우리 집 거실에 — 불러 모아놓고 아이들 한가운데 서서 "칭찬의 시간"을 가지려고 애썼다. 이때는 큰 소리로 얘기할 필요가 전혀 없었다. 다만 의식적으로 딱 3분 동안만 멈춰 서서 스스로에게 다음과 같은 질문을 던지면 되는 것이었다. 지금 당장 아이에 대해 얼마나 많은 칭찬거리를 찾아낼 수 있을까? 그런 다음 마음속으로 네 명의 아이들에게 각각 칭찬할 만한 점들을 열다섯 내지는 스무 가지씩 열거해 보려고 애썼다. 그리고 결국은 한 아이 당 네 가지 혹은 다섯 가지씩 고마운 점을 발견하였다. 그것도 언제나 스스로 정해 놓은 3분이 채 끝나기도 전에 그 일을 해내곤 하였다.

이런 자그마한 훈련이 나에게 큰 깨달음을 주었다. 아이들에게 감사해야 할 게 너무나도 많다는 사실을 깨달은 것이다. 그래서 나는

적절한 시간에 칭찬을 해줄 수 있도록 계속해서 준비를 하고 있었
다. 여러분도 알다시피, 아이들에게 칭찬할 만한 일을 찾아내는 건
전혀 어려운 일이 아니다; 문제는 여러분이 본 것을 아이들에게 소
리 내어 말할 수 있도록 — 아이들이 노력한 일들에 대해서 솔직하
게 칭찬을 해줄 수 있도록 — 여러분 자신을 훈련하는 일이다.[6]

아이들에게 행동 수정을 요청할 때 여러분이 따라야 할 원칙이 한 가
지 더 있습니다. 부정적인 표현보다는 긍정적인 표현을 사용하세요. 부
모들은 툭하면 아이에게 어떤 행동을 그만 두라고 말하기 일쑤입니다.
대개의 부모들이 지니고 있는 제2의 천성인 것 같습니다. 여러분은 아
이에게 다음과 같은 말들을 한 적이 있습니까? "고양이에게 그런 식으
로 거칠게 구는 짓은 그만 뒀으면 좋겠다." "이젠 그만 좀 얘기했으면
좋겠는데." "나랑 말씨름하는 것 좀 그만 뒀으면 좋겠다."

꼭 이런 말들이 아니더라도, 여러분 나름대로 "네가 그만 뒀으면 좋겠
다"는 식의 표현 목록이 분명히 있을 것입니다. 이런 식의 표현이 강조
하는 것은 부정적인 의미입니다. 어떤 일이 벌어지는 것을 여러분 쪽에
서 원하지 않는다는 것입니다. 이제부터는 그만 두라는 말 대신 아이에
게 바라는 것들에 대해 이야기하세요: "고양이에게 친절하고 따뜻하게
대해 줬으면 좋겠구나." "이제 조용히 좀 해줬으면 좋겠는데." "지금은
닌텐도 게임 하지 말고 내가 말한 대로 실천해 줬으면 좋겠다."

> 아이와 어떤 식으로 대화를 나누느냐에 따라 아이와의 관계를
> 변화시킬 수 있습니다. 그리고 아이와 대화를 나누는 방법이야 말로
> 아이의 행동을 수정할 수 있는 긴 여정의 출발점이 될 것입니다.

어떤 부모가 이렇게 묻더군요. "노먼, 행동 수정 요청을 그런 식으로 바꿨는데도 여전히 논쟁을 벌이게 될 때가 많아요. 아이가 제 말에 저항하거나 불복종하거든요. 자긴 컴퓨터 게임을 계속 하고 싶으니까, 그만 하라는 제 말을 따르고 싶지 않다는 거예요." 과연 이 부모가 아이에게 뭐라고 이야기할 수 있을까요? 여러분이라면 뭐라고 말하겠습니까?

게임을 계속하겠다는 아이의 욕구를 인정해 줄 수 있겠죠. 하지만 그런 다음에는 같은 말을 되풀이하는 접근 방법을 사용해야 합니다. 예를 들면 이런 식으로 말하는 거죠: "게임을 계속하고 싶은 네 마음은 이해해. 하지만 난 네가 교회 갈 준비를 좀 했으면 좋겠구나." 그 말에 대해 아이가 어떤 식의 반응을 보이던 간에, 조용하고 부드러운 목소리로 되풀이해서 말하세요. "이제 나와서 교회 갈 준비를 했으면 좋겠구나." 이 때, 아이가 하고 싶은 일이 아니라 여러분이 원하는 일에 초점을 맞춰서 "…… 했으면 좋겠구나" 라는 표현을 사용할 줄 알아야 합니다. 다시 말하지만, 이유는 설명해 주지 마세요. 놀랍게도, 아이는 여러분의 말에 따를 것입니다.

아이와 어떤 식으로 대화를 나누느냐에 따라 아이와의 관계를 변화시킬 수 있습니다. 그리고 아이와 대화를 나누는 방법이야말로 아이의 행동을 수정할 수 있는 긴 여정의 출발점이 될 것입니다. 이 장에서 소개한 원칙들 가운데 몇 가지를 골라서 직접 시험해 보세요.

09
아홉 번째 비결

좋은 부모는
아이의 정서에 관심을 기울인다.

우리는 날마다 다양한 감정들을 경험합니다. 호기심에서 놀라움까지, 행복에서 분노까지, 기쁨에서 절망까지 — 때로는 이런 감정들이 순식간에 뒤바뀌기도 합니다. 우리는 감정을 조절할 수 있는 방법들을 배웠습니다. 하지만 우리 아이들에게는 감정이란 게 매우 혼란스러운 것으로 여겨질 수가 있습니다.

> **감정은 아이의 삶에 전반적으로 영향을 미칠 수 있습니다.**

좋은 부모는 잘 압니다. 우리 성인들이 종종 감정에 지배를 당하는 것처럼, 아이의 삶 역시 매 순간마다 감정의 영향을 받는다는 것을 말입니다. 감정은 마치 여섯 번째 감각이라도 되는 것처럼, 아이의 욕구를 살피고, 선과 악을 깨닫게 해주며, 성장과 변화에 필요한 동기와 힘을 부여해 줍니다. 감정은 아이에게 삶을 위한 힘과 추진력을 제공해 줍니다. 감정은 아이가 자기 자신과 타인을 이해할 수 있도록 도와주기도 하고, 위험에 처했을 경우엔 — 경계가 무너졌다거나 권리를 침해당했을 경우 — 아이에게 경고를 해주기도 합니다. 나아가 감정은 아이가 자신의 가치관을 확립할 수 있도록 도와주기도 합니다. 감정은 아이의 삶에 전반적으로 영향을 미칠 수 있습니다.

성서는 감정에 관하여 여러 가지 말씀을 들려줍니다. 창세기부터 요한계시록까지, 성서 전체를 통해서 우리는 하나님의 감정과 그분께서 창조하신 남자, 여자, 아이들의 감정을 읽게 됩니다. 성서에 따르면, 그리스도께서도 사랑과 열정, 기쁨, 두려움, 슬픔, 실망, 좌절, 절망, 상처, 거부, 외로움, 분노 등등 온갖 감정들을 경험하고 또 표출하셨습니다. 하나님께서는 당신의 형상대로 우리를 창조하실 때에 우리에게 마음과 의지와 감정을 주셨습니다. 우리들 가운데에는 이러한 감정들을 지나치게 의식하는 사람도 있고 반대로 거의 감지하지 못하는 사람도 있습니다. 감정은 긍정적일 수도 있고 부정적일 수도 있으며, 유쾌할 수도 있고 고통스러울 수도 있습니다; 우리는 감정을 인정할 수도 있고 무시할 수도 있습니다. 우리는 감정을 건설적인 방향으로 이용할 수도 있고, 감정이 우리를 지배하도록 내버려 둘 수도 있습니다. 감정은 우리 마음대로 선택할 수 없습니다. 하지만 우리는 감정을 어떻게 표현할 것인지, 감정에 어떤 식으로 대처할 것인지를 선택할 수 있습니다. 아이들은 이렇게 선택할 수 있기까지 건전한 방법들을 배워 익혀야 합니다. 그리고 가장 좋은 방법은 역시나 부모가 모범을 보여 주는 것입니다.

어떤 아이들은 자신의 감정을 이해하고, 소중히 여기고, 대처하는 방법을 죽어도 배우지 못합니다. 그들은 건전하지 못한 감정적 습관들이 가져오는 결과와 맞서 싸우고 그 결과들을 극복하기 위해 애쓰면서 시간을 모두 허비해 버립니다. 그리하여 많은 아이들이 정서 장애자로 성장하게 됩니다. 이로 인해 갖가지 광범위한 문제가 발생하는데, 이 문제들은 아이의 삶을 복잡하게 만들고, 하나님께서 원래 의도하셨던 대로 아이가 책임감 있는 건전한 성인으로 자라나지 못하게 계속해서 방해합니다.

우리는 자기의 감정을 일일이 다 깨달을 수 없습니다. 하지만 감정을 무시하는 것은 심각한 문제를 불러일으킵니다. 아이들의 경우는 특히나 더 그렇지요.

아이가 자신의 감정에 대처할 수 있도록 도와주는 일은 굉장히 훌륭한 일입니다. 아이가 자신의 감정에 대처하는 방법을 배우냐 못 배우냐, 그것은 그 아이가 얼마나 행복한 성인으로 자라날 것인가를 좌우합니다.

우리 집 아이들은 아주 어린 시절부터 건전한 정서적 태도를 발달시킬 수 있었습니다. 부모의 입장에서 우리는 아이들에게 말해 주었습니다. 가족이 있는 자리에서 감정을 경험하고 표출하는 것이 가장 안전하다는 사실을요. 우리는 아이들이 자기 감정을 표현할 만한 단어들을 제공해 줄 수 있으며, 감정을 경험하는 것과 표출하는 것이 어떻게 다른가를 가르쳐줄 수 있습니다. 또한 우리는 아이들이 발달시켜야 할 일종의 습관들을 형성해 주는 정서적 성장을 위해 목표를 세워 줄 수도 있습니다.

정서에 관한 한, 여러분의 자녀가 무엇보다도 절실히 원하는 것은 바로 무조건적인 사랑 — 아무리 부모라 하더라도 때로는 제공하기 어려운 사랑 — 입니다. 아이가 사랑받고 있다는 느낌을 가질 수 있도록 도와주려면, 여러분의 말보다 행동에 신경 써야 합니다. 언어적 표현은 아이들보다 성인에게 더 많은 의미를 부여해 줄 수 있습니다. 부모는 정서적으로, 그리고 행동을 통해서 아이에 대한 사랑을 전달해 주어야 합니다. 자신이 무조건적인 사랑을 받고 있다고 느낄 경우, 아이는 지도와 교훈, 훈육을 훨씬 더 잘 받아들일 것입니다.

무조건적인 사랑이란 아이의 장점이나, 능력이나, 외모나, 버릇이나, 결점이나, 인격적인 특색과는 전혀 상관없이, 그리고 아이의 인상이나 행동과도 전혀 상관없이, 아이를 사랑하는 것을 의미합니다.

아이들의 정서는 민감한데다가 연약하기까지 합니다. 여러분의 자녀는 자신을 둘러싼 세계에 대해서 어떤 식으로 첫인상을 받았을까요? 바로 자신의 느낌을 통해서입니다. 마치 정서적인 안테나를 지니고 있는 것처럼 말이지요. 이것은 부모가 그 무엇보다도 자녀의 감정적 욕구를 우선적으로 돌봐 주도록 부름 받은 존재라는 사실을 의미합니다.

아이처럼 생각하세요 — 감정적으로

여러분의 자녀가 여러분처럼 생각할까요? 아닙니다. 유치원이나 초등학교에 다니는 아이들이 마치 성인들처럼 문제를 해결하고 자기 감정에 대처할 만한 능력을 지니고 있을까요? 아닙니다. 그런데도 우리는 툭하면 아이가 그럴 수 있기를 기대합니다. 아이는 우리처럼 이성적이지도 못합니다. 그런데도 우리는 아이에게 어떤 일을 시키기 위하여 성인의 이유를 제시하고 어째서 그것이 효과가 없는지 의아해하곤 합니다.

여러분은 사랑 받지 못하고 있다는 느낌을 받은 적이 있나요? 때로는 그런 날도 있었을 겁니다. 하지만 그렇다고 해서 여러분이 전혀 사랑 받지 못하고 있다는 결론을 내리지는 않았죠? 그런데 아이들은 정말로 그런 결론을 내리고 맙니다.

아이들은 뭔가를 잃어 버렸을 경우, 그것이 영원히 사라져 버렸으며 그것을 대신할 만한 것은 결코 없으리라고 믿어 버립니다.

아이들은 지금 당장 케이크를 먹을 수 없을 경우, '앞으로 영원히 먹지 못할 거야' 라고 생각해 버립니다.

아이들은 리틀 리그 경기에서 안타를 치지 못했을 경우, 앞으로도 절대 안타를 치지 못할 것이라고 믿어 버립니다.

이것이 아이다운 생각입니다. 부모들의 생각과는 다릅니다. 바로 그런 이유 때문에 여러분의 자녀는 그토록 강력한 감정적 반응을 보여 주는 것입니다. 아이들은 논리적이 아니라 감정적으로 반응합니다. 그것이 바로 아이들의 생활 방식입니다. 그리고 그렇기 때문에 이 세상의 온갖 합리적인 것들이 때로는 아이들을 안심시켜 줄 수 없는 것입니다. 여러분이 귀 담아 들으면서 공감해 줄 때 비로소 아이들은 안심하게 됩니다.

로스 캠벨 박사는 아이들에게 감정적 탱크가 있다고 말합니다. 이 탱크는 아이들의 감정적 욕구 — 오로지 사랑과 이해와 친절한 훈육을 통해서만 만족시킬 수 있는 욕구 — 를 상징합니다. 우리 부모들의 목표는 자녀의 탱크를 언제나 가득 채워 주는 것입니다. 감정적 탱크가 가득 차 있을 경우, 자녀의 삶 속에서 다음과 같은 두 가지 결과가 나타납니다. 캠벨 박사는 이 감정적 탱크에 관하여 다음과 같이 말합니다:

> 첫째, 이것은 아이들의 감정 상태를 좌우한다 — 아이가 불안한지, 만족스러운지, 화가 나 있는지, 기쁜지, 우울한지, 혹은 행복한지를 결정짓는다. 그런데도 이에 대응하는 부모들의 경우, 이러한 관심을 대체로 무시해 버리고 만다. 둘째, 감정적 탱크의 수위는 아이의 행동에도 영향을 미친다. 이것은 훈육과 훈련에 대한 아이의 반응에 지대한 영향을 미친다; 이것은 아이가 순종적인지, 반항적인지, 짜증을 잘 내는지, 건방진지, 쾌활한지, 움츠러드는지를 상당 부분 결정짓는다. 여러분이 아이의 감정적 탱크를 가득 채워두면 둘수록, 아이의 감정과 행동은 긍정적인 방향으로 나타날 것이다.[1]

그러므로 아이가 최상의 상태를 유지하기 바란다면 아이의 감정적 탱크를 가득 채워 두십시오. 이것은 무조건적인 사랑을 통해서만 가능한 일입니다. 어떻게 하면 이 무조건적인 사랑을 아이가 알아채도록 표현할 수 있을까요? 첫째, 여러분의 자녀는 눈 맞춤이 굉장히 많이 필요합니다. "나 좀 보세요"라는 말을 아이가 하지요? 특히나 긍정적인 대화를 나누는 동안에 아이는 자주, 심지어는 끊임없이, 눈 맞춤을 필요로 합니다. 또한 아이는 신체적인 접촉도 필요합니다. 그저 껴안고 뽀뽀하는 것뿐만 아니라, 어루만져 주고, 머리를 헝클어 뜨려 주고, 등을 긁어 주는 것도 필요합니다 — 이 모든 행동들이 아이의 탱크를 가득 채워 주기 때문입니다.

관심을 집중하는 것도 사랑을 표현하는 방법입니다. 아이들은 한 눈 팔지 않고 집중적인 관심을 쏟아 부어 주기를 원합니다. 여러분은 귀 담아 들어 주고, 곁에 있어 주고, 시간을 할애해 주어야 합니다. 앞 장에서 논의했었던 하루 5분씩의 대화도 아주 좋은 본보기라 할 수 있습니다.[2]

무조건적인 사랑은 부모가 자녀를 훈육하고, 경계를 정하고, 훈련시키고, 안 된다고 대답할 때에도 역시 드러나게 되어 있습니다. 한 아이가 친구에게 이렇게 물었습니다. "너희 부모님이 널 사랑하신다는 걸 어떻게 알 수 있니? " 그러자 그 친구는 다음과 같이 대답하였습니다. "내가 하고 싶은 일을 죄다 하도록 내버려 두지 않으시잖아. 우리 부모님은 나에게 안 된다고 대답할 수 있을 정도로 나에게 관심이 많으시다고."

여러분은 자신의 느낌이나 감정에 대해 어떤 식으로 반응하나요? 대부분의 부모들은 감정이란 게 혼란스러운 것일 뿐만 아니라 문젯거리이기도 합니다. 우리들은 대개가 정서 장애자로 길러졌습니다. 정서적 발달 시기에 아무런 도움도 받아 본 적이 없습니다. 그래서 편안하게 여겨지지 않는 것들은 두려워하거나, 회피하거나, 저항하는 경향이 있습니다. 우리는 자녀의 감정은 고사하고 자기 자신의 감정에도 어떤 식으로 반응해야 하는지를 잘 모르는 때가 많습니다. 그래서 결국엔 아이에게 상처 주는 방식으로 아이의 감정에 반응하는 경우가 허다하지요.

〈부모의 마음〉이라는 유용한 책에서 존 가트맨은 자녀의 감정을 무시하거나 부인하는 식의 반응에 관하여 이야기합니다. 만일 여러분이 지금까지 이런 식으로 반응해 왔다손 치더라도 전혀 놀라거나 괴로워하지 마세요. 앞으로 얼마든지 변할 수 있으니까요. 하지만 중요한 것은 여러분 스스로가 노력을 기울여야 한다는 것입니다. 자녀의 감정을 무시하거나 부인하는 부모들은 원래 온갖 부적절한 방식으로 반응하기가 쉬우니까요.

그런 부모들 밑에서 자라난 아이들의 감정은 이제까지 하찮은, 별로 중요치 않은 것으로 취급 받아 왔을 것입니다. 그런 부모들은 자녀의 감정을 무시하거나, 자녀에게 전혀 참견하지 않거나, 혹은 자녀의 감정 상태를 비웃어 왔을 것입니다.

이러한 반응은 부정적인 감정의 경우 특히나 더 그런 것 같습니다. 부모들이란 대개 이 감정들이 어떤 식으로든 자기에게 영향을 미친다고 생각하기가 쉽기 때문입니다. 부모들은 부정적인 감정들이 어쩌면 아이가 환경에 적응 못하는 연약한 아이라는 증거일 거라고 생각해 버립니다. 심지어 어떤 부모들은 부정적인 감정의 표출을 통제해야 하며 이런 건 나쁜 성격적 특성의 증거임에 틀림없다고 확신해 버리기까지 합니다. 이것은 결코 올바른 육아가 아닙니다.

자녀의 감정을 무시하는 부모는, 자녀가 감정을 겉으로 드러낼 경우 불편해 하거나, 두려워하거나, 불안해하거나, 걱정스러워 하거나, 괴로워하거나, 고통스러워하거나, 심지어는 그러한 표출 때문에 당황해 버리기까지 합니다. 그들은 감정을 통제할 수 없게 될까봐 두려워합니다. 따라서 자연스레 다음과 같은 반응을 보입니다. "최대한 빨리 이걸 지나가 버려야지." 그것의 의미를 이해하기 위한 노력은 전혀 기울이지 않습니다. 그들은 자녀와 함께 문제 해결 방법을 실천할 수 있는 멋진 기회를 놓쳐 버리고 맙니다 ― 감정을 공유함으로써 생겨나는 친밀감은 말할 필요도 없겠죠.

자녀의 감정적 표출을 부인하는 부모들은 지독한 억압 반응을 보여줍니다. 즉각적인 반응은 비판과 판단이지요. 부모는 자녀의 감정을 조롱할 수도 있고, 자녀가 굴욕감을 느끼게 할 수도 있습니다. 그리고 징계나 비난, 심지어는 처벌까지 따를 수 있습니다. 이런 부모들은 어떻게 해서든지 자신의 기준에 맞추고 싶어 합니다.

자신의 감정적 삶을 제대로 처리하지 못하는 부모는, 자녀가 좀 더 완전한 인간으로 성장하는 것을 도와줄 수도 없습니다.

이런 식의 반응을 겪으며 자라난 아이들은 금세 감정이란 좋지도, 타당하지도, 건전하지도, 적절하지도 못한 것이라는 생각을 품게 됩니다. 그러다가 결국은 감정을 지니고 있다는 이유로 자기 자신이 어딘가 잘못되었다고 믿는 아이들도 생겨나게 됩니다. 그런 아이들은 자신의 감정이 원래 어디에서 시작된 건지, 무슨 의미를 지니고 있는지, 어떻게 그것을 표출하고 대처해야 하는지 끝내 알 수가 없습니다.

아마도 여러분은 1966년 비행기 사고로 죽었던 제시카 펄로프의 비극적인 이야기를 기억하고 있을 것입니다. 그 소녀는 엔진이 하나 달린 경비행기 세스나의 조종사로서, 크로스컨트리 비행을 막 시작했던 참이었습니다. 일곱 살 때 그 소녀는 비행 역사상 가장 나이가 어린 최연소 조종사가 되었습니다. 그러면 어째서 제시카가 이런 일을 시도하게 되었을까요? 〈뉴욕 타임즈〉에 실린 한 기사에 따르면, 문제는 그녀의 가족에게 있었다고 합니다. 제시카 어머니는 딸이 "두려움"이나 "무서움," "슬픔" 같은 단어를 사용하지 못하게 하였습니다. 제시카 어머니는 리포터에게 다음과 같이 대답하였습니다: "아이들은 원래 두려움이 없어요. 어른이 되어 두려움이 침투하기 전까지는 두려움이 없는 게 자연스러운 상태죠." 그리고 제시카가 죽자 〈타임즈〉 기자의 질문에 다음과 같이 응답하였습니다. "사람들이 뭘 원하는지 전 잘 알아요. 바로 눈물이죠. 하지만 전 울지 않을 겁니다. 감정은 부자연스러운 것이거든요. 감정은 뭔가 진실하지 못한 거예요."[3]

앞에서도 말했듯이, 우리 집 둘째 아이, 매튜는 심각한 정신 장애를 지니고 태어났습니다. 하지만 우리의 삶 속에서 그 아이의 존재는 온갖 상실과 심적인 고통 한가운데서 받은 놀라운 축복이었습니다. 매튜가 나에게 가르쳐 주었던 교훈들 가운데 하나는 온전한 인간이 되어야 한다는 것이었습니다. 나 역시 정서적으로 장애를 지닌 채 성장하였습니다. 나는 자신의 감정에 접근하지 않았습니다; 감정을 무시하였습니다; 감정을 공유하지 않았습니다. 그러나 매튜가 내 삶 속으로 들어온 후부터 나는 이제껏 한 번도 경험하지 못했던 느낌들을 맛보게 되었습니다. 감정을 통제할 수 없는 순간도 자주 찾아왔습니다. 어쩌면 그런 건 너무나도 두려운 일일 수 있습니다. 하지만 그 시간을 통해서 나는 내 감정에 다가서는 방법을 알게 되었습니다. 내 감정에 관하여 이야기하고, 내 감정에 대해 설명할 수 있게 되었습니다. 그리고 나는 우는 방법을 배웠습니다. 이제 나는 결코 내 눈물에 대해 변명하지 않을 겁니다. 여러분 역시 하나님께서 주신 선물에 대해 변명하는 일은 없겠지요? 하나님은 우리를 창조하시고, 그 밖의 모든 만물과 더불어, 우리의 감정을 창조하셨습니다.

감정 훈련

한편 부모들 가운데에는 감정 표출의 자유를 전적으로 허용해 주는 부모도 있습니다. 아무런 안내도, 위로도, 가르침도, 경계도 없이, 지나치게 많은 자유를 주는 것이지요. 이건 마치 아이 혼자서 날아가게 해놓고 그저 관망하기만 하는 것과도 같습니다. 믹서 뚜껑을 열어놓은 채 작동시키는 것과도 같고요 — 이런 식의 반응은 좋은 부모가 자녀의 감정 상태에 접근하는 방법이 아닙니다.

좀 더 나은 반응 방법이 있습니다. "감정 훈련"이라는 새로운 용어는, 자신의 느낌을 신뢰하는 방법, 자기 감정을 조절하는 방법, 그리고 자기 스스로 문제를 해결하는 방법을 부모가 자녀에게 가르치는 것을 뜻합니다. 부모가 자녀의 건전한 감정을 위하여 할 수 있는 일은 무엇인가요?

첫째, 자녀의 감정 표출이야말로 — 긍정적 표출이든지 부정적 표출이든지 — 여러분이 정서적으로 자녀와 연결될 수 있는 좋은 기회라고 생각하세요. 이렇게 생각하고 나면 여러분 자신의 감정도 편안하게 받아들일 수 있을 것입니다. 자녀가 무슨 말을 하든지 결코 위협이 될 수 없습니다. 자녀의 감정 상태가 아무리 모호하다 할지라도, 그것을 알아차리는 일은 매우 중요합니다. 또한 자녀의 감정 상태가 어떻다 할지라도 거기에 반응을 해주는 것이 중요합니다. 어떤 감정이라 할지라도 절대 비웃지 마세요. 아이가 어떻게 느껴야 하는지 알려 줘서도 안 됩니다. 아이를 위해 온갖 문제들을 해결해 주려 들어서도 안 됩니다.

일단 감정을 공유하게 되면, 이때야말로 자녀를 가르치기에 적합한 순간임을 직시하세요. 이때가 바로 공감할 수 있는 순간, 머리로만 듣는 게 아니라 마음으로 경청할 수 있는 순간입니다. 아이가 자신의 감정을 자각할 수 있도록 도와주세요. 필요하다면 지도도 해주고, 경계도 지어

주고, 만족스럽고 책임감 있는 표출 방법도 가르쳐 주세요. 이 순간이야
말로 여러분이 자녀에게 문제 해결 방법을 가르쳐 줄 수 있는 절호의 기
회입니다.[4]

가트맨 박사는 다음과 같은 예를 듭니다:

> 잠시 상상해 보자. 여덟 살짜리 윌리엄이 마당에서 들어오고 있
> 다. 그런데 매우 풀이 죽은 모습이다. 옆집 아이들이 같이 안 놀아 주
> 었기 때문이다. 아버지인 밥이 신문을 보다가 고개를 들더니 이렇게
> 말하고 다시 숙인다. "다시는 그러지 마라! 자, 윌리엄, 넌 이제 다 컸
> 어. 어린애가 아니라고. 누군가 너를 냉대할 때마다 그렇게 풀이 죽
> 어선 안 돼. 그냥 잊어 버려. 학교 친구들에게 한 번 전화해 보렴. 책
> 을 읽던가. 아니면 텔레비전을 잠깐 보던지."

> 아이들은 흔히 자기 부모의 평가를 곧이곧대로 믿어 버리는 경향
> 이 있다. 윌리엄 역시 이렇게 생각하게 될 것이다: "아빠 말이 옳아.
> 난 지금 어린애처럼 행동하고 있어. 왜 이런 짓을 저질렀지? 아빠
> 말대로 그냥 잊어 버려야 하는 건데 말이야. 난 정말 겁쟁이야. 이런
> 나랑 친구가 되어 줄 사람은 아무도 없을 거야."

> 이번엔 정반대의 경우를 한 번 상상해 보자. 만일 윌리엄이 마당
> 으로 들어 왔을 때 아버지가 전혀 다른 방식으로 반응을 했더라면
> 윌리엄이 어떻게 느꼈을지 말이다. 만일 밥이 읽던 신문을 내려놓고
> 아들 얼굴을 마주보면서 이렇게 말했다면 어땠을까? "윌리엄, 너 왠
> 지 슬퍼 보이는 구나. 무슨 일인지 말해 줄래? "

> 그리고는 밥이 열린 마음으로 윌리엄의 말을 경청했다면, 정말로
> 귀 담아 들어 주었다면, 아마도 윌리엄은 자신에 대해 전혀 다른 판
> 단을 내리게 되었을 것이다. 아마도 다음과 같은 대화가 이어졌을
> 것이다:

윌리엄: "탐하고 패트릭이 농구를 하는데, 저만 안 끼워 주잖아요."

밥: "저런, 기분 상했겠네."

윌리엄: "예, 진짜예요. 정말 미칠 것 같았어요."

밥: "네 심정을 알 만 하구나."

윌리엄: "제가 걔네들하고 농구를 못할 이유가 하나도 없는데 말이에요."

밥: "아이들한테 그런 얘길 해봤니? "

윌리엄: "아뇨, 말하기 싫어요."

밥: "그럼 어떻게 하고 싶은데? "

윌리엄: "모르겠어요. 그냥 없었던 일로 해버릴까 봐요."

윌리엄: "그게 더 좋은 방법 같니? "

밥: "예, 걔네들도 아마 내일이면 생각이 바뀔 걸요? 전 학교 친구들에게 전화해 볼 생각이에요. 아니면 책을 읽던가, 텔레비전을 조금 보던가 하면 돼요."[5]

다음과 같은 질문을 하는 부모들이 참 많습니다. "아이에게 해야 할 일을 지시하거나 언제든지 문제를 해결해 주려고 나서지 않으려면 과연 어떻게 해야 할까요? 난 이런 감정 따위에 열중해 본 적이 없어요. 한 번도 내 감정을 인정해 본 적이 없거든요. 이젠 뭘 어떻게 해야 할지, 무슨 말을 해야 할지, 정말로 모르겠어요."

좋은 부모가 할 수 있는 일은 자신의 생각이나 느낌을 자녀에게 표현하는 것입니다. 한 달에 한 번씩 다음과 같은 표현들을 큰 소리로 읽어 보세요. 그러면 여러분도 모르는 사이에 이런 표현들이 술술 흘러나올 것입니다.

- 지금 느낌이 …… 하니?

- 네가 …… 하다는 걸 나도 알아.

- 네가 …… 에 대해 솔직히 말해 줬으면 좋겠구나.

- 그러니까 내가 듣기엔 네가 '전 ……' 라고 말하는 것 같은데?

- 그런 것 때문에 네 기분이 …… 했구나.

- 네가 지금 이 순간 느끼고 있는 건 …… 같구나.

- 그래서, 너도 알다시피 ……

- 너랑 함께 할 거라고 장담은 못하겠지만 ……

- 네 기분이 …… 할 거라고 어렴풋이 짐작할 순 있단다.

- 네가 지금 …… 에 관한 걱정을 이야기하고 있는 건지 궁금한데?

- 그러니까 지금 넌 자신이 …… 라는 얘기를 하고 있는 것처럼 들리는데?

- 넌 …… 을 아주 중요하게 생각하고 있구나.

- 넌 …… 것처럼 보이는구나.

- 넌 …… 하는 것 같구나.

- 그러니까 네 입장에서 보자면 ……

- 가끔씩 넌 ……

- 지금 네 기분이 매우 …… 것처럼 들리는데?

- 네 말은 …… 것처럼 들리는구나.

- 넌 …… 인 것 같아.

- 네 말을 들어 보니 …… 것 같구나.

- 난 네 말이 …… 이라고 받아 들였어.

- 그러니까 네가 지금 처해 있는 입장은 …… 이구나.

- 네 말은 …… 이란 의미지?

여러분은 무엇이 책임감 있게 자신의 감정을 표출하는 것이고 무엇이 아닌지를 자녀에게 가르쳐 줄 필요가 있습니다. 무슨 말은 해도 되고 무슨 말은 하면 안 되는지, 무슨 행동은 할 수 있고 무슨 행동은 할 수 없는지, 자녀에게 가르쳐 주어야만 합니다.

- 화를 낼 수는 있지만, 동생을 때려선 안 돼.
- 누나에게 화를 내는 건 괜찮지만, 절대로 욕을 해서는 안 돼.
- 다른 사람에게 상처를 입히거나 어떤 물건을 망가뜨리는 행동은 용서하지 않을 거야.

아이가 해결책을 찾을 수 있도록 도와주고 싶다면, 다음과 같이 질문해 보세요:

- 네가 할 수 있는 일이 뭐라고 생각하니?
- 어떤 게 효과가 있을 거라고 생각하니?
- 전에는 어떤 걸 시도해 봤어? 이제까지 한 번도 시도해 보지 않은 방법들을 한 번 열거해 보자. 그 가운데 하나를 골라서 시도해 보고, 도움이 되는지 안 되는지 살펴보는 거야.

만일 이 방법도 효과가 없다면, 아이에게 있었던 일과 그 경험을 통해 깨닫게 된 사실에 관하여 이야기해 보세요 — 그리고 다음번에는 어떻게 다른 방식으로 행동할 수 있을지에 대해서도 꼭 이야기해 보도록 하세요. 여러분의 자녀는 해결책을 찾기 위해 선택하는 방법을 무진장 연습해 보아야만 합니다. 아이가 이런 것을 빨리 배우면 배울수록 모두에게 이익이죠.

힘겨루기

이번에는 소위 '힘겨루기'라고 하는 부모-자녀 사이의 보편적인 사건을 감정과 연결 지어 보도록 하지요. 힘겨루기는 어느 가정에나 존재하기 마련입니다. 아이에게 어떤 행동을 하지 말라고 분명히, 명확하게 말했는데, 아이가 여러분을 보고 씩 웃으면서, 하지 말라고 말한 것만 골라서 일부러 하는 것을 본 적 있지요? 만일 아직까지 그런 적이 한 번도 없다면 맘껏 기뻐하세요 — 여러분은 좀처럼 보기 드문 사람이니까요! 그리고 아직까지 그런 일이 없었다면, 아마도 이제 곧 벌어질 겁니다.

설상가상으로, 부모들이 사용하는 기술은 별로 효과가 없는 것 같습니다. 때로는 힘겨루기가 너무 거친 나머지 부모 쪽에서 먼저 단념을 하고 자녀에게 굴복하는 경우도 있습니다. 그리고 지금까지의 논의를 통해서 알 수 있듯이, 이것은 곧 방종으로 이어질 가능성이 다분합니다. 메리 커싱카는 〈자녀, 부모, 그리고 힘겨루기〉라는 저서에서 이 문제에 관해 다음과 같이 설명합니다:

> 그 부모들도 할 만큼은 했다고들 말했다. 타임아웃과 보상 체계도 동원해 보고, '강인해지라'고 요구도 해보고, '아기' 짓은 그만 두라고 강요도 해봤지만, 힘겨루기는 그치지 않았다고 한다. 이 말을 듣고서 나는 곧 깨달았다. 그들의 힘겨루기가 계속되는 이유는, 보상 체계와 타임아웃과 '그런 식으로 느끼지 말라'는 요구와 체벌이 결코 아이들의 행동을 멈추게 하지 못하기 때문이라는 것, 그리고 이런 방법들은 힘겨루기의 저변에 깔려 있는 진짜 원동력을 밝혀 내지 못하기 때문이라는 것을 말이다. 그들은 끓는 물주전자의 뚜껑을 다시 덮어, 열을 식히는 데 실패했던 것이다. 그리하여 물은 계속해서 끓

었고, 주전자 뚜껑은 당연히 다시 튀어 올랐다.

　힘겨루기의 저변에 깔려 있는 진짜 원동력은 바로 감정이다. 그 감정을 제대로 인정할 때에야 비로소 여러분은 아이들이 지금 느끼고 있는 게 무엇인지, 그 감정을 좀 더 그럴듯하게, 적절히 표현할 수 있는 방법은 무엇인지를 가르쳐 줄만한 전략을 세울 수 있게 된다. 궁극적으로 아이들 스스로가 열을 식히는 방법을 터득하게 될 때, 그 때가 되면 물주전자가 계속해서 끓어 넘치는 일도 사라질 것이다.[6]

　여러분은 원동력에 관하여 생각해 본 적이 있습니까? 그것은 아주 중요합니다. 사실, 감정 그 자체가 진짜 느낌이 아닌 경우도 종종 있습니다. 아이들이 화를 낸 적 있지요? 물론 있을 것입니다. 그럴 때 여러분은 어떻게 반응하나요? "그만 해라," "화 내지 마라," "화내는 건 좋지 않아," "진정될 때까지 네 방에 들어가 있어"라고 말합니까? 아마 우리 모두가 그럴 겁니다. 다음에는 아이가 화를 낼 경우, 이렇게 한 번 말해 보세요: "뭔가가 정말로 널 괴롭히는 것처럼 보이는 구나. 애야, 도대체 무슨 일 때문에 네가 이렇게 좌절해 있는지, 마음이 아픈지, 두려워하는지 궁금해. 나한테 말해줄 수 있겠니? " 이렇게 해서 여러분은 분노의 원인을 알아내게 됩니다. 바로 좌절과 상처와 두려움이 분노의 3대 주요 원인이지요.

아이의 분노는 아이 자신에게 속한 것입니다;
어느 누구도 아이를 화나게 만든 사람은 없습니다.

　일단 원인을 알아내고 나면, 화를 처리하는 방법에 대해서 아이에게 잘 가르쳐 주세요:

1. 상처를 입을 때마다 그 상처를 어떻게 처리해야 할지, 아이에게 가르쳐 주세요. 상처를 그대로 모아 두기만 하면, 나중에는 산만큼 높이 쌓이게 된답니다 — 그러면 도저히 치울 수 없게 되지요.

2. 자신의 분노를 어떻게 책임져야 할지, 아이에게 가르쳐 주세요. 아이의 분노는 아이 자신에게 속한 것입니다; 어느 누구도 아이를 화나게 만든 사람은 없습니다. 분노는 때에 따라서 적절한 것일 수도 있고, 적절하지 못한 것일 수도 있지만, 어쨌든 분노가 존재하는 것은 사실이며, 따라서 반드시 책임져야만 할 대상입니다.

3. 다른 사람들 역시 감정을 지닐 수 있도록 허용하는 방법을 아이에게 가르쳐 주세요.

4. 아이의 분노를 귀 담아 듣고, 받아들이고, 인정하세요. 분노에 관하여 털어 놓으면, 그 원인을 정확히 밝혀내는 데에도 도움이 되고, 또 그 강렬함을 발산하는 데에도 도움이 됩니다. 일단 분노가 어디에서 비롯된 것인지를 알고 나면, 아이가 그 분노를 발산하고 나아가 상처의 원인을 해결하는 데 집중할 수 있도록 격려해 주세요.

5. 아이에게 용서하는 법을 가르쳐 주세요. 복수가 어째서 위험한지를 설명해 주세요. 아이가 만일 상대방의 입장에 처해 있다면 어떻게 하고 싶을지에 대해서도 생각할 시간을 주세요. 그리고 여러분 스스로가 용서의 본보기가 되어 주세요.

6. 적절한 시기에, 상처를 주는 사람과 맞서는 방법을 아이에게 가르쳐 주세요. 상처를 주는 사람과 맞서는 게 언제나 적절한 방법은 아닙니다. 항상 가능한 일도 아니고요. 상대방이 너무나도

속임수를 잘 쓰거나, 부정적인 반응을 보이거나, 심지어는 다른
데로 가 버릴 수도 있습니다. 하지만 가능한 한, 아이가 "적과
맞설 수 있도록" 용기를 북돋워 주고 지원해 주세요.

7. 아이가 자기만족을 넘어서서 화해를 추구할 수 있도록 가르치
세요. 화해는 깨진 관계를 회복시켜 줍니다. 일단 아이가 용서
하는 방법을 배우고, 또 자기에게 상처를 입힌 사람과 화해하는
방법을 익히고 나면, 삶의 커다란 상처들을 다루는 것도 아무
문제없을 것입니다.[7]

우리는 쉽사리 분노의 불쾌함에 사로잡히고 맙니다. 하지만 그런다고
해서 분노가 사라지는 것은 아닙니다. 만일 여러분이 위에서 말한 대로
만 반응한다면, 여러분의 자녀도 부모가 자신을 이해하고 있다는 것, 자
신의 말을 귀담아 들어 주리라는 것을 알게 될 것입니다. 이것은 대부분
의 사람들에게 효과가 있습니다. 자녀가 여러분에게 저항을 할 경우에
도 마찬가지입니다. 그 저변에 깔려 있는 감정에 주목함으로써 힘겨루
기에서 벗어날 수가 있습니다. 뿐만 아니라, 자녀가 자기 감정을 이해하
고 분류하는 방법을 익히며, 나아가 그 감정을 건전하게 표출하는 방법
을 배울 수 있도록 도와주는 일에 여러분이 시간을 쏟는다면(이 일에는
시간이 필요하거든요!) 아이의 감성 지능도 발달하게 될 것입니다. 정말
로 효과 만점인 방법이지요.

우리 모두는 감정의 동물입니다

내 친구는 세 아들들이 분노 저변에 깔려 있는 감정을 이해하고 확인

하도록 도와줄 수 있는 아주 독특한 노하우를 갖고 있습니다. 대부분의 분노는 이차적인 감정입니다. 분노는 그 이전의 상처나 두려움, 혹은 좌절에서 비롯됩니다. 그러므로 아이는 다음과 같은 말들로 자신의 분노를 확인하게 됩니다. "…… 때문에 지금 이 순간 너무 아파요.""…… 때문에 지금 전 절망적인 느낌이 들고 화가 나요.""엄마가 거리를 가로질러 왔기 때문에 지금 전 정말로 화가 나요. 엄마에게 무슨 일이 벌어졌을지도 모른다고 생각하니 무섭기도 하고요."

우리가 만일 분노의 저변에 깔려 있는 감정을 — 사랑이나 관심이 되겠지요 — 제대로 확인해 보지도 않고 아이에게 분노를 표출한다면, 아이가 어떻게 그걸 알겠어요? 우리가 감정을 제대로 확인하고, 아이에게 모범을 보인다면, 아이도 좀 더 정확하게 자신의 감정을 표현하는 방법을 익히게 될 것입니다.

이런 일이 가능해지려면, 여러분이나 아이나 둘 다 다음의 두 가지 사실을 이해하고 있어야 합니다. 하나는 우리 모두가 감정적인 동물이라는 사실이지요. 이것은 하나님의 계획이었습니다. 시편 139편 14절에서 다윗은 이렇게 말했습니다. "내가 이렇게 태어났다는 것이 오묘하고 주께서 하신 일이 놀라워, 이 모든 일로 내가 주님께 감사를 드립니다." 여기에서 다윗은 자신의 감정을 포함시켰습니다. 여러분은 감정을 무시할 수도 있고, 부인할 수도 있으며, 포용할 수도 있습니다. 우리가 아이에게 줄 수 있는 가장 큰 선물들 가운데 하나는 바로 아이가 자신의 감정을 건전하게 수용하고 이해하도록 도와주는 것입니다. 물론 아이가 우리의 건전한 감정 표출을 지켜보도록 하는 것이 가장 좋은 방법이겠지요.

아이의 감정을 무턱대고 분류해 주지 말고, 아이가 직접 확인할 수 있도록 유도하세요. 여러분이 만일 아이에게 "넌 지금 그 일 때문에 화가 난 게 분명해”라고 말할 경우, 아이는 그 말에 동의할까요, 아니면 입을 다물어 버릴까요? 여러분은 종종 ‘누가? ’, ‘무엇을? ’, ‘어떻게? ’처럼 “행동 문제”에 관한 질문을 하기가 쉬운데, 그렇게 하면 아이는 결국 여러분의 관심 때문에 감정을 표출하게 됩니다.

가장 안 좋은 질문들 가운데 하나는 바로 “왜? ”입니다. 아이들은 고사하고, 대부분의 성인들도 이 문제에는 답할 수가 없습니다.

여러분과 아이가 둘 다 이해하고 있어야 할 두 번째 사실은, 자신의 감정을 확인하고 분류하는 방법을 익혀야 한다는 것입니다.

감정적인 친밀감이 형성되기 위해서는, 우선 가족 구성원 모두가 감정을 표출하고 전달하는 방법을 알아야만 합니다. 이것은 우리들 대부분에게 아주 힘겨운 일입니다. 우리는 “감정 어휘”가 전혀 없이 자라났으니까요.

> 훌륭한 자녀 교육의 두 번째 단계는 바로
> 감정으로 감정에 대답하는 방법을 익히는 것이지요.

일단 여러분의 “감정 어휘”를 발달시키고 나면, 훌륭한 자녀 교육의 두 번째 단계가 기다리고 있습니다. 바로 감정으로 감정에 대답하는 방법을 익히는 것이지요. 몇 가지 예를 들어 보겠습니다.

- “네가 아파하는(슬퍼하는, 두려워하는 혹은 ______) 게 보여. 학교에서 그렇게 외롭다고 느껴진다니, 나까지 슬퍼지는구나.”
- “파티에 초대받지 못해서 얼마나 실망했는지 알 것 같구나. 그림! 실망스러운 일이고말고.”
- “게임에 져서 화가 나 있다는 걸 나도 알 수 있어. 그건 정말로 실

망스러운 일이야."

- 대수학을 이해하기가 힘들어서 네가 지금 진짜로 절망에 빠져 있다는 걸 나도 잘 알아. 그래도 내가 널 정말로 아끼고 있다는 걸, 내가 할 수 있는 일이라면 무엇이든 도와주고 싶다는 걸 알아 줬으면 해."
- "중요한 이번 시험 때문에 걱정이 많지? 내가 널 위해 기도하고 있다는 걸 알아 줬으면 좋겠구나. 사랑해!"
- "이 일을 너와 함께 헤쳐 나가기로 약속하마."
- "내가 너에게 얼마나 상처를 입혔는지, 네 기분은 어땠는지, 나에게 말해 줄 수 있겠니? 나도 사실을 알고, 고치고 싶어."
- "나의 _____ 이 너에게 상처를 입혔다는 거 알아. 내가 잘못했어. 날 용서해 주겠니?"

여러분의 머리가 알고 있는 것들을 여러분의 마음이 느낄 수 있도록 한 다음, 아이와 대화를 나누세요. 그러면 여러분은 위로와 축복의 통로가 될 것입니다 — 그리고 이것이야 말로 훌륭한 자녀 교육입니다. 에베소서 4장 29절에는, 덕을 세우는 데에 필요한 말이 있으면 적절한 때에 해서 듣는 사람에게 은혜를 끼치게 하라는 말씀이 기록되어 있습니다. 언어는 하나님께서 주신 강력한 선물입니다. 언어는 우리가 하나님을 찬양하고, 서로에게 정보를 전달하고, 감정을 제대로 표현할 수 있도록 만들어 줍니다. 잠언은 우리의 말이 지니고 있는 힘과 영향력, 그리고 치유의 능력에 대해서 다음과 같이 말하고 있습니다.

- 따뜻한 말은 생명나무와 같지만, 가시 돋힌 말은 마음을 상하게 한다. (잠언 15장 4절)

- 죽고 사는 것이 혀의 힘에 달렸으니, 혀를 잘 쓰는 사람은 그 열매를 먹는다. (잠언 18장 21절)
- 선한 말은 꿀 송이 같아서, 마음을 즐겁게 하여 주고, 쑤시는 뼈를 낫게 하여 준다. (잠언 16장 24절)
- 마음에 근심이 있으면 번민이 일지만, 좋은 말 한 마디로도 사람을 기쁘게 할 수 있다. (잠언 12장 25절)[8]

한 번은 세미나에 참석한 어느 어머니로부터, 말이 없던 딸아이가 마침내 입을 열고 개인적인 감정을 표현할 수 있게 되기까지, 어떤 식으로 딸을 격려해 주었는지에 대해서 들었습니다. 그 어머니와 딸은 잠자리에 들 준비를 도와가면서 누가 먼저랄 것도 없이 "하이-로" 게임을 시작하였다고 합니다. 상대방에게 그 날 하루 일과 중에서 가장 최고였던 순간에 관해 이야기하는 것이지요.[9] 이것은 아이의 입을 열게 만드는, 아주 효과적이고도 흥미로운 방법입니다.

감성 지능이 높은 아이들은 감정이 생겨나는 바로 그 순간 그것을 인정할 수 있습니다. 그런 아이들은 결코 자신의 감정에 희생당하지 않습니다. 자기 감정이 격렬해지지 않도록 멈출 수도 있고, 자신의 표준을 강화시킬 수도 있기 때문입니다. 이런 아이들은 그런 것들을 끊는 법, 회피하는 법, 최소화하는 법도 미리 알 수 있으며, 효과적인 처리 기술을 배울 수도 있습니다.

이런 아이들은 좀 더 스트레스에 강한 아이이며, 삶의 동요와 기복을 스스로 처리할 수가 있습니다. 이 아이들은 자기 자신의 감정을 이해하고 있기에, 스스로도 좀 더 의욕이 강할 뿐만 아니라 다른 사람들과도 좀 더 잘해 나갈 수 있습니다. 또한 이런 아이들은 책임감이 매우 강합니다. 나는 이런 아이들이야 말로 우리 부모들 모두가 원하는 자녀상이라고 생각합니다.

좋은 소식이 있습니다. 여러분의 자녀 역시 여러분의 지도에 따라 얼마든지 그런 아이가 될 수 있습니다.

10
열 번째 비결

좋은 부모는
열 가지 재앙을 피할 줄 안다.

인정하세요 — 여러분의 자녀는 이제까지 말도 안 되는 요구를 해 왔으며, 여러분은 그 요구에 굴복해 왔다는 사실을요.

하지만 걱정하지 마세요. 우리 모두 마찬가지니까요. 부모가 자녀의 요구에 굴복하고 마는 이유들 가운데 하나는, 부모 쪽에서 먼저 지쳐 버리기 때문입니다. 자녀를 이해시키기 위해서, 그리고 자녀에게 동기를 부여하기 위해서 제아무리 노력을 기울이더라도 소용이 없기 때문에, 골치 아픈 상황을 모면하기 위하여 부모 쪽에서 먼저 항복해 버리고 마는 것이지요.

이 문제의 원인이 되는 열 가지 접근 방법이 있는데요, 우리 모두 (예, 우리들 전부 마찬가지입니다) 저마다 한두 개씩은 이런 방법을 지니고 있습니다. 어떤 부모들은 자신의 방법이 별로 효과적이지 못하다는 걸 알면서도 끝까지 고집을 피우기도 합니다. 그래서 결국은 자녀를 더욱 더 억누르게 되는 것이지요. 정말이지 슬픈 일입니다. 그나마 좋은 소식이 있다면, 좋은 부모들은 이 열 가지 접근 방법이 전부 다 개선되어야 한다는 사실을 잘 알고 있다는 것입니다.

그러면 파괴적인 결말을 불러 오는 열 가지 접근 방법은 무엇일까요? 지금부터 차례대로 하나씩 살펴보기로 합시다.

불확실한 요구

　첫째, 우리는 불확실한 요구나 명령을 곧잘 합니다. 우리에겐 명백해 보이는 일이라 할지라도 아이들이 보기엔 그렇지 않을 경우가 많습니다. 그런데도 우리는 아이들이 이해할 수 없는 단어로 이야기하거나, 모호하고 불확실한 표현을 쓴다거나, 혹은 잔소리를 너무 많이 합니다. 여러분도 이제까지 이런 식의 요구나 명령을 받아 본 적이 있겠지요? 그럴 때 여러분은 상대방의 요구에 응해 주고 싶었습니까? 아마도 아닐 것입니다. 여러분의 자녀 역시 마찬가지입니다. "너무 많이 먹지 마라," "너무 늦게까지 밖에서 놀지 마라," "너무 거칠게 놀지 마라." 이런 요구들이 의미하는 건 무엇입니까? 만일 아이에게 이런 요구들을 지키라고 명령한다면, 틀림없이 말다툼이 벌어질 것입니다. "너무 많이"라는 단어가 의미하는 것이, 여러분의 경우와 아이들의 경우 서로 다르기 때문입니다. 그러므로 처음부터 그걸 확실히 밝혀 주어야만 합니다. 그래야만 엄청난 갈등을 피할 수가 있을 겁니다.

> **일반적이면서 모호한 비평은 전혀 힘이 없습니다.**

　어떤 걸 요구할 때에는 분명하고 간단하게 말하세요. 자녀의 성격이 아니라 행동에 초점을 맞추세요. 다음과 같이 일반적이면서 모호한 비평은 전혀 힘이 없습니다: "잔디에 좋은 일 좀 해라," "합리적인 시간에 집에 돌아 와라," "너무 늦게까지 돌아다니지 마라." 이런 표현들 대신에 다음과 같이 이야기하도록 노력해 보세요: "저녁 식사는 5시 반이야. 그러니까 5시 15분까지는 돌아 와서 도와줘." "네 방을 치울 땐, 세탁할 옷들은 바구니에 넣고, 깨끗한 옷들은 옷걸이에 걸어 두도록 해라. 그런 다음엔 가구에 앉은 먼지를 닦아 내도록 하렴.” 이렇게 하면 아이들도 여러분이 기대하는 게 무엇인지를 분명히 알게 될 것입니다.

되풀이되는 잔소리

둘째, 우리는 똑같은 말을 자꾸만 되풀이합니다. 어떤 말을 두 번(혹은 세 번이나 다섯 번) 되풀이해야 아이가 말을 듣는다면, 여러분은 틀림없이 아이에게 무시를 당하고 있는 것입니다. 예, 그런 건 결코 유쾌한 경험이 아니지요. 우리는 어떤 말을 반복할 때, 똑같은 단어를 사용하는 경향이 있습니다. 그러면서 조금씩 더 강렬한 표현을 사용하게 되지요. 하지만 한 번 말했을 때 아이가 그것을 듣지 않았다면, 똑같은 말을 두 번 이야기한다고 해서 뭐가 달라지겠습니까? 어떤 말을 되풀이해야 할 경우에는, 조금 다른 단어들로 고쳐 말할 필요가 있습니다. (건넌방에서 이야기하지 말고) 아이가 있는 방으로 가서 관심을 끌어 모으세요; 아이의 어깨에 부드럽게 손을 올려놓으세요; 천천히 부드럽게 이야기하세요. 그러면 분명히 여러분의 말이 먹혀 들어갈 것입니다. 명심하세요. 아이들은(특히 아들들은) 한 번에 한 가지 일밖에 못한다는 사실을요. 여러분의 의사를 전달하기 위해서는, 아이가 지금 하고 있는 일을 멈추게 해야만 합니다.

나는 우리 집 골든 리트리버 두 마리에게 부드럽게 명령합니다. 그때마다 그 개들은 즉각적인 반응을 보여 줍니다. 반응을 원할 때는 내가 어떤 식으로 말하는지, 그 개들은 아주 잘 알고 있는 것이지요.

기억 회상

기억을 상기시키는 것은 부모들이 아주 싫어하면서도 어쩔 수 없이 빠지게 되는 게임의 한 종류입니다. 우리는 자녀의 기억을 상기시켜 줄 때마다 짜증을 내게 됩니다. 거기에는 에너지가 듭니다. 아이가 자라면 자랄수록 우리의 짜증은 심해져만 갑니다. "내가 분명히 말했는데, 어째서 그 아인 기억을 못하는 것일까? " 그것은 아이가 자신의 일을 우리에게 떠넘기는 수법입니다. 아이가 도시락을 깜빡 잊고 학교에 갔을 때, 우리는 아이를 구제해 주기 위하여 급히 뛰어 나갑니다. 그러면서 다음번에는 아이에게 꼭 기억을 상기시켜 줘야겠다고 다짐하지요. 하지만 그러면 그럴수록 아이 쪽에서 보자면, 기억하고 있어야 할 필요성이 점점 더 줄어들 뿐입니다.

선택적인 순종

때때로 아이들은 우리가 자신의 말에 전혀 신경 쓰지 않는다는 사실을 잘 알고 있기 때문에 대답을 하지 않는 경우도 있습니다. 아이들은 "지금 당장"이라는 말이 사실은 아무 때나 상관없다는 점을 잘 압니다. "허드렛일을 마치기 전에는"이라는 말도 사실은 그 일을 지금 해도 괜찮고 나중에 해도 괜찮다는 의미라는 점을 아이들은 잘 알고 있습니다. 무엇보다도 안 좋은 것은, 우리가 "안 돼"라고 하는 말이 사실은 "좋아"나 "어쩌면"의 의미를 담고 있다는 것을 아이들이 잘 알고 있다는 겁니다! 아이가 여러분의 요구에 응하는 것이 선택적이라는 확신이 듭니까? 그렇다면 그것은 현재 여러분의 경계가 분명하거나 확고하지 못하다는 증거이며, 과거에도 여러분의 경계가 충분히 강화되지 못했다는 증거입니다.

아이에게 라디오나 텔레비전이나 컴퓨터를 끄라고 말했는데, 아이가 "예, 그렇게 할게요." 혹은 "몇 분만 있다가요."라고 대답한 적이 있습니까? 그런 대답은 보통 정반대의 의미를 담고 있습니다. 그렇기 때문에 여러분은 아이에게 기억을 상기시켜 줄 때마다 똑같은 대답을 듣게 되는 것입니다. 여러분은 그럴 필요가 전혀 없습니다. 단 한 번의 요구에도 금세 응답하는 방법을 익히고 있는 아이들이 너무나도 많습니다. 그런 아이들은 부모의 요구에 따르지 않을 경우 반드시 결과가 따른다는 걸 일찍이 배웠습니다. 그 아이들은 부모가 어떤 말을 했을 경우 그것을 반드시 지킨다는 사실을 믿도록, 부모를 신뢰하도록 자라났습니다. 그럼 그 부모들이 한 일은 무엇일까요? 그것은 바로 아이와 눈을 마주 보고 앉아서, 간결하고 분명하게 요구를 한 다음, 아이가 들은 말을 한 번 더 따라 하도록 하는 것이었습니다. 그들은 아이의 기억력에 합당한 지시만 내렸습니다.

아이들은 저마다 독특한 방식으로 창조되었습니다. 어떤 아이들은 아주 오랜 시간 동안 더 많은 것들을 기억할 수 있는 능력을 갖춘 채로 태어났습니다. 반면에 어떤 아이들은 자기 방으로 돌아가는 도중에 벌써 들은 말의 절반을 잊어버리도록 만들어졌습니다. 이런 아이들에게는 적은 양의 정보만 전달해 줘야 합니다. 이 아이들은 그저 몇 마디로 된 정보 밖에 처리하지 못합니다. 그것도 몇 시간 동안 기억할 수 있는 아이가 있는가 하면, 단 몇 분 만에 몽땅 잊어버리는 아이도 있습니다.[1]

어떤 부모들은 (아이가 글을 읽을 수 있을 만큼 자라나면) 글을 통해서 교훈을 주기도 합니다. 아이들은 대개가 시각적인 학습자이기 때문입니다. 이런 방법은 특히 남자아이들의 경우에 더 효과가 있습니다.

그런데 우리가 어떤 말을 되풀이하거나 기억을 상기시키려 할 때, 거의 대부분의 아이들은 아주 효과적인 무기를 사용합니다. 말하자면 우리를 멈추게 할 수 있는 작은 스위치를 쥐고 있는 셈이지요.

이유 설명

똑같은 말을 되풀이하거나 기억을 상기시켜 주는 게 효과가 없을 경우, 부모들은 금세 이유를 설명하는 쪽으로 후퇴하고 맙니다. "내가 왜 그런 요구를 하는지 이유를 알게 되면 아이가 좀 더 협조적으로 나올 줄 알았죠." 그러나 우리가 대는 이유는 우리 자신에게나 의미가 있지, 정작 아이들에게는 아무런 의미도 없을 수 있습니다. 아이 스스로 돕고자 하는 맘이 없다면, 이 세상의 온갖 이유를 다 갖다 붙여도 소용이 없을 것입니다. 예, 맞습니다. 처음 한 번은 이유를 설명해 줄 수 있습니다. 그러면 아이도 금방 알아듣겠지요. 하지만 두 번 세 번 되풀이해서 이유를 설명해 줄 필요는 없습니다. 그쯤 되면 거의 호소하는 것이나 다름없지요. 그런 건 전혀 효과가 없습니다. 처음 한 번만 분명히 설명해 주세요. 그런 다음에는 "왜"라는 질문에 대답해 줄 필요가 전혀 없습니다. 아이가 계속해서 "왜"냐고 묻는 건 지연 전술의 일종이며, 어디까지나 저항의 표시입니다. 그런 질문을 받았을 때 우리는 자칫 지나치게 많은 설명을 할 수가 있습니다. 하지만 "왜"냐는 질문들에 일일이 설명을 해 줄 필요는 없습니다. 어떤 부모들은 아이가 어느 정도 자랐을 경우, 서면으로 그 이유들을 적어 줍니다. 또 어떤 부모들은 처음 설명해 줬던 이유에 대해서 아이가 잠시 생각해 볼 수 있도록 시간을 주기도 합니다.

어떤 엄마는 이렇게 말하더군요. "윽, 정말이지 분통이 터지더라고요. 아들이 '왜' 냐고 물어서 그 이유를 설명해 줬는데, 아 글쎄, 그 녀석이 또다시 '왜' 냐고 묻지 뭐예요? " 아이가 계속해서 질문을 하거나 말

꼬리를 잡고 늘어지는 건, "그런 설명은 나에게 충분하지가 못해요"라는 메시지를 보내는 것과도 같습니다.

흥정

아이가 너무나도 좋아하는 반응 한 가지를 들자면 바로 흥정입니다. 우리에게는 절대로 처음 가격에 물건을 사지 않으려는 습성이 있습니다. 그런 건 왠지 손해를 보는 것처럼 여겨집니다. 그런데 어떤 아이들은 자신도 이런 문화의 일부라고 생각하는 것 같습니다! 계속해서 여러분과 흥정을 벌이려고 애를 쓰는 것 보면 말입니다. 아이가 고집을 부리고, 간청을 하고, 징징거리고, 완강하게 버틸 경우 여러분은 포기하고, 양보하고, 항복해 버립니다. 여기에서 아이들은 하나의 교훈을 얻게 됩니다. 자신도 이길 수 있다는 교훈을요. 그리하여 앞으로도 지금처럼 제멋대로 행동하는 아이가 됩니다. 아이는 논쟁하는 법을 익히게 되며, 이러한 충돌이 때로는 추한 모습으로, 말다툼으로 변하기도 합니다. 성서는 이것에 관하여 다음과 같이 이야기합니다:

> 지혜가 없는 사람은 이웃을 비웃지만, 명철한 사람은 침묵을 지킨다. (잠언 11장 12절)

> 다툼의 시작은 둑에서 물이 새어 나오는 것과 같으니, 싸움은 일어나기 전에 그만 두어라. (잠언 17장 14절)

> 다툼을 멀리하는 것이 자랑스러운 일인데도, 어리석은 사람은 누구나 쉽게 다툰다. (잠언 20장 3절)

여러분 쪽에서 할 수 있는 대로 모든 사람과 더불어 화평하게 지
내십시오. (로마서 12장 18절)

모든 악독과 격정과 분노와 소란과 욕설은, 모든 악의와 함께 내
버리십시오. (에베소서 4장 31절)

여러분은 어떻게 말싸움과 흥정을 피하고 있나요? 아직까지 지쳐 쓰
러지지 않고 버티는 비결은 무엇인가요? 몇 년 전 나는 '고장 난 레코드
전략'이라고 하는 것에 관하여 배운 적이 있습니다. 어떤 사람이 여러
분의 맘을 돌리려고 하거나, 어떤 물건을 구입하게 만들려고 하거나, 어
떤 행동을 취하게 하려고 애를 쓸 경우, 여러분이 할 수 있는 일은 오직
한 가지, 바로 '고장 난 레코드 전략'을 사용하는 것입니다. 그러면 백
발백중 여러분이 이기게 되어 있습니다. 대부분의 사람들은 이 방어 수
단을 참아내지 못합니다. 만일 어떤 사람이 여러분에게 뭔가를 사라고
압력을 가하거나, 여러분이 그걸 사지 못할 이유가 전혀 없음을 증명하
려고(사실은 여러분에게 필요 없는 물건이거나, 혹은 사지 말아야 할 물
건인데도!) 애를 쓸 경우, 그들이 뭐라고 하던 간에 여러분은 이 말만 계
속해서 되풀이하면 됩니다: "아뇨, 괜찮아요. 전 흥미가 없어요." 그러
면 상대방도 포기하고 말 것입니다. 만일 친구가 여러분에게 어떤 모임
에 참석하라고 압력을 가할 경우, 그곳에 가기 싫다면 이렇게 말하세요:
"초대해 줘서 고맙기는 한데, 난 거기 참석할 수 없어." 거듭해서 그렇
게만 말하세요. 이유를 늘어놓을 필요는 전혀 없습니다.

> 어떤 사람이 여러분의 맘을 돌리려고 하거나, 어떤 물건을
> 구입하게 만들려고 하거나, 어떤 행동을 취하게 하려고
> 애를 쓸 경우, 여러분이 할 수 있는 일은 오직 한 가지,

엄마가 지미에게, 친구 집에 수영하러 가기 전에 방부터 치우라고 요구했다 가정해 봅시다. 지미는 그러마고 대답했는데, 아직까지도 방을 치우지 않고 있습니다. 마침내 지미가 달려오더니 말합니다. "이따 봐요, 엄마. 수영하러 켄네 집에 다녀올게요."

엄마: "기다려, 지미. 아까 켄네 집에 가기 전에 네 방을 치우겠다고 말했잖니?"

지미: "하지만, 엄마, 전 지금 나가야 한다구요. 방 치우는 덴 시간이 너무 많이 걸릴 거예요."

엄마: "그렇겠지. 하지만 방을 깨끗이 치운 다음엔 네 맘대로 나갈 수 있어."

지미: "엄마, 켄이 전화를 했는데, 다른 애들이 모이기 전에 나한테 할 말이 있다고 했단 말이에요."

엄마: "그랬겠지. 네 방만 깨끗이 치우면 곧바로 자유야."

지미: "나중에 치우면 안 돼요? 다른 애들은 먼저 논 다음에 일한단 말이에요. 이건 불공평해요."

엄마: "그럴 거야, 지미, 너도 네 방만 깨끗이 치우고 나면 얼마든지 나가 놀 수 있어."[2]

지미는 자기 방을 치웠습니다. 엄마는 화를 내지도 않았고, 언성을 높이거나 짜증을 부리지도 않았습니다. 단지 조용하고 절제된 문장, 끈기 있고 확실한 문장만을 사용했을 뿐입니다. 그리하여 엄마는 지미의 맹공격을 모두 비껴갔습니다. 여러분 역시 이렇게 할 수 있습니다. 여러분이 사용할 수 있을 만한 문장들을 한 번 생각해 본 적이 있습니까? 아이가 여러분에게 곧잘 하는 말들을 종이 위에 적어 보세요. 그런 다음 여러분의 대답을 미리 연습해 보세요. "얼마든지 …… 해도 돼." 혹은 "…… 만 하고 나면 네 자유야."라는 말을 사용하세요.

여러분은 지금 아이를 위협하거나, 괴롭히거나, 아이와 흥정하고 있는 게 절대 아닙니다. 아이에게 여러분이 요구했던 것을, 혹은 아이가 동의했던 것을 상기시켜 주고 있는 것입니다. 여러분은 그저 아이가 자기 책임을 완수하고 신뢰할 만한 사람이 되는 방법을 익힐 수 있도록 도와주는 것뿐입니다. 이 때 여러분은 다음과 같은 말을 사용할 수도 있습니다. "우린 이것에 관해 이미 충분한 대화를 나눴어. 그러니 다시 이 문제를 꺼내지 마라. 네가 …… ." "이제 행동에 옮길 때야. 넌 내가 요구한 일을 해낼 수 있어. 아니면 …… 할 수도 있고. 어느 쪽을 선택할래? "

강의

부모들이 매우 자주 사용하는, 그러면서도 언제나 손해만 보는 접근 방법이 하나 더 있습니다 — 바로 강의지요. 여기에서의 강의는 긍정적인 의미가 아닙니다. 이것은 아이를 가르치고, 온갖 사실들을 주입하고, 아이의 잘못을 자주 지적하고, 아이의 뇌가 순조롭게 잘 돌아가고 있는지를 문제 삼고, 아이를 고치려고 애쓰는 것입니다. 이런 방법이 문제를 한꺼번에 완전히 해결해 주리라고 내내 기대하면서 말입니다. 이것을 가리켜 "아이에게 말해라, 아이에게 가르쳐라, 그러면 우리 뜻대로 따를 것이다"라고 이야기합니다. 글쎄요, 학생이 뭔가를 배우기 위해서는 일단 귀 기울여 듣고, 배우려는 맘이 있고, 변화에 개방적이고, 뭔가 새로운 걸 발견하는 일에 흥미를 지녀야 합니다. 하지만 내 생각에, 부모의 일방적인 강의를 듣고 있는 대부분의 아이들은 이런 마음 상태가 아닐 것 같습니다. 여러분이 긴 연설을 늘어놓을 동안 그저 그 연설이 끝나기만을 기다리고 있는 것뿐이지요.

좋은 부모들이 한결같이 잘 지키는 원칙이 하나 있습니다. 아이들이 부모의 말을 좀 더 귀 담아 들어 주길 바란다면 부모 쪽에서 먼저 말수를 줄여라! 바로 이것입니다. 우리 입에서 나오는 말이 많으면 많을수록, 아이의 입과 귀는 점점 더 닫혀 버립니다. 우리가 강의를 시작하는 바로 그 순간 아이들은 전부 똑같은 병에 걸리고 맙니다. 이른바 "부모 강의 주목"(PLG)이라고 일컫는 병인데요, 이것은 부모의 강의를 가만히 듣고 있는 걸 의미합니다. 우리가 강의를 시작하자마자, 아이들의 귀는 속임수를 쓰기 시작합니다. 아이는 자신이 깨어 있다는 사실을 보여주기 위해 4~5분마다 한 번씩 툴툴거릴 것입니다. 하지만 그런 건 전부 반사 작용에 불과할 뿐입니다. 아이들은 우리 강의가 "자, 여기 좀 봐라"나 "아가, 내 말 잘 들어"나 "게다가 ……"라는 말들이 드문드문 곁들여진 아주 긴 독백이라고 생각합니다.

부모들은 아이가 자기 말을 듣게 하기가 너무나도 어렵다고들 말합니다. 그렇게 얘기하는 부모들에게 나는 이렇게 한 번 해보라고 권유합니다:

1. 아이가 여러분의 말에 주목하고 있는지를 확인하세요. 서로 눈을 마주 보고 이야기해야만 합니다. 메시지의 50퍼센트는 말 이외의 소통 수단을 통해 전달되니까요.
2. 아들일 경우, 딸 만큼은 잘 듣지 못한다는 사실을 명심하세요. 그러니 좀 더 큰 목소리로 이야기해야겠죠.
3. 아이가 짧게 한 질문에 대해 장황한 대답을 늘어놓지 마세요.

4. "한 단어 규칙"을 지키세요. 그렇습니다. 한 단어로만 이야기하
   세요. 아이가 집에 돌아와서 마룻바닥이나 의자 위에 코트를 던
   져 놓았을 경우, "내가 몇 번이나 얘기했니 …… ." 같은 식으로
   길게 늘어놓지 말고, 그저 "코트"라고만 말하세요. 딸아이가 전
   등을 끄는 걸 잊어 버렸을 경우에도, "전등"이라고만 말하세요.
   여러분이 말을 아끼면 아낄수록 좀 더 나은 반응이 돌아올 것입
   니다.[3]

 강의는 수익 체감의 법칙을 아주 잘 보여 주는 예입니다 — 말이 많으
면 많을수록 더 듣지 않는다는 법칙 말입니다. 잊지 마세요. 아이가 자
라면 자랄수록, 강의의 정의도 변한다는 것을요. 십대에게는 아마도 열
단어가 넘는 정보가 강의로 여겨지겠죠![4]
 여기에서 우리가 생각해 봐야 할 게 한 가지 있습니다. 그것은 여러분
이 강의를 할 때에, 그러니까 문제를 되풀이해서 이야기하는 동안에, 행
동이 점차 격렬해지는 경향이 있으며, 그러다가 오히려 문제만 더 악화
시킬 가능성도 농후하다는 것입니다. 강의는 결코 문제를 해결해 주지
못합니다. 앞에서 예로 들었던 지미의 경우를 한 번 생각해 볼까요? 얼
굴이 새파래져가지곤 지미에게 방 좀 치우라고, 약속 좀 지키라고 강의
를 늘어놓을 경우, 지미는 계속해서 말싸움만 하려고 들 것입니다. 그러
지 말고 지미에게 다음과 같이 물어 보세요. "지미, 아까 뭐라고 약속했
었니?" 물론 처음에는 온갖 전략을 다 동원해서라도 대답을 회피하려
고만 할 것입니다. 그렇다 할지라도 계속해서 조용한 목소리로 질문을
되풀이하세요. 그러면 결국 변화가 생길 것입니다. 지미가 "몰라요"라
는 식의 전형적인 대답을 할 경우, '네가 그걸 기억해 내야 우리 대화를
계속할 수 있고, 그래야 오늘 일정도 계속할 수 있어. 기억이 나면 말해

줘." 이렇게 하면 지미는 조만간 깨달을 것입니다. 친구 집에 놀러갈 수 있는 유일한 방법은 여러분의 질문에 대답을 하는 것이고, 그것은 곧 실천을 의미한다는 것을요.

만일 여러분의 자녀가 내성적인 아이라면, "그것에 관해 잠깐만 생각해 봐"라고 말하세요. 명심하세요. 내성적인 아이는 입 밖으로 말을 꺼내기 전에 먼저 혼자만의 생각을 정리할 시간이 필요하다는 사실을요. 만일 여러분이 내성적인 아이에게 압박을 가한다면 그 어떤 대답도 들을 수 없을 것입니다. 그것은 결코 결함이 아닙니다. 그저 그런 식으로 창조되었을 뿐입니다.

아이가 잘못한 일을 자꾸 들추어내거나 강의를 늘어놓지 마세요. 차라리 다음번에는 어떻게 다른 식으로 행동했으면 좋겠는지 이야기해 주세요. 그러는 편이 훨씬 변화를 기대하기 쉬울 것입니다. 여러분이 원하는 행동이 무엇인지에 초점을 맞추세요. 여러분이 원하는 그 행동을 마지막 메시지로 들려주세요 ─ 그러면 아이도 그 말을 명심하게 될 것입니다.

아이가 여러분의 가르침을 따랐을 경우, 여러분이 이 단계를 매우 가치 있게 평가하고 있다는 사실을 알려 주세요: "네가 딱 한 번에 지시를 따르다니, 정말로 좋구나." 이렇게 말함으로써 결국은 아이가 여러분의 요구를 따를 수 있다는 사실을 확신하고 있다는 메시지를 전달하게 됩니다.[5]

최후 통첩

우리가 흔히 빠지기 쉬운 함정을 하나 더 들자면, 그것은 바로 "최후 통첩" 접근법입니다. 이것은 부모가 사용할 만한 기술이 전혀 못 됩니다. 애원을 하거나 감언이설로 속이는 것은 곧 싸움에서 완전히 졌다는 것을 의미합니다. 애원을 다른 말로 하면 간청입니다. 부모가 자녀에게 간청을 할 때, 과연 어떤 메시지가 전달되겠습니까? 과연 아이에게 부모를 향한 존경심이 생겨날까요? 아마도 그렇지 않을 것입니다. 감언이설로 속인다는 것은 수다와 허황된 이야기로 남을 구슬리는 것, 혹은 비위를 맞추는 것을 의미합니다. 이것을 다른 말로 하자면 조종입니다. 그리고 이런 것들까지도 효과가 없을 경우, 우리는 금세 침묵이나 수치심에 의한 조종으로 방향을 바꾸게 되지요.

고함

확실히 부모들은 쉽사리 언성을 높이거나 고함을 치는 경우가 많습니다. 여러분도 큰소리를 들어본 적이 있지요? 만일 있다면, 그 당시 기분이 어땠나요? 그 때 여러분에게 요구된 일이 무엇인지 기억하나요? 그 기대에 부응해 주고 싶은 기분이 들었나요, 아니면 점점 더 완강하게 버티고 싶은 생각이 들었나요? 그 사람과 좀 더 가깝고 좋은 관계를 만들어 가고 싶었나요? 아마도 이 질문들에 대한 대답은 거의 모두가 "아니오"일 것입니다. 부모가 자녀에게 언성을 높이거나 고함을 칠 경우, 아이들 역시 그런 기분이 들 것입니다. 그것은 또한 부모가 자제력을 상실했다는 사실을 증명해 주는 셈이기도 하지요. 얼굴이 새빨개지고, 혈관이 튀어 나오고, 히스테리성 발언들을 내뱉는 동안, 아이는 이 재밌는 쇼를 즐기고 있을지도 모릅니다.

아이에게 고함을 친다고 해서 여러분의 통제권이 커지는 것은 아닙니다. 오히려 여러분을 향한 아이의 마음을 얼어붙게 만들고 말 뿐이지요. 아이는 점점 더 여러분의 말을 귀 담아 듣지 않을 것이고, 협조적인 태도를 취하지도 않을 것입니다. 여러분의 목소리가 크면 클수록, 아이의 듣기 능력은 점점 더 줄어듭니다.

> 아이에게 고함을 친다고 해서 여러분의 통제권이 커지는 것은 아닙니다. 오히려 여러분을 향한 아이의 마음을 얼어붙게 만들고 말 뿐이지요.

만일 아이가 반응을 한다 할지라도, 순전히 두려운 마음에, 혹은 거짓으로 반응하는 경우가 많습니다. 그러기에 배움이 있다 할지라도, 그리 오래 지속되지는 못합니다. 나는 어째서 많은 부모들이 "우리 아인 날 무서워 해."라고 자랑스럽게 떠들어 대는지 정말로 이해할 수가 없습니다.

위협과 공포

그도 저도 효과가 없을 경우, 우리는 위협에 의존하기도 합니다. 여러분은 "안 그러면"이라는 말을 굉장히 자주 사용합니다. 위협은 공포와 복종을 가져올 수도 있고, 반항을 불러일으킬 수도 있습니다: "어디, 내가 신경 쓰나 봐라." 이것은 부모와 자녀의 관계를 점점 더 멀게 만들고, 부모와 자녀가 힘겨루기를 하도록 만들기에 딱 좋은 방법입니다. 여러분이 자녀에게 뭔가를 하라고 명령할 때, 그것은 마치 황소 앞에서 붉은 천을 휘두르는 것과도 같습니다. 그것은 바로 전투를 신청하는 것입니다. 그리고 결국 여러분은 동맹의 대상이 되기보다는 차라리 적수가 되고 말 것입니다.[6]

부모들은 다들 한두 번씩은 좌절의 순간을 맛보았습니다 — 저녁식사 시간 혹은 아주 힘들었던 하루를 마감하는 시간에, 그러니까 우리의 재치가 모두 바닥나 버린 시간에, 아이들이 우리의 말에 순종하지 않는다거나, 사람들 앞에서 버릇없이 굴었던 순간들 말입니다. 바로 이런 순간에 우리는 그만 "부모의 최후 통첩!"을 해결책으로 제시하게 됩니다. 이것들 중 대부분은 두려움에 기초한 것입니다. 바로 다음과 같은 것들이지요:

- "지금 당장 네 장난감 치워라, 안 그러면!" 이렇게 말해 놓고 우리는 이것이 제법 효과가 있다고 생각합니다. 아이들은 벌 받는 것을 두려워하기 때문입니다. (아이들에게 "안 그러면"이 의미하는 게 과연 무엇일까요?)
- "그렇게 안 하면 못 돌아다니게 할 거야. 네 방에 가둬둘 거라고." 우리의 사랑을 잃을까봐 두려워하고 있는 아이들 입장에서, 이런 말을 들으면 과연 어떤 반응을 보일 수 있을까요?
- "내가 외출하기 직전까지 네 방을 깨끗하게 치우지 않으면, 널 두고 갈 수밖에 없어." 혼자 남겨질 것이라는 두려움은, 어떤 아이들에게는 매우 효과가 있지만, 또 어떤 아이들에게는 전혀 효과가 없습니다.
- "내가 방금 말한 대로 잘 하면, 집에 돌아오는 길에 맥도날드에 들를 거야." "낙엽을 쓸어 모으지 않으면, 오늘 축구 게임도 없을 줄 알아." 어떤 아이들은 버림 받을지도 모른다는 두려움 때문에, 부모의 위협이나 약속에 반응을 보이기도 합니다.

어떤 엄마가 자신은 공포심을 이용하지 않는다고 말하더군요. 대신에 질문과 이유 설명을 곧잘 이용한다고 했습니다. 썩 괜찮은 것처럼 들려서 몇 가지 질문을 던져 보았습니다. "아이에게 뭐라고 말하나요? "

그 엄마의 대답은 이러했습니다: "아이들이 사이좋게 지내지 않을 땐 그냥 이렇게 물어 보지요. "왜 동생을 때렸니? 사랑하기 때문에 그랬니? 그런 거야? 누가 네 등을 때린다면 기분이 어떨 것 같니? "(이런 질문들을 받았을 때 과연 아이의 기분이 어떨지 나는 잘 모르겠습니다.)

그래서 나는 또 물었습니다. "그러면 이유는 어떻게 설명해 주나요? "

그러자 이렇게 대답하더군요. "아, 이렇게 말하죠. '자, 이제 너희 둘이서 서로 이야기해봐라. 너희들끼리 잘해낼 수 있겠지? 내가 이야기하는 것보다는 너희 둘이 하는 게 더 나을 거야. 내가 어떻게 할지는 너희도 알잖아.'"

마지막으로 그 엄마에게 물어봤습니다. "아이들이 몇 살인가요? "

"예, 네 살하고 다섯 살이에요."

"왜"라는 질문에 답할 수 있는 어른이 몇 명이나 될까요? 나는 그 아이들이 이런 질문들을 받고서 과연 자신에 관하여 어떤 느낌이 들었을지 무척 궁금합니다. 이 두 아이가 겨우 그 나이에 그런 일을 해낼 수 있을지 의문입니다. 열 살이나 열두 살짜리 아이들도, 문제 해결 방법을 가르쳐 주지 않는 한, 스스로 그런 일을 해낼 수는 없습니다.

다음과 같은 말들은 별로 효과가 없는 것들입니다.

- 다시는 그러지 말라고 내가 말했잖아. 도대체 몇 번이나 말해야 되겠니? (여러분은 이게 정말로 알고 싶은 건가요?)
- 지미, 그만 두는 게 좋을 거야. 곧 후회하게 될 걸.
- 내가 집에 갈 때까지 기다려. 야단 좀 맞을 줄 알아.
- 네가 이런 아이라는 걸 몰랐다. 어떻게 그럴 수 있니?

- 오늘은 날 봐서라도 좀 얌전히 굴어 줄 수 없겠니?
- 제발 나를 위해서 협조 좀 해주면 안 되겠니?
- 내 말 대로 하는 게 좋을 거야.
- 내가 너에게 그런 식으로 행동하면 좋겠니?
- 오늘은 그 쯤 해둬라.

어린 아이의 입장에서 한 번 생각을 해보세요. 이런 말들이 의미하는 건 무엇입니까? 아이가 이 말들을 모두 알아들을 수 있을까요? 만일 아이가 이 말들을 모두 문자 그대로 받아들인다면, 여러분이 전달하게 될 메시지는 과연 무엇일까요? 아이가 과연 변화하고 싶은 맘이 생길까요?

아이들은 어른처럼 추상적으로 생각하지 않는다는 사실을 꼭 명심하십시오. 또한 아이들은 압박을 당할 경우 다들 변한다는 사실을 명심하세요. 정서적으로 더 어려지고요, 오히려 퇴행하고 맙니다. 압박이 크면 클수록 아이들의 퇴행 정도도 더 심각해집니다. 아이들은 정서적인 변화의 폭이 굉장히 넓습니다. 그게 정상입니다. 따라서 당황해하는 아이에게 "네 나이에 걸맞게 행동하렴," "그렇게 아이처럼 굴지 마라," "어른답게 행동해라" 하고 말하는 것은, 정말이지 그 아이에게 불가능한 일을 요구하는 것이나 다름없습니다.

우리는 아이보다 몸집이 크기에 (그리고 우리 목소리가 더 크기에), 아이에게 겁을 주기도 쉽고, 아이의 공포심을 이용해 아이를 통제하기도 쉽습니다. 하지만 공포심은 얼마 동안 통제권을 행사할 수 있을 뿐, 가르침을 주거나 생활을 변화시킬 수는 없습니다. 공포심은 아이에게 자극을 줄 수도 없고, 결과물을 오래 지속시킬 수도 없으며, 여러분과 자녀 사이의 문제를 해결해 줄 수도 없습니다. 공포심은 여러분과 자녀의 관계를 좀 더 발전시켜 줄 수도 없습니다.

공포심을 이용할 경우, 여러분이 아이에게 바라는 것과 정반대의 결과가 발생하게 됩니다. 공포심은 아이가 여러분에게서 배울 수 있는 능력을 오히려 저하시킵니다. 물론 어떤 부모들은 그렇지 않다고 말하겠죠. "공포심도 효과가 있어요. 우리 아이는 제 말을 아주 잘 따르거든요."

하지만 공포심은 아이에게 스트레스를 안겨 줍니다. 스트레스는 호르몬을 방출하고, 나아가 화학물질의 한 종류인 코티졸을 분비하게 만드는데, 이것은 아이의 기억력과 학습 능력에 영향을 미칩니다. 공포심을 이용하여 아이를 통제할 경우, 여러분은 결국 아이의 두뇌 활동을 방해하는 셈이 됩니다. 그 결과, 여러분이 아이에게 뭔가를 알려 주려고 아무리 애를 써도, 아이는 "몰라요," "기억이 안 나요" 같은 말만 되풀이하게 되는 것이지요. (만일 여러분의 자녀가 내성적인 아이여서, 어떤 말을 하기 전에 미리 마음속으로 생각해 볼 시간이 필요한 아이라면, 여러분이 압박을 가하면 가할수록 점점 더 대답을 안 하게 될 것입니다. 바로 이런 이유 때문에, 각각의 아이들마다 독특한 방식으로 질문을 던지고 대답해 주어야 한다는 것입니다.)

아이가 스트레스에 휩싸인 채로 그런 대답을 했다면, 정말로 그 말이 맞는 것입니다! 스트레스가 쌓인 아이들은 기억을 잘 하지 못합니다. 기억할 수가 없습니다. 하나님이 우리를 창조하실 때 그런 식으로 만드셨기 때문입니다. 공포심에서 우러나온 대답은 효과가 전혀 없습니다. 오히려 여러분이 원하는 것과 정반대의 결과를 가져올 뿐입니다. 스트레스 상황에 처한 아이들은 여러분이 바라는 방향으로 변화하는 데 집중할 수 없으며, 오히려 자신이 잘못했던 일에 더 집중하게 됩니다.

그러면 여러분도 혹시 공포심을 이용하여 아이에게 반응을 이끌어 내고 있는 건 아닌가요? 그런 것은 어떻게 알 수 있을까요? 때로는 우리의 생각이나 마음 속 질문들이 문제의 단서가 되기도 합니다. 여러분은 이런 의문을 가져본 적이 있습니까? "어떻게 하면 아이가 …… 하게 만들 수 있을까? " "내 아이가 …… 하게 하려면 어떻게 해야 하지? " 물론 있겠지요. 우리 모두 마찬가지입니다. 하지만 이런 질문이 내포하는 의미는 무엇입니까? 통제입니다. 우리는 아이를 정도껏 통제하고 싶어 합니다. 만일 여러분이 "어떻게 하면 내 아이가 …… 를 선택하도록 도와줄 수 있을까? "라고 생각한다면, 그것이 의미하는 것은 가르침입니다. 그것은 여러분이 곁에 없을 때 아이가 혼자서 해낼 수 있도록, 아이의 미래를 도와주는 것입니다.

우리는 부모의 입장에서 아이에게 끊임없는 메시지를 전달하고 있습니다. 하지만 이제 우리는 스스로에게 두 가지의 중요한 질문을 던져야만 합니다: "내가 전달하려고 애쓰고 있는 게 무엇인가? " "내 말이 아이에게 미치는 영향은 무엇인가? "

우리들 대부분은 아이에게 다음과 같은 질문들을 거침없이 해댑니다:

"도대체 뭐가 문제야? "
"내가 분명히 경고했어, 안 했어? "
"전에 말했잖아!"
"그런 것도 몰라? "
"그 정도는 알고 있었어야지."
"내 말 안 듣고 뭐했어? "
"어떻게 그런 걸 잊어 버릴 수 있니? "

이 말들이 아이에게 전달하는 메시지는 과연 무엇일까요? 한 마디로, "네 실수야," "네가 다 망쳐 버렸어," "내가 원하는 대로 안 하고 있구나," "열심히 노력하려고 들질 않는 구나" 입니다. 이런 메시지들이 과연 여러분이 원하는 결과를 가져올 수 있을까요? 이런 건 결국 부모의 좌절에 대한 분풀이가 아닐까요? 부모는 결코 완벽한 사람이 아닙니다. 아이들 역시 완벽한 사람이 절대로 아닙니다. 우리가 위와 같이 말할 경우, 자칫 이런 식으로 들릴 수도 있습니다. "있잖아요, 우리 아인 그저 나를 당황하게 만들려고 이런 짓을 하는 거예요. 오늘 아침에도 잠에서 깬 후로 얼마나 내 삶을 엉망진창으로 만들고 방해하려고 음모를 꾸몄다고요." 물론 우리가 정말로 그런 생각을 하는 것은 아니지요. 하지만 때로는 우리가 하는 말이 그런 식으로 들릴 수도 있다는 게 문제입니다.

여러분의 자녀는 일관성이 없을 것입니다. 실수도 저지를 것입니다. 여러분이 원하는 방식 그대로 행동하지도 않을 것입니다. 왜냐고요? 간단합니다. 아직은 어리기 때문이지요. 아이는 시행착오를 거쳐 배워 나갈 것입니다. 그러므로 아이가 노력한 부분을 격려해 주세요. 칭찬해 줄만한 발전이 없나 잘 살펴보고, 아이가 실패를 통해서 교훈을 얻을 수 있도록 도와주세요.[7]

아이가 뭔가를 행하도록 "만들거나" "조종하는" 것은 결국 파멸에 이르는 지름길입니다. 여러분은 아이를 감언이설로 속일 수도 있고, 억지로 강요할 수도 있고, 뇌물을 줄 수도 있고, 간청할 수도 있고, 폭력을 행사할 수도 있고, 위협할 수도 있고, 포기할 수도 있습니다. 그리고 최후의 수단으로 아이에게 항복할 수도 있습니다.[8] 그 결과 여러분의 자녀는 제멋대로 구는 응석받이가 될 것이며, 아마도 이것은 여러분이 절대로 바라지 않았던 결과일 것입니다. (사전을 한 번 펼쳐 보세요. 그리고 이 여덟 가지 단어의 정의를 찾아 적어 보세요. 그것을 매일 아침 한 번씩 읽어 보세요. 분명 앞으로는 그런 수단을 사용하지 않게 될 것입니다.)

그러지 말고 차라리 아이와 대화를 나누세요. 여러분이 원하는 걸 알려 주고, 아이가 (결국은) 그렇게 행동할 것이라고 믿으세요.

불행히도, 공포심을 이용한 기술을 제거하기에는 이미 너무 멀리 와 버려서 결국 되돌아가지도 못하고 아이를 망치는 부모가 많습니다. 너무 늦기 전에, 효과가 없는 기술일랑 일찌감치 던져 버리고, 좀 더 효과적인 방법으로 대체하세요. 아이들에게는 확실하고, 안정되고, "부드러우면서도" 단호한 부모의 지원과 안정이 필요합니다.

여러분의 자녀는 일관성이 없을 것입니다. 실수도 저지를 것입니다.
여러분이 원하는 방식 그대로 행동하지도 않을 것입니다.
왜냐고요? 간단합니다. 아직은 어리기 때문이지요.

11
열한 번째 비결

좋은 부모는
경계를 정할 줄 안다.

한번은 아주 젊은 엄마가 내 사무실을 찾아왔습니다. 얼굴을 보니 아주 당황스러운 표정이 역력하더군요. "우리 두 아이들을 어떻게 해야 할지 도무지 모르겠어요. 사람마다 서로 다른 충고를 해주는 것 같아요. 어떤 친구들은 아이에게 엄하게 대해라, 확실히 경계선을 그어 놓아라, 애들하고 절대 논쟁을 하지 마라, 아이들이 좋아하든 말든 무조건 엄마가 시킨 대로 실천하게 해라, 아이한테 굴복하지 말라고 이야기하죠. 근데 문제는 그 친구들 아이들을 보면, 이런 것들도 전혀 효과가 없는 것처럼 보인다는 거예요. 아마도 저에게 설교만 했지, 정작 본인들은 실천하지 않고 있나 보죠.

반면에 또 어떤 친구들은 저더러 사랑이 많은 엄마가 되라고 말해요. 무조건 베풀어 주는 엄마가 되라고요. 제 삶은 아이들 위주로 돌아가야 하고, 아이에게 온갖 가능성 있는 기회들을 제공해 줘야만 한다고 말하지요. 결국 얼마 동안은 완전히 아이 중심으로 살라는 말 같아요. 하지만 그 친구들의 아이들을 보면, 꼭 그렇지만도 않아요. 그 친구들은 마치 혼자서 집안을 휘두르는 독재자처럼 행동하거든요!

그래서 전 경계를 정해 놓으라는 친구들과 항복해 버리라고 하는 친구들 사이에서 갈피를 못 잡겠어요 — 제가 과연 좋은 엄마인지 아닌지조차 모르겠어요. 우리 아이들은 제가 헷갈리고 있다고, 또 자기들을 위해서라면 뭐든지 다 할 거라고 생각하는 것 같아요. 어떨 땐 제 역할이 뭔지조차도 모르겠다니까요. 결국은 허둥지둥하다가 하루가 다 가버려요. 이제 정말 지쳤어요. 더 이상 줄 것도 안 남아 있어요."

비단 이 엄마만 그런 게 아닙니다. 많은 부모들이 결국은 이런 느낌을 받게 되지요. 여러분의 경우는 어떻습니까?

탈진한 부모

여러분은 자녀와의 다툼으로 인해 지치고 지쳐서 완전히 탈진해 버린 것 같은 느낌을 받은 적이 있습니까? 그런 적이 없는 사람도 있나요? 만일 여러분이 이런 상태에 놓여 있다면 그만큼 자원이 고갈되어 있다는 것을 의미합니다. 어떤 부모들은 이러한 탈진 때문에 고통을 겪기까지 합니다! 어떻게 이런 일이 생길 수 있느냐고요? 아주 간단합니다. 자녀에게 계속해서 주기만 할 뿐, 절대로 보충을 하지 않는 것입니다. 그러면 얼마 가지 않아서 금세 그런 상태가 되고 말 것입니다. 여러분이 인정을 못 받거나, 시도했던 일이 효과가 없을 경우, 사태는 훨씬 더 심각해집니다. 회복할 시간을 스스로에게 제공해 주지 않을 경우 이런 일이 발생하게 됩니다. 그리고 여러분을 도와줄 만한 사람이 주변에 없을 때 …… 예, 고립은 아주 위험한 상황입니다.

만일 여러분의 샘이 메말라 있다면 어떻게 퍼줄 수 있겠습니까? 사우스 캘리포니아에는 이른바 '죽음의 계곡' 이라고 불리는 지역이 있습니다. 거기는 아주 뜨겁고, 황량하고, 건조합니다. 정말이지 결코 가보고 싶지 않은 곳입니다. 하지만 몇 백 년 전만 해도 그곳은 지금과 전혀 다른 모습이었습니다. 거기에는 강물이 들어오고 나가는 커다란 호수가 있었습니다. 그런데 시간이 흐르면서 호수로 들어오는 강물이 점점 줄어들더니 결국은 말라 버렸습니다. 하지만 호수에서 흘러 나가는 강물은 그대로였죠. 그러다 결국은 빠져 나갈 물이 더 이상 안 남게 되었습니다. 완전히 말라 버린 것입니다. 우리 부모들 역시 메말라 버리고 맙니다. 자녀에게 계속해서 주기만 하고 다시 채우지 못한다면, 머지않아 완전히 말라 버리고 말 것입니다.

좋은 부모는 자기 자신을 돌보는 게 좋다는 사실을 잘 압니다. 휴식도 취해 가면서 다른 사람들에게 도움을 청하는 것이 좋습니다. 자녀에게 계속해서 베풀기만 하고 전혀 받거나 보충하지 않는다고 해서, 그것이 사랑 넘치는 부모라는 증거는 될 수 없습니다. 여러분이 휴식을 취한다고 해서 자녀를 무시하는 것은 아닙니다. 오히려 휴식을 취하지 않는 게 더 아이를 무시하는 처사일 수도 있습니다. 어쩌면 여기에서 〈자녀와의 경계〉라는 책의 한 부분을 인용하는 게 여러분에게 도움이 될 것 같군요: "부모 역할은 여러분의 정체성이 아니라 단지 일시적인 직업일 뿐입니다." 자신의 생활을 누릴 줄 아는 훌륭한 부모 밑에서 자라난 아이는, 자신이 이 세상의 중심이 아니라는 사실을 깨닫게 될 뿐만 아니라, 자신의 꿈을 자유롭게 펼칠 수 있다는 사실도 잘 알게 됩니다.[1]

여러분이 지쳤다고 느끼게 되는 또 하나의 이유는, 본인이 전혀 의도하지 않았던 것을 그만 아이에게 가르쳐 주고 말았기 때문입니다. 대부분의 부모들이 이와 같은 함정에 빠지고 마는데요 — 얼마나 떠밀어야 부모가 항복하게 되는가를 아이에게 가르쳐 주고 마는 셈입니다. 처음에는 안 된다고 대답했다가도 결국엔 여러분이 항복하고 말 경우, 그때마다 아이는 자신의 기억 창고에 이 일을 새겨두게 됩니다. 그리고 이런 일이 거듭될 때마다 아이는 점점 더 힘이 세지고, 결단력과 고집도 덩달아 세집니다. 이런 식으로 부모와 자녀가 부딪힐 때마다, 아이는 자신의 고집을 점점 더 세게 펼칠 수 있으며, 여러분을 점점 더 힘든 힘겨루기 속으로 잡아끌게 됩니다. 어떤 부모는 이렇게 말하더군요. "자녀 교육을 제대로 해내기 위한 관건은, 아이가 뭔가를 요구하기 위해 고집을 피울 때, 부모도 자신의 경계를 세우기 위해 한 번 더 고집을 피우는 것이에요. 부모에게 필요한 것은 딱 이것뿐이랍니다 ― 한 번 더 경계선을 긋는 것뿐이죠."[2]

단단히 박힌 돌처럼 여러분이 확고하고 단호하게 행동한다면, 자녀에게 다음과 같은 메시지를 전달해 줄 수 있을 것입니다: "그래 봤자 소용없어. 그러니 포기해라." 그러면 아이가 서서히 물러서게 될 것입니다.[3]

아무래도 우리는 부모의 역할이 과연 무엇인지를 시시때때로 되새겨야만 할 것 같습니다.

자녀 교육의 기능

〈자녀와의 경계〉를 저술한 작가들은, 자녀 교육이 몇 가지의 중요한 기능을 수행한다고 주장합니다. 성서는 자녀가 적당한 시기까지는 "보호자나 관리인"의 지배 아래 있다고 말합니다(갈라디아서 4장 2절). 그 가운데 우선 보호자의 역할부터 살펴보기로 할까요?

여러분은 부모로서 자녀에 대한 법적 책임을 지고 있습니다. 여러분은 자녀를 보호해 주고, 유지해 주고, 필요한 것들을 제공해 주어야 합니다. 아이들에게는 자기 자신을 보호할 만한 지혜나 능력이 아직 없기 때문입니다. 어떻게 아이들이 옳은 것과 그른 것, 위험한 것과 안전한 것, 좋은 것과 더 좋은 것을 분별할 수 있겠습니까? 전혀 구별할 수 없습니다. 아이들은 결과에 전혀 관심이 없습니다. 그저 즉각적인 만족을 바랄 뿐이지요.

여러분의 지혜는 어디에서 비롯된 것입니까? 아이들이 가지고 있지 않은 것 ― 경험 ― 으로부터 비롯된 것입니다. 여러분의 임무는 아이가 배움의 기회를 얻을 수 있도록 적당한 만큼의 자유를 제공하는 것입니다 ― 너무 많이 줘서도 안 되고, 너무 적게 줘서도 안 됩니다.

잠언에도 이와 관련된 본문이 있습니다:

아이들아, 너희는 아버지의 훈계를 잘 듣고,
명철을 얻도록 귀를 기울여라.
내가 선한 도리를 너희에게 전하니,
너희는 내 교훈을 저버리지 마라.
나도 내 아버지에게는 아들이었고,
내 어머니 앞에서도 하나뿐인 귀여운 자식이었다.
아버지는 내게 이렇게 가르치셨다.
"내 말을 네 마음에 간직하고,
내 명령을 지켜라. 네가 잘 살 것이다.
지혜를 얻고, 명철을 얻어라.
내가 친히 하는 말을 잊지 말고,
어기지 마라." (잠언 4장 1~5절)

〈3천년 역사의 자녀 교육 가이드〉라는 책에서 웨스 헤이스테드는 이렇게 말합니다. 잠언에는 '이해'와 '지식', 그리고 '지혜'라는 단어가 계속 되풀이된다고 말입니다. 이 단어들은 곧 명확하게 생각할 수 있는 능력, 사실과 경험을 연결 지을 수 있는 능력, 그리고 그 결과 책임감 있는 판단을 내릴 수 있는 능력을 가리킵니다. 이것들은 결국 배울 수 있는 능력과, 배운 것을 삶의 자리에 적용할 수 있는 능력을 의미하는 것입니다.

위의 본문 구절은 부모의 명령에 순종할 것을 강력하게 요구합니다 ─ "저버리지 마라 …… 내 명령을 지켜라 …… 내가 친히 하는 말을 잊지 말고, 어기지 마라" ─ 그리고 이 명령의 목표는 좀 더 광범위하다는 사실이 분명히 드러납니다. 자녀로 하여금 부모가 하는 말 그대로 행동하게 만드는 게 목표가 아니라, 지혜롭게 생각하고 — "지혜를 얻고 명철을 얻어라" — 옳은 일을 행하는 데 개인적인 책임을 다할 수 있도록 — "내 말을 네 마음에 간직하고" — 준비시키는 것이 목표입니다.

훌륭한 수학 교사는 학생이 정확한 답을 계산해 낸다고 해서 결코 만족하지 않습니다. 훌륭한 수학 교사는 학생들 각자가 나름대로 문제 해결 방법을 설명하고 어째서 그것이 올바른 해결 방법인가를 설명할 수 있기를 원합니다.

하물며 삶은 수학보다 더하겠죠. 잠언 역시 아이들이 배운 답을 그대로 반복하는 수준을 뛰어 넘어야 한다는 사실을 인정합니다. 아이들은 새로운 상황에 처하더라도 가장 좋은 답을 찾아낼 수 있도록 준비를 갖춰야만 합니다.

우리 주변의 정상적이고도 활동적인 아이들은 여러 해 동안 별로 현명하지 못한 엉뚱한 행동들을 엄청나게 많이 저질러 왔습니다. 어른들은 이런 행동들을 보고서 심각한 말투로 걱정을 하였습니다. "…… 하려면 더 많은 것들을 알아야 해!" 그 아이들의 수상하고도 아슬아슬한 묘기들 가운데에는, 다음과 같이 매우 전형적이고 철없는 행동도 포함되어 있었습니다.

- 진흙 구덩이에서 철벅거리며 돌아다니다가 새 신발을 완전히 망쳐 버리는 행동. 이러한 행동은 비에 익숙하지 않은 사우스 캘리포니아 지역 어린이라면 얼마든지 취할 수 있는 행동입니다;
- 배수구 파이프 속에 딱 달라붙어 버려서, 소방대원이 출동 안 하면 안 되도록 만드는 행동;
- 밤새 생일파티를 하다가 새벽 4시에 부엌에서 올리브 전투를 치루는 행동;

- 사이다 캔을 냉동실에 넣어 놓고 새까맣게 잊어버리는 행동
  (여러분, 집에서 절대로 이러지 마세요!);
- 자신의 머리카락이나 원하는 사람의 머리카락을 한 뭉텅이
  잘라 버리는 행동;
- 뒷마당 잡초에 불을 질러서 소방대가 한 번 더 출동하도록 만
  드는 행동;
- 핫 초콜릿이 다 졸아 버릴 때까지 끓여서 팬을 다 망쳐놓고
  가스레인지에 구멍을 뚫어 놓는 행동;
- 장미 넝쿨 속으로 축구공을 차서 펑크를 내놓는 행동;
- 학교나 공원이나 교회나 친구 집이나 그 밖의 여러 장소에서
  재킷이나 스웨터, 운동복, 모자, 야구 글러브, 축구공 같은 각
  종 물건들을 잃어버리고 오는 행동.

자녀를 키우고 있는 집이라면 어디나 다 위와 비슷한 철없고 엉뚱한
장난 목록을 지니고 있을 것입니다. 우리는 미숙한 아이들이 때때로 어
리석은 행동을 저지르리라는 걸 얼마든지 예상할 수 있습니다.[4]

자, 이번에는 관리인의 역할에 관하여 알아보기로 할까요? 관리인이
란 어떤 것의 상태가 어떤가를 살펴보는 사람을 뜻합니다. 여러분은 자
녀에게 없는 "자기-단련"을 제공함으로써, 자녀가 그것을 따르고 배우
도록 만듭니다. 그러면 어떤 식으로 관리인의 역할을 수행합니까? 자
원을 통제하고, 가르치고, 경계를 정하고(여기에서 주요 문구가 또 한
번 언급되네요), 어떤 문제와 그 결과에 대하여 책임 의식을 지니도록
요구하고, 또 아이가 기술을 쌓을 수 있도록 도와줌으로써 관리인의 역
할을 수행합니다.[5]

아이들은 보통 자신이 하는 행동을 잘 알지 못합니다. 아이들은 삶을
어떻게 살아가야 하는지, 어떻게 사는 것이 옳은지를 전혀 모릅니다. 그

렇기 때문에 하나님께서는 아이들에게 부모를 붙여 주셨습니다 ─ 그들을 사랑해 주라고, 그들에게 체계를 확립해 주라고, 그들을 성숙으로 이끌어 주라고 말입니다. 기본적으로 아이들은 부모가 구축해 준 단계까지만 성숙하게 되어 있습니다. 그 이상 성숙하지는 못합니다. 부모 자신이 책임감 있는 사람이 되고 또 아이를 책임감 있게 키우기 위해 어떤 경계를 정해 놓았는가 하는 것은, 그 아이가 얼마나 책임을 잘 배우느냐에 영향을 미칩니다. 아이들은 처음부터 책임감을 갖고 태어나는 게 절대로 아닙니다. 부모에게 배운 방식대로 반응하고 적용하는 것입니다.[6]

경계를 정하는 것은 권위자가 되거나 아이보다 힘이 더 세지는 것과는 아무런 상관이 없습니다. 그것은 왼쪽 오른쪽 고래고래 고함을 지르는 훈련 담당 하사관 같은 게 아닙니다. 자녀에게 경계를 정하는 것은 여러분의 음성이 얼마나 크고 세고 분명한가와는 전혀 상관없습니다.

경계를 정하는 것은 사랑이 넘치는 확고한 자기 주장을 통해서 좋은 부모가 되는 것과 관련이 있습니다. 여러분은 "자기 주장이 확고하다"는 말을 들었을 때 어떤 생각이 떠오릅니까? 부정적인 이미지인가요, 아니면 긍정적인 이미지인가요? 자기 주장이 확고한 것은 수동적이거나 공격적인 것보다 훨씬 좋은 태도입니다. 사람들은 자기 주장이 확고한 사람의 말에 귀를 기울이고 더 잘 이해해 줍니다. 그것은 단호하면서도 친절한, 강력하면서도 온화한 태도입니다. 목소리가 크기보다는 부드러운 게 더 좋고, 눈살을 찌푸리는 것보다는 미소를 짓는 게 더 좋습니다. 여러분이 원하는 게 있을 때에는, 그것을 이야기하도록 하세요.

자녀에게 질문을 하고, 선택의 기회를 제공하고, 긍정적인 대답을 요구하고, 결과를 이용하는 것도 경계를 정하는 일에 포함됩니다. 이것은 아이에게 결정을 내리는 법, 책임을 다하는 법, 제멋대로 굴지 않는 법을 가르치는 일입니다. 이런 식으로 아이가 결정을 내리는 방법을 익힌다면 훨씬 더 좋겠지요. 그 가르침이 내내 남아 있을 테니까요. 물론 우리가 뭔가를 이야기하거나 지시했을 때, 아이가 고분고분 잘 따를 수도 있습니다. 하지만 그렇다고 해서 아이가 뭔가를 배울 수 있을까요?

다음의 예들이 각각 어떻게 다른지 한 번 생각해 보세요:

- 한 아이가 엄마에게 버릇없는 말투로 이야기합니다. 이럴 때 엄마는, "그런 식으로 건방지게 말하지 마라!"고 할 수도 있고, "네 목소리를 들으니 뭔가가 못마땅한 것 같구나. 네 목소리가 나처럼 부드러워졌을 때 네가 하는 말을 들었으면 좋겠다"고 할 수도 있습니다.
- 한 아이가 자기 일을 자꾸만 미루고 있습니다. 이럴 때 아버지는 "서둘러, 그 일들을 지금 다 끝내야지"라고 말할 수도 있고, "네 일을 다 마치면 우리랑 얼마든지 게임을 즐길 수 있단다"고 말할 수도 있습니다.
- 형제자매가 말다툼을 하면서 장난감 하나를 서로 끌어당기고 있습니다. 이럴 경우 엄마는 "둘 다 그만 둬. 함께 잘 지낼 순 없니? "라고 말할 수도 있고, "둘이 잘 해내면 둘 다 우리와 함께 할 수 있어"라고 말할 수도 있습니다.
- 딸아이가 자기 방을 치우지는 않고 전화만 붙잡고 있습니다. 이럴 경우 엄마는 "이제 전화 끊고 네 방 좀 치워라"고 말할 수도 있고, "네 방을 치우고 나면 우리가 써 붙여둔 동의서대로 시장에 데리고 가주마"고 말할 수도 있습니다.[7]

어른들 뿐만 아니라 아이들 역시 자신의 삶에 확실한 경계선을 그어 놓을 필요가 있습니다. 아이들은 안전을 위해서, 사람들이 자기에게 기대하고 있는 게 무엇인지, 자신이 다른 사람들과 어디에 서 있는지, 얼마나 멀리 가야 하는지, 그 선을 넘어서면 무엇이 기다리고 있는지를 제대로 알고 싶어 합니다. 만일 경계선이 정해져 있지 않다면 아이들은 어떻게 행동해야 하는지를 알지 못할 것입니다. 아무런 경계도 없이 아이를 키웠다면 부디 조심하십시오! 아이의 삶이 당황과 거절, 부인, 그리고 아마도 부적절한 행동들로 가득 차게 될 테니까요.

경계선을 정함으로써 여러분은 자녀에게 교훈을 줄 수도 있고 자녀가 제멋대로 행동하지 않도록 막아 줄 수도 있습니다.

여러분은 자녀가 연구자라는 생각을 해본 적이 있습니까? 아이는 시험하고, 실험하고, 정보를 수집하고, 관찰하고, 인과관계를 밝혀냄으로써 끊임없이 연구를 하는 존재입니다. 이런 행동들을 거쳐서 삶에 대한 결정을 내릴 수 있게 되는 것이죠.

나는 그랜드 테톤 국립공원에서 하이킹을 자주 했습니다. 내가 어디로 가고 있는지를 잘 알 경우, 그러니까 이정표가 분명하고 확실한 경우에는 굉장히 즐거운 하이킹이 되었습니다; 하지만 이정표가 사라져 버리고 없다든가, 부정확하다던가, 아니면 처음부터 아예 없었다든가 할 경우에는, 길을 잃어버리기도 했습니다. 굉장히 당황스러운 경험이었지요. 아이들 역시 마찬가지입니다. 삶의 이정표가 사라져 버리거나 부정확할 때에는 당황할 수밖에 없습니다. 이럴 경우 경계선이 정해져 있다면, 그 경계선이 아이에게 "여기는 갈 수 있는 길이야. 그리고 저긴 갈 수 없는 길이지"라고 가르쳐 줄 것입니다.

경계선은 아이에게 통제권을 쥔 사람이 누구인가를 알려 줍니다. 아이들은 누구나 다 힘과 통제권을 지니고 있습니다. 다만 어디까지 밀어붙여야 하는지를 잘 모르고 있을 뿐이지요. 만일 이제껏 너무 많은 것들을 받아온 아이라면, 자칫 어른의 세계까지 파고들어 자기하고 전혀 상관없는 곳을 돌아다니게 될 수도 있습니다. 아이는 새로 가족이 된 강아지와도 같습니다. 강아지는 이 세상 전부가 자기 것이라고, 자기가 최고라고 생각합니다. 하지만 머지않아 책임자가 누군지, 들어갈 수 있는 방은 어디고 들어갈 수 없는 방은 어디인지를 배우게 됩니다. 경계가 세워지게 되는 것입니다.

아이에게 불안한 게 무언가를 가르칠 수 있는 가장 좋은 방법들 중 하나는, 자신이 부모보다 힘이 더 세다는 것을 깨닫게 해주는 것입니다. 경계선은 아이가 스스로 처리할 수 있는 일과 그렇지 못한 일을 가르쳐 주고, 나아가 안전하다는 느낌을 아이에게 안겨 줍니다. 부모는 자녀 곁에서, 무엇이 옳고 그른가를 가르쳐 주고, 무엇이 좋고 나쁜가를 가르쳐 주며, 부모가 자녀보다 더 힘이 세다는 것을 보여 주어야만 합니다. 부모는 어디까지나 부모의 힘을 지니고 있어야 하는 것입니다.[8]

> 아이에게 불안한 게 무언가를 가르칠 수 있는 가장 좋은 방법들 중 하나는,
> 자신이 부모보다 힘이 더 세다는 것을 깨닫게 해주는 것입니다.

그러면 아이들은 이런 경계선을 좋아할까요? 물론 아닙니다. 아이들이 이 경계선을 무너뜨리고 여러분을 변화시키려 들까요? 물론 그렇습니다. 아이들은 분명히 반항을 할 겁니다. 우리 주변에는 항의자들의 단체가 많이 있습니다. 법정의 판결에 항의하기 위해 모인 단체도 있고, 나무 벌목에 항의하기 위해 한 달 동안이나 나무 위에 올라가 앉아 있는 단체도 있습니다. 또 플래카드를 들고 행진함으로써 사용자들에게 항의하는 노동자 단체도 있습니다.

여러분의 자녀들도 항의하도록 내버려 두세요. 하지만 결코 여러분의 경계선을 바꿔서는 안 됩니다. 자녀의 항의에 굴복하지 마세요. 클라우드 박사와 타운센드 박사는 자녀에게 굴복하고 마는 경우와 부모의 경계선을 고수하는 경우에 대해 다음과 같이 좋은 예를 들어 줍니다.

"안 돼, 캐시, 오늘은 영화관에 갈 수 없어."

"그건 불공평해요! 마샤는 간단 말이에요. 엄마의 그 멍청한 규칙이 정말 싫어."

"캐시, 그건 나쁜 태도야. 엄마가 시킨 일들 가운데 네가 지키기 가장 쉬운 일이 바로 엄마랑 말다툼을 그만 하는 거잖아."

"그건 공정치 못해요! 다른 아이들은 모두들 가는데. 마이클은 나보다 더 자주 가잖아요."

"이번 주에 내가 여러 가지 일을 시켰지? 시키지도 않은 일에 관해서 이러쿵저러쿵하지 마라. 일전에 갔었잖아, 기억 안 나? "

"하지만 오늘도 가고 싶어요. 엄만 나한테 하나도 신경 안 써!"

"나도 신경 쓰고 있어. 어떻게 그런 말을 할 수 있니? 내가 하는 일이 다 너를 위해 이리저리 운전해 주는 것이잖아. 그런데 어떻게 너한테 신경도 안 쓴다고 할 수 있니? 이제부턴 태도를 똑바로 고쳐. 안 그러면 일주일동안 아무데도 못 나갈 줄 알아!"

시나리오 둘

"안 돼, 캐시, 오늘은 영화를 보러 갈 수 없어. 네 일들을 먼저 해야 하니까."

"그건 불공평해요! 마샤는 간단 말이에요. 엄마의 그 멍청한 규칙이 정말 싫어."

"나도 알아. 영화관에 다시 갈 수 없게 되어서 무척 실망스럽겠구나."

"하지만 오늘도 가고 싶어요. 엄만 나한테 하나도 신경 안 써!"

"네가 실망스럽고 화난다는 거 다 알아. 놀기 전에 일을 먼저 해야 하다니, 정말로 싫겠지. 나도 마찬가지야."

"난 정말 이 집이 싫어! 이제 아무 일도 안 할 거야!"

"그래, 영화관에 정말로 가고 싶은데 갈 수 없어서 힘들겠다."

"그래요, 그 정도로 잘 아니까 제발 보내 주세요."

"네가 가고 싶다는 건 잘 알아. 정말 참기 힘들 거야. 하지만 그래
도 안 돼."

"하지만 이번 기회를 놓치면 올 여름엔 그런 비공개 영화 시사회
가 절대 없을 거야."

"저런, 내년 여름까진 너무 기네. 네가 이번 영화를 왜 그렇게 놓
치기 싫어하는지 알겠다."

이 아이는 아무 데도 가지 못하고, 경계선을 넘거나 부모를 굴복시키
지도 못하고, 결국은 싫증이 나서 포기하게 됩니다. 현실을 받아들일 수
밖에 없습니다.[9]

다음은 열한 살짜리 빌리가 엄마의 경계선을 무시하는 경우의 이야기
입니다:

"엄마, 하키 하러 조이네 집에 갈래요. 이따가 봐요."

"안 돼, 빌리. 넌 갈 수 없어. 이제 숙제할 시간이야."

"안 돼요, 엄마! 모두 다 갈 거란 말이에요. 숙제는 나중에도 할 수
있어요."

"빌리, 네가 가고 싶은 건 알겠지만, 아까 약속했잖니? 수영하고
와서 저녁식사 전까지 숙제를 해놓겠다고 말이야."

"예, 하지만 저녁식사 끝나고 할 수도 있단 말이에요."

"약속은 약속이야. 이제 이 일로 더 이상 얘기하고 싶지 않구나."

"엄만 정말 바보 같아. 아무 것도 이해 못해주고. 덩치만 크고, 뚱

뚱하고, 바보야.”

　이런 대화가 익숙하게 들린다 해도 초조해하지 마세요. 맨 처음 경계선을 긋게 될 때, 보통 아이라면 당연히 그 경계선을 싫어할 테니까요. 문제는 아이가 여러분을 무시할 경우 어떻게 해야 할 것인가 입니다. 처음에는 당연히 무시를 하게 되어 있습니다. 하지만 계속해서 무시하는 건 정상이 아닙니다. 이것을 고칠 수 있는 방법은 바로 동감과 행동 수정, 그리고 결과입니다.

동감과 행동 수정

- “빌리, 네가 정말로 실망했다는 건 나도 이해해. 하지만 나한테 그런 식으로 말하면 안 되지. 나한테 ‘바보’ 라고 하는 건 옳지 않아. 그런 말을 들으면 내 기분이 나쁘거든. 슬퍼하거나 화를 내는 건 괜찮지만, 욕을 하는 건 안 된다.”
- “빌리, 네가 화가 났다는 건 이해할 수 있어. 하지만 네가 나한테 바보라고 할 때, 내가 어떤 기분이 들지 생각해 봤니? ” (대답을 기다리세요. 아이가 다른 사람의 기분에 관하여 생각해 봐야 하니까요.) “사람들이 너한테 욕을 하면 기분이 어떨 것 같니? 그런 식으로 대우 받으면 기분이 좋을까? ”
- “빌리, 너 토라졌구나? 그런데 네가 나에게 좀 더 공손한 태도로 말을 했 다면, 듣기가 더 좋았을 텐데. 난 다른 사람에게서 바보라는 소릴 듣고 싶지 않아. 앞으로는 뭔가에 화가 나더라도 조금 다른 식으로 말해 줘.”
- “빌리, 방금 네가 한 말에 대해서 생각해 보고, 좀 더 낫게 말

해 줄래? " [10]

〈경계 설정〉이라는 책에서 로버트 맥켄지는 아주 시원스런 기술 하
나를 제시해 줍니다. 그것은 화를 막아 주고, 화가 더 커지지 않도록 해
주고, 다시금 자제력을 발휘할 수 있게 만들어 주는 굉장한 기술입니다.
  하지만 그것을 실천하는 게 언제나 쉬운 일은 아닙니다. 특히나 감정
이 치솟기 시작하면 더더욱 어렵습니다. 미리 계획을 세우고, 성서를 적
용하고, 기도하고, 실천하세요. 그러면 분명히 효과가 있을 것입니다.
다음의 성서 본문을 외우거나 적어 놓는 것도 많은 도움이 될 것입니다:

  그러나 이제 여러분은 그 모든 것, 곧 분노와 격분과 악의와 훼방
  과 여러분의 입에서 나오는 부끄러운 말을 버리십시오! (골로새서 3
  장 8절)

성서는 또한 다른 사람의 화를 돋우지 말라고 가르칩니다:

  왕의 노여움은 사자의 부르짖음과 같으니, 그를 노하게 하면 목숨
  을 잃는다. (잠언 20장 2절)

성서는 우리에게 "화를 더디 내라"(즉, 화를 억제하라), 그리고 끊임
없이 화를 내거나 적대적인 사람과는 아예 가까이 지내지도 말라고 합
니다:

  화를 쉽게 내는 사람은 다툼을 일으키지만, 성을 더디 내는 사람
  은 싸움을 그치게 한다. (잠언 15장 18절)

노하기를 더디 하는 사람은 용사보다 낫고, 자기의 마음을 다스리는 사람은 성을 점령한 사람보다 낫다. (잠언 16장 32절)

성급한 사람과 사귀지 말고, 성을 잘 내는 사람과 함께 다니지 마라. 네가 그 행위를 본받아서 그 올무에 걸려들까 염려된다. (잠언 22장 24~25절)

성서는 또한 정당한 분노에 관해서도 말해 줍니다. 단적인 예는 예수님의 생애에서 찾아볼 수 있습니다:

예수께서 노하셔서, 그들을 둘러보시고, 그들의 마음이 굳어진 것을 탄식하시면서, 손이 오그라든 사람에게 "손을 내밀어라" 하고 말씀하셨다. 그 사람이 손을 내미니, 그의 손이 회복되었다. (마가복음 3장 5절)

에베소서 4장 26절에서 사도 바울은 두 가지 종류의 분노와 그 대처 방법에 관하여 이야기합니다:

화를 내더라도 죄는 짓지 마십시오. 해가 지도록 노여움(안달, 격노, 분개)을 품고 있지 마십시오.

이러한 방법을 여러분의 자녀에게 적용시킬 수 있는 길이 세 가지 있습니다. 여러분도 아이도 둘 다 화가 났을 경우에는, 이렇게 말하세요. "우리 둘 다 좀 진정해야 할 것 같구나. 5분간 숨 좀 돌리도록 하자. 그런 다음 내가 네 방으로 갈게. 거기서 우리 둘 다 서로에게 다른 식으로 이야기할 수 있는 방법을 모색해 보기로 하자꾸나." 이 때 유의해야 할 점은 반드시 타이머를 사용해야 한다는 것입니다.

만일 아이 혼자만 화를 내고 있을 때에는 이렇게 말하세요. "너 화가 많이 났구나? 5분 동안 숨 좀 돌리면서 마음을 가라앉히도록 하자. 네 방에 있어도 되고, 거실에 있어도 돼. 어느 쪽을 선택할래? "

만일 여러분 혼자만 화가 난 상태라면, 이렇게 말할 수 있습니다. "지금 막 화가 나는구나. 그런데 난 화를 내고 싶지 않거든. 그러니 마음을 좀 가라앉혀야겠어. 잠깐만 다른 방에 가 있을게. 내가 좀 진정되면, 그때 다시 이야기하도록 하자."[11]

선택

> 경계를 정한다는 것은 선택의 기회를 제공하는 것까지 포함합니다.
> 부모가 선택의 기회를 제공해 주는 자녀들은
> 어른이 될 준비가 갖춰져 있습니다.

경계를 정한다는 것은 선택의 기회를 제공하는 것까지 포함합니다. 우리의 삶은 선택들로 가득 차 있기 때문에 이것은 아주 현실적입니다. 어떤 선택들은 그저 생겨나는 반면, 어떤 선택들은 만들어지기도 합니다. 부모가 선택의 기회를 제공해 주는 자녀들은 어른이 될 준비가 갖춰져 있습니다. 반대로 선택의 기회를 전혀 제공 받지 못한 아이들은 삶을 헤쳐 나가는 데 좀 더 많은 어려움을 겪게 됩니다. 자녀들에게 선택의 기회를 제공하세요. 그렇게 하면 아이의 두뇌가 원활히 움직일 뿐 아니라, 여러분 자신의 삶도 편안해집니다. 한 번은 세 살, 여섯 살, 아홉 살짜리 아이들의 부모와 이야기를 나눴는데, 하나같이 똑같은 질문을 하더군요: "어떻게 해야 아이들과 덜 싸울 수 있죠? 제가 아이들에게 시키는 일은 정말 간단해요. 그냥 일상적인 허드렛일뿐이에요. 이런 간단한 요구들을 좀 더 나은 방법으로 전달할 수 있는 방법이 분명히 있을 것 같은데, 맞죠?"

예, 맞습니다. 〈사랑과 논리의 자녀 교육〉이라는 책의 저자는 아주 효과적인 방안 하나를 제시합니다 ─ 바로 "아이 스스로 생각하게 만드는 단어들"을 사용하라는 것입니다.

아이들은 우리가 시켜서 하는 것보다는 자기 스스로 다짐해서 하는 경우에 더 많은 것들을 배웁니다. 물론 아이들은 우리가 시키는 대로 잘 해낼 수 있습니다. 하지만 그런 경우엔 자기 자신이 아닌 다른 사람 ─ 우리 부모들 ─ 의 목소리로부터 복종의 동기가 부여됩니다. 아이들은 자기 자신의 머릿속에서 나오는 것을 믿습니다. 스스로 선택을 하도록 기회를 제공할 경우, 아이들은 생각을 하고, 선택을 하고, 그 일로부터 교훈을 얻습니다. 바로 그렇기 때문에 좋은 부모들은 아이가 아주 어렸을 때부터 아이 스스로 생각하게 만드는 단어들로 질문을 던지길 좋아합니다: "코트를 들고 갈래, 아니면 입고 갈래?" "부츠를 지금 신을 거니, 아니면 차에 싣고 갈 거니?" "텔레비전 앞에서 조용히 놀래, 아니면 네 방에서 소란 피우며 놀래?"

좋은 부모들은 다음과 같이 싸움을 거는 것 같은 말투는 사용하지 않습니다: "당장 코트 입어!" "내가 부츠 신으라고 말했지? 그러니까 얼른 신어! 밖에 눈 온단 말이야!" "지금 축구 경기 볼 거니까 조용히 좀 해!"[12]

차이점을 알겠습니까? 선택의 기회를 제공하는 건 아이가 논쟁하거나 들볶지 않고 협력하게 만드는 방법입니다.

〈사랑과 논리의 자녀 교육〉 저자들은 또한 다음과 같이 제안합니다: 자녀에게 무슨 일을 하라고 시키지 마세요. 무슨 일은 하지 말라고 금지하지도 마세요. 무슨 일은 아이를 위해서 안 하겠다고 말하지도 마세요. 오히려 정반대로 이야기하세요.

여러분이 허락할 수 있는 일들을 이야기하세요 ─ '네 일만 끝내면 얼마든지 우리와 함께 저녁 식사를 할 수 있어.”

여러분이 할 일들을 이야기하세요 — “네가 책상을 치우고 다 닦아 낸 다음에, 곧바로 네 숙제를 도와 줬으면 좋겠는데.”

여러분이 제공할 수 있는 것들을 이야기하세요 — “지금 우리가 먹는 걸 함께 먹어도 되고, 아니면 굶었다가 다음 식사가 더 나은지 두고 봐도 돼.”[13]

어때요, 여러분도 할 수 있겠습니까? 물론 연습만 하면 얼마든지 가능합니다. 좀 더 나아지길 바라고 있는 일이 있다면(여러 가지라도 괜찮아요), 그 일에 관해 한 번 생각해 보세요. 그 일이 현재 진행되고 있는 상황을 기억나는 대로 적어 보세요. 그런 다음, 이번에는 그 일을 다시 작성하세요. 자녀에게 선택권을 주는 방향으로 말입니다. 앞에서 제시했던 몇 가지 말들을 반드시 집어넣으세요: “얼마든지,” “좋겠는데,” “할 수 있어.”

예, 여러분 쪽에서 고민을 좀 해야 합니다.

예, 여러분 쪽에서 시간을 좀 투자해야 합니다.

예, 이것으로 인해 놀란 아이는, 생각을 하기 시작하고, 여러분의 말에 따르기 시작할 것입니다. 그런데도 굳이 다른 방법을 취함으로써 손해 볼 필요가 어디 있습니까?

규칙을 세웠다면, 반드시 결과가 따라야 합니다. 결과는 경계 설정의 두 번째 요소입니다. 결과를 통해서 아이들은 무엇이 적합하고 무엇이 부당한가를 배우게 됩니다 — 그리고 가장 중요한 것은, 누가 책임자인가를 알게 되는 것이지요. 결과는 또한 아이가 자신의 선택과 행동에 책임을 지도록 만들어 줍니다.

결과

결과는 어른이 되기 위한 좋은 훈련 방법입니다. 전화 요금을 지불하지 않으면 전화 서비스는 차단됩니다. 전기나 가스도 마찬가지입니다. 신용 카드도 대금을 제 날짜에 지불하지 못한다면, 연체금을 갚을 때까지 그 카드를 사용할 수가 없습니다.

나는 거의 40년 동안이나 이 원칙들을 준수해 왔습니다. 이 원칙들을 처음 접한 건 랜돌프 드레이커의 저서인 〈자녀들아, 도전하라〉였는데, 대학원생 시절 그 분 아래서 연구를 했던 어느 교수님이 소개해준 책이었습니다. 나는 이 원칙들이 한 아이에게 뿐만 아니라 백오십 명의 아이들에게도 똑같이 효과가 있다는 사실을 알게 되었습니다.

목사직을 맡고 있던 젊은 시절, 나는 백 명이 넘는 십대 청소년들과 여러 차례 모임을 가졌습니다. 한 번은 특별 강연자가 우리 교회에서 강연을 하게 되었는데, 아이들에게도 그 분의 메시지를 들려주고 싶었습니다. 하지만 엄청난 혼란은 피하고 싶었습니다. 그래서 아주 간단한 규칙을 만들었습니다. 그리고 이렇게 말했습니다. "오늘밤 강연을 들으러 이곳에 온 여러분들을 보니 정말 기쁘네요. 나는 여러분이 오늘밤 강연으로부터 최대한 많은 것들을 얻어 갔으면 좋겠어요. 여러분 역시 그러길 바랄 겁니다. 왜냐하면 여러분 스스로 이곳에 오는 걸 선택했으니까요. 자, 이제 우리가 지켜야 할 간단한 규칙 한 가지를 알려 드리겠습니다. 내가 바라는 건 오직 한 가지, 주변 친구들을 방해하는 일 없이, 강연자의 말에 완전히 집중해서 귀 담아 들으라는 것입니다. 그렇게 하면 여러분은 여기에 남아 있는 쪽을 선택한 셈이 됩니다. 하지만 소란을 피우고 주변 친구들을 방해하는 사람은 이 강연을 포기하고 그냥 돌아가는 쪽을 선택하게 되는 것이지요. 여러분의 협조에 감사드립니다."

이렇게 말하고 나서는, 내가 말한 것을 과연 그대로 실행할지 안 할지를 알아보기 위해 경계선을 넘어오는 아이가 있나 없나 살펴보았습니다. 마침내 한 아이가 경계선을 넘어 오자, 나는 그 아이에게 돌아가 달라고 부탁했습니다. 그 십대 아이는 결코 내쫓긴 게 아닙니다; 본인 스스로 그런 결과를 선택한 것뿐이지요. 그리고 다른 아이들은 굉장히 좋은 태도로 강연을 들었습니다.

여러분 역시 일관적으로 결과를 이용해야 합니다. 신뢰할 만한 사람이 되어야 하는 것입니다.

결과로 효과를 보려면, 그 결과가 (1) 즉각적이어야 합니다. 그래야 아이가 적절치 못한 행동과 그 결과를 제대로 연결 지을 수 있으니까요. 또한 결과는 (2) 규칙을 엄하게 잘 지키는 부모에 의해 주어져야 합니다. 게다가 (3) 결과가 규칙 위반과 관련된 것이라면 금상첨화겠지요. 예를 들어서, 아이가 형제와 싸우다가 스케이트보드를 잃어버린 것 같은 일은 별로 중요치 않습니다.

결과는 절대로 처벌이 아닙니다; 결과는 아이의 선택에 따른 논리적 결과입니다. 결과에 대해서, 어떤 작가는 다음과 같이 말했습니다. "여러분은 그저 즐거움만 앗아갈 뿐입니다. 아이가 다른 책임을 완수해 낼 때까지 움직일 수 있는 권리를 부인하는 것이지요." 14)

시간을 정할 때는 합리적으로 정하세요. 기간이 오래 걸리는 결과보다는 짧은 결과가 더 낫습니다. 만일 아이가 산만하다면, 두 시간 동안 혼자 두는 것보다는 차라리 십 분 정도만 혼자 있게 하는 것이 좀 더 많은 것들을 깨우치게 해줄 수 있습니다. 십 분이 넘어설 경우 아이는 다른 생각거리나 놀이를 찾아내게 될 것이고, 그렇게 되면 아무 것도 배울 수가 없습니다.

어떤 결과들은 아주 당연히 주어지기도 합니다. 쿠키는 테이블 위에 놓아두라고, 그래야 강아지가 먹어 치우는 일이 없을 거라고 알려 주었는데, 만일 아이가 마룻바닥에 쿠키를 내려놓았다면, 다음부터는 여러분의 말을 잘 따라야겠다는 교훈을 얻게 될 것입니다 — 여러분이 괜한 동정심에서 쿠키를 다시 주지만 않는다면 말입니다. 여러분은 이렇게만 이야기하면 됩니다. "강아지가 쿠키를 먹어 버리면, 그걸로 끝이야."

만일 여러분의 자녀가 늦잠을 자서, 차를 놓치고, 그래서 여러분이 학교까지 실어다 줘야 하는 형편이라면, 분명 그 아이는 응석받이로 자라고 있는 게 맞습니다. 이제 그 아이는 당연한 결과를 경험할 필요가 있습니다. 당연한 결과란 무엇입니까? 〈사랑과 논리의 자녀 교육〉 저자들은 아주 좋은 예를 제시해 줍니다:

하루는 수업 시작 20분 전에 데이빗이 큰 소리를 지르면서 아래층으로 내려왔다. 엄마는 온화하게, 하지만 아주 단호한 어조로 말했다. "네가 일어나서 다행이구나. 오늘은 네 방에서 뭘 할 거니? "

"제 방이요? " 데이빗이 물었다. "학교 가야죠."

"그래? 그거 좋겠구나." 엄마가 말했다. "그런데 어떻게 학교까지 갈 거야? 버스는 10분 전에 떠나 버렸는데 말이야."

"그야 물론 엄마가 태워다 줄 거잖아요? " 데이빗이 대답했다.

"어, 미안한데 말이야," 엄마가 말했다. "난 못 태워 줘. 하루 종일 집안일 때문에 바쁠 거야. 그러니 다른 차를 타고 학교에 가던가, 내일에 방해가 안 되도록 학교 수업 시간처럼 하루 종일 네 방안에 있던가, 마음대로 선택하렴."

"그리고 점심시간이 되면 네 맘대로 뭘 만들어 먹어라." 엄마는 계속해서 이렇게 말했다. "오후에도 내 볼일이 안 끝나면, 너를 돌봐 줄 사람을 오라고 할게. 그 사람에게 줄 돈이 없더라도 걱정하지는 마라. 내가 빌려줄 테니, 이번 주 안에 갚으면 돼. 아니면 심부름을 해줘도 되고. 그러니 지금 당장은 문제될 게 없지."

"하루 잘 보내라, 데이빗. 보통 때 하교 버스로 집에 돌아오는 시간에, 그러니까 오후 3시 30분에 만나자."

　물론, 다음 날 아침 데이빗이 사유서를 써달라고 조르면, 엄마는
이렇게 말할 겁니다. "아, 무슨 말인지는 나도 잘 알아. 사유서에다
네가 학교에 결석한 이유를 설명해 주면 얼마나 좋겠니? 하지만, 너
도 잘 알다시피, 그건 네가 아팠을 경우에만 써주는 거야. 오늘 하루
도 잘 보내라."[15)

　당연한 결과 이외에도 여러분 자신이 마련한 결과, 즉 상황과 관련된
논리적 결과도 있습니다. 이 때 여러분이 하는 말은 모두 처벌이 아니라
선택이어야 합니다. 그리고 조용한 목소리로 즉석에서 이야기해야 합
니다.

　"샐리, 새 게임을 동생과 함께 한 라운드씩 번갈아 가며 할 수도 있고, 아
니면 게임을 아예 치울 수도 있는데, 둘 중에서 어느 쪽을 선택할 거니? "

　"짐, 무릎 보호대하고 헬멧을 착용하면 스케이트보드를 탈 수 있어.
착용하는 걸 잊어버리면 탈 수 없는 거야. 어느 쪽인가는 네 선택에 달
려 있어."[16)

　그나저나 여러분의 자녀에게는 어떤 규칙이 있습니까? 그때그때 상
황에 따라 만드나요, 아니면 미리 생각을 깊게 해서 계획해 두나요? 무
엇을 할지 안 할지 결정하는 사람은 바로 부모입니다. 많은 아이들이 스
스로 결정을 내리고 싶어 하지만, 그들은 아직 결정을 내릴 수 있을 만
한 능력이나 자원이 없습니다. 그러므로 부모 쪽에서 힘을 지니고 있어
야 합니다.

　텔레비전이나, 영화, 음악, 활동, 외출, 전화 통화, 다른 친구들 집에서
보낼 수 있는 시간, 친구들 집에 있을 때의 감독, 친구들과의 말썽 같은
것들에 대해서, 여러분은 어떤 규칙을 세워 두고 있나요? 한두 번 정도

는 반드시 이런 것들에 관해 생각해 봐야만 합니다.

어떤 부모들은 여러 개의 규칙을 정해 놓고 조금씩 일시적으로 강화해 가기도 합니다. 또 어떤 부모들은 몇 가지 규칙을 아주 단호하게 지키기도 합니다. 이 때 중요한 것은 여러분의 전투가 신중해야 한다는 것입니다. 여러분이 요구하고 있는 게 과연 그 정도로 중요한 것인가요? 1에서 10까지의 범위로 나눈다면 과연 어느 정도나 중요한 것인가요? 이게 정말로 앞으로 일주일 동안이나 싸워야 할 문제인가요?

경계와 결과, 선택은 효과가 있는 방법입니다. 한 엄마는 자기 아이들과 치룬 전투에 대해 다음과 같이 이야기해 주더군요. "우리 애들은 식당에 갈 때나 식료품 가게에 갈 때마다 야단법석을 떨었어요. 그래서 아이들이 서너 살이었을 때 우린 계획을 세웠지요. 보드지로 표를 만들어서, 아이가 버릇없이 굴 때마다 한 장씩 주는 거예요. 집에 돌아가면 표 한 장 당 5분씩 앉아 있어야 했지요. 그러다가 표 세 장이 다 떨어져 버리면, 우리 가족 모두 일찍 돌아와야 하고, 아이들 역시 일찍 잠자리에 들어야 되는 거죠. 처음에는 굉장히 자주 표를 줘야 했어요. 하지만 머지않아 아이들 스스로 표를 받을 건지 안 받을 건지 선택해야 한다는 사실을 깨닫게 되더군요."

또 어떤 엄마는 아들들 뒤를 졸졸 따라다니면서 뒤처리를 해야 했기 때문에 항상 아이들에게 불평을 해야 했고 그래서 괴로웠다고 말했습니다. "아무 것도 소용이 없는 것 같았어요. 결국엔 아들들을 앉혀 놓고 새 규칙에 대해 이야기했죠. 효과를 거둘 수 있는 규칙에 대해서요. 그건 아이들이 돈을 저축하도록 만드는 엄청난 기회이기도 했어요. 아이들 모두 내가 따라 다니면서 물건을 치울 때마다 1달러씩 지불하라고 했어요. 말다툼 같은 건 전혀 없었어요. 그 규칙을 다들 알고 있었으니까요. 순전히 아이들의 선택에 달려 있었지요. 우리 집은 그전보다 훨씬 갈끔해졌고, 그래서 나도 훨씬 행복해요."[17]

자녀에게 요구하기

우리가 부모로서 할 수 있는 교육과 훈련의 대부분은 바로 요구를 하는 것입니다. 여러분은 자녀에게 어떤 식으로 요구를 해야 하는지, 혹시 들어본 적이 있습니까?

자녀에게 요구를 할 때에는, 수사적인 의문문을 사용하지 마세요. 이런 의문문은 진짜 의문문이 아닙니다. 여기에는 다른 요구가 숨겨져 있거나 위장되어 있습니다. 이런 질문에는 수치심이나 죄책감이 따르게 되어 있습니다.

아이에게 방을 치우라고 요구한 뒤 아이 방에 들어갔는데, 여전히 엉망진창인 모습을 본 적이 있습니까? 이런 경우, 대부분의 부모들은 이렇게 말할 것입니다. "네 방이 어째서 아직도 어질러져 있는 거니?" 하지만 그런 질문 다음에 여러분이 정말로 하고 싶은 말은 무엇인가요? 어째서 방이 아직까지 더러운지를 정말로 알고 싶은 건가요, 아니면 이미 그 대답을 알고 있는 건가요? 여러분이 정말로 하고 싶은 말은 무엇인가요?

그러면 이런 질문은 어떨까요? "넌 언제나 클래?" 이 질문에 대한 대답을 정말로 원하시나요? 이런 질문에 대해 아이가 뭐라고 대답을 할 경우, 여러분은 어떤 식으로 대답할 겁니까? 아이가 여러분의 질문을 액면 그대로 받아들여서, 다음과 같이 대답한다면 어떻게 할 건가요? "글쎄요, 성장하려면 앞으로도 몇 년 더 기다려야 한다고 생각해요. 지금은 이게 더 즐겁거든요." 이런 대답을 들으면 화가 나서, 건방지게 딱딱거리는 아이의 말투를 야단치고 벌을 내릴 겁니까? 도대체 왜요? 아이는 여러분의 질문에 대답한 것뿐이잖아요.

아이에게 무슨 일을 시켰는데 깜빡 잊어 버렸다고 하면 어떻게 할 건가요? 어떤 부모들은 아이가 하고 있던 일을 멈추고, 잊었던 일을 당장 하기를 원해서, 그렇게 하라고 요구할 것입니다. 또 어떤 부모들은 "그런 걸 잊어버리는 사람이 어디 있니?"라고 물어볼 수 있습니다. 이런 질문은 방어적인 변명이나, 건방지게 딱딱거리는 대답이나, 혹은 "몰라요" 같은 대답만 이끌어 낼 뿐입니다. 이런 식의 질문 뒤에는 아마도 다음과 같은 생각이 숨어 있을 것입니다. "그렇게 경솔한 사람이 어디 있어? 우리 아인 정말 무책임해. 도저히 그 아이한테 맡겨둘 수 없어." 분명히 아이 역시 이러한 여러분의 생각을 꿰뚫어 보고 있을 것입니다.

어떤 부모들은 이런 식의 질문을 하면서, 아이가 얼른 힌트를 알아채고 제대로 따라 주기를 기대합니다. 그런 부모들을 난 도저히 이해할 수가 없습니다. 아이에게는 상세하게 설명을 해줘야 합니다.

부모는 아이가 괴로워할 수 있도록 놔두고,
그동안 맘을 편하게 가져야 합니다.

그런데 혹시 여러분은 해결사가 아닌가요? 우리 가운데에는 그런 부모가 많을 것입니다. 아이가 문제에 부딪힐 때마다 우리는 해결해 주고 싶어 안달을 합니다. 우리 아이들은 나이를 먹어감에 따라 자연히 더 많은 지혜와 경험을 쌓아 가게 되어 있습니다. 하지만 그 과정을 좀 빨리 앞당길 수도 있는데요, 불행히도 그렇게 할 경우, 아이들은 자칫 우리에게 고착될 수 있습니다. 결국은 아이가 성장한 후에도 스스로 문제를 해결할 수 없도록 우리가 방해하는 셈이 되지요.

어떤 부모들은 아이가 결과를 경험하지 못하도록 방해하기도 합니다. 결과를 통해서 아이가 교훈을 얻기도 전에 뛰어들어 방해하는 것이지요. 만일 아이가 성인이 된 다음에야 비로소 뒤늦게 이런 교훈을 얻게 된다면, 그 결과는 아주 심각할 것입니다. 그리고 그 때에는 아무도 이 아이를 구하러 오지 않을 것입니다.

아이가 괴로워할 때 여러분은 어떤 느낌이 드나요? 한 번 생각해 봅시다. 어떤 부모들은 여기에 잘 대처할 수 있지만, 어떤 부모들은 아이를 구출해 주기도 합니다. 부모는 아이가 괴로워할 수 있도록 놔두고, 그동안 맘을 편하게 가져야 합니다. 성서에는 이런 말씀이 들어 있습니다: "모든 훈련은 그 당시에는 즐거움이 아니라 괴로움으로 생각되지만, 나중에는 이것으로 연단 받은 사람들에게 의로움이 깃든 평화로운 열매를 맺게 합니다"(히브리서 12장 11절).

결과를 배우려면 먼저 결과를 경험해야만 합니다.[18]

존 그레이는 아이가 여러분에게 문젯거리를 가져왔을 경우 5초간 멈출 것을 제안합니다. 5초 동안 아이가 자신의 감정이 무언지를 느낄 수 있도록 해준 다음, 여러분이 생각하는 아이의 느낌에 대해서 되짚어 보세요. 이렇게 하면 아이도 여러분이 이해하고 있다는 사실을 알게 될 것이고, 이런 식의 감정을 가져도 괜찮다는 사실을 알게 될 것입니다. 또한 이런 경험을 통하여 아이는 삶이 언제나 자기가 바라는 대로 굴러가는 건 아니라는 사실을 깨닫게 될 것입니다.

아이가 "어떻게 해야 할지 정말 모르겠어요"라고 말한다 할지라도, 아직은 해결의 준비가 안 되어 있을 수 있습니다. 아이를 기다려 주세요. 만일 아이가 "하지만 엄마는 이해 못해요"라고 말하더라도, 절대 아이와 다투지 마세요. 사실 우리는 아이의 기분을 이해하지 못할 수 있습니다. 여러분은 이렇게 얘기해본 적이 있습니까? "네가 옳은 것 같아, 어쩌면 내가 이해 못하는 것일 수도 있어. 그러니 한 번 더 말해 줄래?"[19]

다음은 몇 가지의 전형적인 해결책과 그것을 대신할 만한 대답을 제

시한 것입니다:

해결책 제시	동 감
	5초간 멈춘 다음 이렇게 말하기:
울지 마라.	실망스럽다는 거 잘 알아.
걱정하지 마.	어려운 상황이구나. 네가 걱정하고 있는 거 나도 알아.
내일이면 괜찮아질 거야.	힘들겠구나. 실망스럽다는 거 잘 알아.
이건 그렇게 큰일도 아니야.	네 맘이 아픈 거 나도 알아. 내가 꼭 안아 줄게.
야, 네가 다 이길 수는 없어.	네가 슬프다는 거 알아. 나라도 슬펐을 거야.
일이 더 나빠질 수도 있었어.	네가 두려워하고 있다는 거 알아. 나라도 두려웠을 거야.
넌 잘 할 거야.	모든 게 다 괜찮아질 거야. 네가 무섭다는 거 알아. 정말 무섭겠다.
그 정도로 중요한 일은 아냐.	질투하는 건 괜찮아. 나라도 질투가 났을 거야.
다음 기회가 있을 거야.	나한테 그런 일이 생겼다면, 나 역시 실망스러웠을 거야.[20]

　어떤 부모들은 자녀를 떠나보내는 게 힘들어서 경계와 선택의 기회를 제대로 제공하지 못하는 경우도 있습니다. 그러니 매일 아침 스스로에게 다음과 같이 물어 보세요:
　우리 아이가 삶속에서 수행해야 할 사소한 임무들 가운데, 내가 대신

해서 맡고 있는 것은 무엇인가? 우리 둘 다 그것을 위임할 준비가 정말로 되어 있는가?

내가 아이에게 그 활동에 대한 자유를 넘겨주기 전에, 좀 더 많은 가르침을 받고 좀 더 심오한 결정을 내리기 위해 필요한 활동은 무엇인가?

우리 아이가 지금 경험하고 있는 것들 가운데, 내가 계속해서 지켜봐야 할 부분이 있는가? 혹은 내가 아이에게 해줄 만한 조언이 있는가?

내가 너무 엄하게 대할 경우, 아이와 나 사이에 스트레스가 생길 만한 부분이 있는가?

아이를 놔주기에는 아직 너무 이른 시기라고 생각할 만큼, 스트레스가 쌓이는 부분이 있는가?

> 어떤 부모들은 자녀를 떠나보내는 게 힘들어서
> 경계와 선택의 기회를 제대로 제공하지 못하는 경우도 있습니다.

자녀들을 위해 여러분이 정해야 할 경계는 무엇입니까? 예, 아이들은 물론 저항할 것입니다 — 하지만 여러분 쪽에서 지속적으로, 부드럽게, 그러면서도 단호하게 접근해 나간다면, 분명히 아이에게 필요한 체계와 안전을 제공할 수 있을 것입니다. 여러분은 얼마든지 그 일을 해낼 수 있습니다.

12
열두 번째 비결

좋은 부모는
최종 목표에 집중한다.

 "**많**은 재산보다는 명예를 택하는 것이 낫고, 은이나 금보다는 은총을 택하는 것이 낫다"(잠언 22장 1절).

이 구절을 기억하십니까? 이것은 제2장의 결론이었습니다. 그리고 이것은 좋은 부모들이 자녀를 교육하는 목표이기도 합니다 — 독특한 사람, 특별한 사람, 세상에 동조하지 않는 그리스도인이 되는 것 말입니다. 안전하게, 무조건적인 사랑을 받으면서도, 응석받이로 자라지 않은 아이들은 순전한 백성이 되기 위한 최고의 조건을 갖춘 셈입니다. 이제까지 우리는 자녀가 책임감 있는 사람 — 책임을 질 줄 아는 사람이 순전한 사람입니다 — 으로 자라나게끔 도울 수 있는 방법에 관하여 살펴보았습니다. 그것은 우리 부모들이 성취하고자 하는 원대한 목표입니다.

순전함이라는 단어는 활동적인 단어입니다. 잠언 11장 3절에는, "정직한 사람은 성실하게 살아, 바른 길로 간다"고 기록되어 있습니다. 이 구절이 의미하는 것은, 하나님의 말씀이 비추는 빛을 따라 걷는 사람은, 어느 곳을 가든지 확신을 갖고 앞으로 나아간다는 것입니다.[1]

이 순전함이라는 단어가 성서에서 쓰일 때에는, "건전하고, 완벽하고, 얼룩이나 흠이나 패배가 전혀 없는" 것을 의미합니다. 성서 시대에는 코닝웨어나 노리다케 차이나 같은 그릇이 없었습니다. 고작해야 점토로 만든 접시와 컵, 항아리가 전부였죠. 도공이 접시의 형태를 빚고, 수제 가마에서 굽고, 그것을 다시 식히기까지는 굉장히 많은 시간이 걸렸습니다. 불행히도, 나무로 불을 때는 가마는 온도가 불규칙했기 때문에, 열을 식히는 과정에서 점토가 갈라지기 일쑤였습니다.

진정한 장인은 흠집이 생긴 것들을 산산이 깨부수고 처음부터 다시 시작하곤 하였습니다. 하지만 비양심적인 도공들은 흠집이 생긴 곳을 밀랍으로 메운 다음, 전체를 다시 색칠하였습니다. 이렇게 흠집이 있는 그릇들은 처음 몇 번 동안은 그냥 사용해도 괜찮았습니다. 하지만 그 그릇에 아주 뜨거운 음식을 담을 경우, 밀랍이 금세 녹아버려 결국 흠집이 폭로되고 말았습니다.

그렇기 때문에 정직한 도공들은 자기가 만든 항아리 밑바닥에 "밀랍을 사용하지 않음"이라고 새겨 넣기 시작했습니다. 이 글자가 새겨져 있는 그릇은 곧 고도의 기술로 만든 그릇, 뜨거운 불길을 이겨낸 그릇, 긴 시간의 테스트를 통과한 그릇이라는 증거였습니다. 그야말로 완전무결한 그릇이었죠.

> "의인은 흠 없이 살며, 그의 자손이 복을 받는다."(잠언 20장 7절)

하나님의 말씀은 이 순전함에 관하여 여러 가지 것들을 들려줍니다. 순전함은 우리를 바른 길로 올라가는 사다리 쪽으로 안내해 줍니다: "나의 아우 하나니와 성채 지휘관 하나냐에게 예루살렘 경비를 맡겼다. 하나냐는 진실한 사람이고, 남다르게 하나님을 두려워하는 사람이었다"(느헤미야 7장 2절). 순전한 사람이 되기 위해서는, 이 세상의 눈으로 볼 때 중요한 것들을 희생해야 합니다. 하나님의 눈으로 볼 때, 순전한 사람이 되는 것이야 말로 하나님의 가르침을 따를 수 있는 가장 신속하고도 확실한 방법입니다.

순전함은 우리를 확실한 곳으로 안내해 줍니다: "정직한 사람은 성실하게 살아, 바른길로 가지만, 사기꾼은 속임수를 쓰다가 제 꾀에 빠져 멸망한다"(잠언 11장 3절).

순전함은 우리가 실족하지 않도록, 안 미끄러운 길을 준비해 줍니다: "흠 없는 사람의 나날은 주께서 보살펴 주시니, 그 유산은 대대로 이어지고"(시편 37편 18절).

순전함은 우리 아이들에게 절대로 실패하지 않는 축복을 내려 줍니다: "의인은 흠 없이 살며, 그의 자손이 복을 받는다"(잠언 20장 7절).

순전함은 가난한 사람을 부유하게 만들어 줍니다: "거짓말을 하며 미련하게 사는 사람보다는, 가난해도 흠 없이 사는 사람이 낫다"(잠언 19장 1절).

순전함은 모든 사람들을 더 나은 방향으로 이끌어 줍니다: "주 하나님은 태양과 방패이시기에, 주께서는 은혜와 영예를 내려 주시며, 흠 없이 사는 사람들에게 좋은 것을 아낌없이 내려 주십니다"(시편 84편 11절).

순전함은 하나님을 기쁘시게 해야 하는 테스트를 통과합니다: "나의 하나님, 주께서는 사람의 마음을 헤아리시고, 정직한 사람을 두고 기뻐하시는 줄을 제가 압니다"(역대상 29장 17절).

순전함은 우리가 우리 구세주를 좀 더 좋아하게 만들어 줍니다: "선생님, 우리는 선생님이 진실한 분이시고, 하나님의 길을 참되게 가르치시며, 아무에게도 매이지 않으시는 줄 압니다"(마태복음 22장 16절).

만일 이 순전함이 실생활에서 어떻게 드러나는가를 알고 싶다면, 다음에 적어 놓은 어느 어머니의 이야기를 한 번 생각해 보십시오.

"우리 아들은 고등학생인데요, 하루는 이런 말을 하더군요. '오늘 아침은 학교 가기 싫어요.'

'왜? 어디 아프니?'

'아뇨, 하지만 오늘은 내셔널 뱅크 데이잖아요. 물론 시니어 스킵 데

이로 더 많이 알려져 있긴 하지만 말이에요. 그래서 모두들 학교에 안 갈 거예요.'

'글쎄, 다들 학교에 안 가더라도 넌 가는 게 좋겠구나.' 결국 아들은 집을 나섰어요. 그런데 우리 아이 학교 교장 선생님은, 아이가 학교를 결석할 경우 부모의 허락을 받아야 하고, 부모는 그 사실을 학교 당국에 알려 줘야 한다고 주장하는 분이었어요. 그걸 안 지키면 영락없이 그분에게서 전화가 걸려 와요. 그 날 저녁 9시 30분쯤이 되자 전화벨이 울렸고, 받아 보니 교장 선생님이었어요. '존이 어디 아픈가요?' 하고 물으시더군요.

'존이 어디 아프냐고요? 무슨 말씀이신지 잘 모르겠는데요.'

'저기, 오늘 존이 학교를 결석했거든요. 그런데 집에서 아무런 전화도 없으셔서요.'

한 방 크게 먹은 상태에서, 전 이렇게 말했어요. '존이 제 말을 어긴 거예요. 전 학교에 가라고 했는데 말이죠.'

그러니까 교장 선생님이 이렇게 말씀하시더군요. '그럼, 잘 아시겠지만, 제가 존을 좀 훈계해야 할 것 같네요.'

'선생님은 선생님대로 신경 좀 써주세요. 저도 나름대로 교육 좀 시키겠습니다.' 전 이렇게 말했어요.

그리고는 존과 얼굴을 마주 보고 물었어요. '어째서 오늘 학교에 안 갔니?'

'아무도 학교에 안 갔거든요.'

전 화가 났어요. '다른 학생들이 학교에 갔느냐 안 갔느냐는 상관없어. 넌 학교에 갔어야 했던 거잖아.' 그런 다음 벌로 얼마간 외출을 금지시켰어요.

다음 날 아침 집을 나서면서, 화가 나는지 뭐라고 중얼거리더군요. 전 존이 오후에 집에 돌아올 때에도 여전히 부루퉁해 있을 것이라고 생각했어요. 그런데 안 그렇더라고요. 천천히 집안으로 들어오더니, 오히려 '고맙습니다' 하고 인사를 하는 거였어요.

전 애가 무슨 소릴 하는 건가 싶어서 다시 물어 봤어요. '방금 뭐라고 했니?'

'고맙다고요.'

'뭐가?'

'오늘 굉장히 자랑스러웠거든요. 우리 교장 선생님이 어제 아침 8시부터 밤 10시까지 모든 학부모에게 전화를 걸어서, 아이가 학교를 결석했다고 알려 드렸대요. 그런데 교장 선생님이 이렇게 말씀하시더라고요. "진실을 있는 그대로 말씀해 주신 분은 너의 어머니 한 분뿐이셨단다." 존이 이렇게 말하더군요. '그 점에 대해서 고마워요, 엄마.'"[2]

순전함이란?

여러분의 자녀는 이 세상을 살아가는 동안 아주 많은 결정의 순간들을 직면하게 될 것입니다. 그 가운데에는 물론 몇 세기 전에는 전혀 필요 없었던 결정들도 속해 있겠지요! 마약에 대해서 찬성할 것인가 반대할 것인가? 혼전 성교에 대해서 찬성할 것인가 반대할 것인가? 사람을 유혹하는 종파 지도자에 대해서 찬성할 것인가 반대할 것인가? 잘못된 결혼 상대자에 대해서 찬성할 것인가 반대할 것인가? 아이들에게도 분명 여러분처럼 통찰력과 지혜와 도움이 필요한 시기가 올 것입니다.

> 여러분 가운데 누구든지 지혜가 부족하거든,
> 아낌없이 주시고 나무라지 않으시는 하나님께 구하십시오.
> (야고보서 1장 5절)

여러분의 자녀들이 현재 그리고 미래에 내려야만 하는 온갖 결정들에 관하여 생각해보면 정말이지 걱정이 됩니다. 혹시라도 여러분의 자녀가 나중에 학교를 그만 두고 거의 혹은 전혀 의미가 없는 "직업"을 갖게 된다면 어떨 것 같습니까? 하나님께서 주신 잠재 능력을 전혀 발휘하지 못한다면요?

아무리 걱정되더라도 지레 겁부터 먹지 마십시오. 지금은 "만일 …… 한다면? " 식의 질문으로 걱정만 하고 있을 때가 아닙니다. 올바른 결정은 지혜와 분별력으로부터 옵니다. 그리고 야고보서 1장 5절에는 이러한 자질이 하나님으로부터 비롯된다고 쓰여 있습니다: "여러분 가운데 누구든지 지혜가 부족하거든, 아낌없이 주시고 나무라지 않으시는 하나님께 구하십시오. 그러면 받을 것입니다."

> **지혜가 악한 사람의 길에서 너를 구하고. (잠언 2장 12절)**

하나님의 말씀을 읽고, 연구하고, 암기하세요. 여러분과 자녀에게 지혜를 주시라고 기도하세요. 또한 다음 구절들을 생각해 보세요:

"너의 마음을 다하여 주님을 의뢰하고, 너의 명철을 의지하지 말아라. 네가 하는 모든 일에서 주님을 인정하여라. 그러면 주님께서 네가 가는 길을 곧게 하실 것이다." (잠언 3장 5~6절)

"지혜가 으뜸이니, 지혜를 얻어라. 네가 가진 모든 것을 다 바쳐서라도 명철을 얻어라. 지혜를 소중히 여겨라. 그것이 너를 높일 것이다. 지혜를 가슴에 품어라. 그것이 너를 존귀하게 할 것이다." (잠언 4장 7~8절)

"지혜가 네 마음속에 들어가고, 지식이 네 영혼을 즐겁게 할 것이
다. 분별력이 너를 지켜 주고, 명철이 너를 보살펴 줄 것이다. 지혜가
악한 사람의 길에서 너를 구하고, 겉과 속이 다르게 말하는 사람에
게서 너를 건질 것이다." (잠언 2장 10~12절)

아이가 지혜를 소중히 여기고 지혜를 추구할 줄 알게 만드는 최선의
방법은 바로 여러분이 먼저 모범을 보이는 것입니다. 존의 어머니가 그
랬던 것처럼, 여러분도 순전함의 모델이 되십시오.

자, 모범을 보이는 것으로 다시 한 번 되돌아가 볼까요? 만일 여러분
의 자녀가 어떤 성격적 특성을 지녔으면 좋겠다 싶은 게 있다면, 가정에
서 그것을 경험할 수 있게 하십시오. 그것이 가장 좋은 방법입니다.

나는 이 책에서 내가 말하고자 했던 대부분의 내용들을 하나로 요약
해 놓은 연구 요약판을 우연히 발견하게 되었습니다. 이것은 책임감 있
는 아이들은 바로 다음과 같은 가정에서 길러진다는 사실을 입증해 주
었습니다:

그런 가정들은 사랑과, 애정과, 확신과, 자녀의 삶에 대한 관심과, 긍
정적인 피드백과, 적절한 칭찬을 통해서 아주 따뜻한 분위기가 조성되
어 있었다. 여러분 가정에서도 이런 것들을 찾아볼 수 있는가?

이런 가정들은 또한 확고한 통제권을 보여 주었다. 중요한 문제들
에 대하여 분명한 규칙들을 지니고 있었다. 아이들은 그 규칙을 이
해할 수 있을 뿐 아니라, 그것의 결과가 어떠한가도 알고 있었다. 처
음에는 토의와 이유 설명을 거치게 되지만, 이게 효과가 없을 경우
에는 고립과, 특권 부인과, 자유의 억제로 점점 나아간다. 여러분의
자녀는 가정의 규칙에 관하여 뭐라고 이야기할까?

셋째, 말려드는 일이 전혀 없었다(감정적인 연루도 그리 심하지

않았다.) 부모는 자녀가 자신의 연장선이라고 생각하지 않았다. 아주 건전한 수준의 정서적 애착이 있을 뿐이었다. 아이에게는 아이 나름대로의 세상이 있었고, 부모에게는 부모 나름대로의 세상이 있었다. 그 사이에는 적절한 경계선이 그어져 있었다. 이 부모들은 자녀의 분노와 언어적인 공격에 영향을 받지 않는 방법, 그리고 규율 때문에 괜한 죄책감을 느끼지 않도록 하는 방법들을 잘 알고 있었다.

규칙의 차원에서 볼 때 연속성은 아주 중요한 요소였다. 부모와 자녀 사이뿐만 아니라 부부 사이에도 연속성이 있었다. 부모가 자녀에게 시키는 일과 부모 자신들의 행동 사이에는 전혀 차이점이 없었다.

이런 가정들은 자녀에게 결정을 내리는 것, 그리고 선택을 평가하는 것도 가르쳤다. 자녀들은 자기 마음을 털어놓고, 견해를 이야기하며, 선택권과 선택을 평가하도록 교육받았다 — 다시 말하자면, 혼자서 생각하고 선택을 내릴 수 있도록 훈련시키는 일이 아주 중요하게 이루어졌다는 것이다. 그리고 이 때 자주 쓰이는 표현들이 있었다. "넌 어떻게 생각하니?" "…… 에 관해 생각해봤니?" "다른 가능성은 또 뭐가 있을까?" "친구가 이런 걸 제안한다면 넌 어떻게 말할 수 있겠니?"

자녀의 나이가 어떻게 되든지, 그 연령대에 맞추어 언제나 독립이 중요시되었다. "넌 할 수 있어"라는 메시지 속에 믿음이 들어 있었고, 이 믿음이 아이에게 전달되었다. 또한 상황이 심각해질지라도 곧바로 자녀를 구출해내지 않도록 부모는 한 발짝 물러서 있었다. 나이에 적합한 책임감이 요구되었다. 가족 구성원이라면 누구나 다 가족에게 공헌할 수 있다는 기대 속에서 말이다. 미숙하거나 유치한 행동은 금지되었다.

부모들은 자녀의 사회화를 격려해 주었다 — 사회의 규칙을 잘 지

키고, 나아가 타인들과도 잘 지낼 수 있는 방법을 가르쳐 주었던 것
것이다. 충동을 억제하는 법을 가르쳤고, 신체적이거나 언어적인 폭
력은 결코 묵인하지 않았다. 존경과 공손과 예절은 언제나 그들 가
정생활의 일부였다.

　마지막으로 놀라운 특징 한 가지는 바로 불일치였다. 이것은 아주
적극적으로 권장되었다. 동류 집단의 압력 같은 건 전혀 영향을 미
치지 못했다. 이들 가정의 자녀들은 자기만의 원칙을 지니고 있었기
에, 자연스레 서로가 달랐다.[3]

예수님은 이 불일치를 선포하고 실천하셨습니다. 예수님은 세상 사람
들과 달랐습니다. "세상을 따르지 마세요. 아무나와 힘을 합치지 마세
요." 이것이 바로 그리스도인으로서 사는 것입니다. 우리는 자신의 주
장을 끝까지 관철하는 일이 너무나도 드뭅니다! 하지만 오늘날 순전한
사람은 자신의 주장을 끝까지 펼칠 것입니다!

　누군가 여러분에게 "아이가 앞으로 어떤 사람으로 알려지길 원합니
까?"라고 묻는다면, 여러분은 뭐라고 대답할 건가요? 어떤 종류의 명
성을 아이가 떨치기 원하시나요? 이런 질문에 대답할라치면, 어떤 라벨
이나 일련의 서술 형용사들이 강력 접착제처럼 우리에게 붙어버리는
것 같습니다. 대부분의 부모들은 자녀가 옳은 일을 행함으로써 세상에
알려지길 원합니다. 하지만 문제는 옳고 그름의 표준이 무엇인가에 있
습니다. 오늘날 우리 세계에는 아주 많은 가치관들이 존재합니다.

　성서는 좋은 부모가 자녀에게 물려주고 싶어 하는 표준입니다. 이 표
준을 하나의 단어로 요약하자면, 바로 순전함입니다. 이것은 완전무결
― 밀랍을 바르지 않았음! ― 의 표명입니다. 잠언뿐만 아니라 사도 바
울 역시 이것에 관하여 이야기합니다. "아무에게나 경솔하게 안수하지
마십시오. 남의 죄에 끼어들지 말고, 자기를 깨끗하게 지키십시오"(디

모데전서 5장 22절). 이것은 지키기가 아주 어렵습니다. 왜냐하면 이것은 여러분의 문화와 반대되는 삶을 살라고 하는 것이나 마찬가지기 때문입니다. 성인으로서 이렇게 사는 것이 너무 힘들다고 생각되나요? 그렇다면 여러분의 자녀는 과연 어떨지 한 번 생각해 보십시오. 예, 순전해진다는 것은 곧 아무런 얼룩도, 결함도, 흠집도 없다는 것 ─ 모든 결점과 죄로부터 자유롭다는 것 ─ 을 의미합니다. 결국 이것은 아주 엄청난 것을 요구하는 것입니다!

우리가 살고 있는 이 세상에서, 과연 아이들이 순전한 삶을 살 수가 있을까요? 예, 물론 그럴 수 있습니다. 하지만 그러려면 하나님과 성령님께 순종해야만 합니다. 여러분이 부모의 입장에서 자녀를 도와줄 수 있는 방법은 무엇일까요? 이 책에서 우리는 몇 가지 단계를 이미 살펴보았습니다. 하지만 새롭고 다양한 온갖 방법들의 밑바닥에는 반드시 다른 한 가지 요소가 자리 잡고 있어야 합니다 ─ 바로 기도지요. 〈기도하는 부모의 힘〉을 쓴 저자는 다음과 같이 주장합니다:

> 우리 자녀가 거룩함과 순전함에 자석처럼 이끌리기를 기도하여라. 그리하여 거룩하지도 않고 순전하지도 않은 것들이 유혹하더라도 즉시 뿌리칠 수 있도록, 그런 것들이 너무도 불편하여 철저히 거부할 수 있도록 기도하여라. "하나님께서 우리를 불러 주신 것은, 더러움에 살게 하시려는 것이 아니라, 거룩함에 이르게 하시려는 것입니다"(데살로니가전서 4장 7절). 하나님 법의 경계선 안에서 순전하게 산다는 것은, 총체적인 인간 속에서 완전함을 찾는 것이다. 이 완전함은 곧 거룩함이다. 거룩함을 추구하고 또 하나님께서 도와주시기를 바라는 아이들은 반드시 복을 받고 성취하게 되어 있다.[4]

우리 아이들이 진짜로 굴복하지 않고 현대 사회에 동조하지 않도록 만드는 방법을 하나 더 들자면, 그것은 예수님과 사랑의 관계를 맺는 것입니다. 예수님을 인정하고, 시인하고, 믿고, 섬기는 데서 그치는 것이 아니라, 예수님을 사랑하는 것입니다. 부모들은 이런 질문을 자주 합니다. "우리 아이를 능력도 있고 책임감도 있는 순전한 백성으로 기르는 동시에, 예수님을 사랑하는 백성으로 양육하려면 어떻게 해야 할까요?" 글쎄요, 여러분의 자녀는 다른 사람들이 예수님을 사랑하고 있으며, 사랑이신 예수님에 관하여 공개적으로 이야기한다는 사실을 알고 있나요? 켄 기어는 자신에게 예수님을 사랑하라고 가르쳤던 할머니에 관하여 다음과 같이 이야기합니다:

한 사람이 여러분의 삶에 일으킬 수 있는 변화는 그야말로 굉장합니다. 만일 그 사람이 여러분을 사랑하고 있다면 말입니다. 그러니까 제 할머니가 떠오르는군요. 할머니는 저를 굉장히 사랑하셨습니다. 할머니 곁에 있으면 언제나 즐거웠습니다. 웃음도 많았고, 놀리기도 잘하셨습니다. 아이들이 어른 곁에 있을 때 흔히들 방해가 되곤 하는데, 제 할머니는 그런 일이 전혀 없었습니다. 손자들 역시 마찬가지였죠. 할머니는 침대시트를 벗겨서 선교사들에게 붕대를 감아 주기도 하셨습니다. 그것은 제가 할머니 댁을 방문했을 때 있었던 일들 가운데 하나입니다. 할머니는 일 년에 한 번 정도 우리 집을 방문하셨는데, 그 때마다 뭔가가 잔뜩 들어 있는 불룩한 가방을 가져 오셨습니다. 거기에는 박하 술 같은 약품도 있었고, 물론 우리들을 위해 마련한, 사탕이나 색칠하기 그림책 같은 "자질구레한 것들"도 있었습니다. 어디선가 주운 것들, 그리고 여행을 위해 조금씩 모은 것들도 이것저것 잔뜩 들어 있었습니다. 할머니는 어떤 물건을 태우는 향으로 우리 집을 가득 채웠고, 커내스터 카드놀이를 가르쳐 준 다음 우리를 어른들 게임 판에 데려가 주기도 하셨습니다. 또한 할머니는 우리 집을 예수님에 관한 이야기로 가득 채우셨습니다. 그 중에서도, 우리를 방문하러 오는 길에 비행기에서 만났던 사람에 관한 이야기는 절대 빠뜨리지 않으셨습니다. 할머니는 여행을 다닐 때마다 옆에 앉은 사람과 많은 대화를 나누셨습니다. 옆 좌석에 앉은 사람이 누구이든, 고등학교 중퇴자이든 대기업 경영자이든, 할머니의 대화는 언제나 다음과 같은 질문으로 시작되었습니다. "주님을 사랑하십니까?" 할머니의 질문은 주님을 아는가도 아니고, 주님을 믿는가도 아니고, 언제나 "주님을 사랑하는가?"였습니다.

물론 할머니는 우리 집에 오실 때마다 나에게도 똑같은 질문을 하셨습니다. 그러면 나는 언제나 그렇다고 대답했지요. 껴안을 수도 없고 커내스터 카드놀이를 함께 할 수도 없는 그 누군가를 사랑하는 게 도대체 뭔지도 잘 모르면서 말입니다. 나는 언제나 주님을 사랑한다고 대답했습니다. 지금 와서 돌이켜보면, 할머니를 실망시키고 싶지 않아서 그랬던 것 같아요. 할머니껜 주님을 사랑한다는 것이 아주 중요한 일이라는 걸 알고 있었고, 또 나는 할머니를 사랑했기 때문에, 결국 나에게도 중요한 일이 되었던 거죠. 이건 하룻밤 새 이루어진 일이 아니라, 장장 몇 년에 걸쳐 이루어진 것이었습니다. 사랑은 그렇게 옮아가는 것이랍니다.

할머니께서 어린 내 맘에 심어 주신 그 질문 속에 영적인 에너지가 잠재해 있다는 사실을 그 누가 알았을까요? 아마도 그 에너지의 일부는 신학교 때 내 속에 들어 왔을 것입니다. 할머니에 대한 기억을 떠올릴 때마다, 할머니는 그 질문을 통해서, 그리고 할머니의 전 생애를 통해서, 그것을 제대로 강조해 주셨다는 생각이 듭니다. 이제 할머니는 가고 안 계시지만, 할머니의 생활방식은 여전히 나와 함께 살아 숨 쉬고 있습니다.

할머니의 질문 역시 마찬가지입니다.[5]

"예수님을 사랑하십니까?" 어쩌면 이 질문은 여러분의 자녀를 책임감 있고 사랑 많은 예수 그리스도의 종으로 훈련시키기 위해 사용할만한 모범적인 질문일 수도 있습니다. 여러분은 진정 자녀에게 좋은 부모가 될 수 있을 것입니다.

독자 가이드

개별적 성찰과 그룹 토의

권리 부여

굉장한 단어죠. 정말로 중요한 문제입니다. 여러분은 지금 아이들이 지극히 표준적인 삶을 기대하도록 가르치는 세계에서 살고 있습니다. 어린 아이들은 온갖 장난감들을 모두 갖는 게 당연하다고 믿고 있습니다. 큰 아이들은 부모가 대신 뛰어 들어 자기 문제를 모두 해결해 주리라고 생각합니다 — 다음 날 자신이 블루 앤 화이트 운동복 스웨터를 입어야 한다는 이유만으로 부모가 한밤중에 갑자기 빨래를 해야 하는 것처럼 말입니다. 그야말로 권리 부여의 시기입니다. 여러분은 그 울음소리에 응답하도록 부름 받은 사람입니다.

만일 여러분이 그 울음소리에 응답할 때에, 무턱대고 주거나 아이들을 여러분 삶과 가정과 스케줄의 한가운데 놓는다면, 언젠가는 아이가 갑자기 …… 조금만 기다려 보세요 …… 응석받이가 되어 있다는 사실을 깨닫게 될 것입니다!

이 책은 버릇없는 응석받이 아이들에 대한 해독제와도 같습니다. 대개의 부모들과 마찬가지로, 여러분은 이미 알고 있을 것입니다. 아이에 대한 통제권을 잃는 것이 어떤 것인지를 말이죠. 그러면 어떻게 해야 다시 통제권을 회복할 수 있을까요? 어떻게 해야 좌절감에 휩싸인, 감사할 줄 모르는 아이를, 책임감 있는, 순전해지기 위해 노력하는 아이로 변화시킬 수 있을까요?

글쎄요, 이 책을 읽기 시작한 것만으로도 여러분은 벌써 출발한 셈입니다. 이 책에는 여러분이 가정의 권리 부여 시기에 잘 대처할 수 있도록 도와줄 만한 실질적인 충고와 대처 방안이 가득 들어 있습니다.

다음의 질문들은 여러분이 자신의 자녀 교육 현황을 한 번 검토해 보고, 아이가 하나님을 사랑하고 예수님을 따르기 원하는 책임감 있는 성인으로 자라날 수 있도록 준비시켜 줄만한 영적, 실질적 진리들을 공개하기 위해 마련한 것들입니다. 개별적 성찰을 위한 이 질문들을 토대로 하여, 배우자와 토의하거나 혹은 소그룹을 이루어 토의해 보세요. 토의를 통해 깨달은 게 있다면 질문에 답해 보세요. 여러분은 자녀 교육에 대해 좀 더 편안해질 것이며, 여러분의 자녀들 역시 고마워할 것입니다. (어쩌면 지금 당장은 아닐지라도, 언젠가는 말이죠.)

첫 번째 비결

좋은 부모는 자기 혼자만의 힘으로 해낼 수 없는 일을 인정한다.

1. 하나님의 도움 없이는 좋은 부모가 될 수 없다는 사실을 깨달았을 때, 여러분은 어떤 느낌이 들었습니까? 그 때의 느낌을 표현해 보

고, 왜 그런 느낌이 들었는지 설명해 보세요.

2. 자녀가 정말로 하나님께서 여러분에게 맡기신 "대여물"이라면, 그것
   이 자녀를 교육하는 여러분의 태도와 행동에 어떤 영향을 미칠까요?

3. "부모로서 우리는 자녀를 위해 쉬지 말고 기도해야 합니다. 여러분
   은 자녀가 기도 속에 푹 잠기기를 바랄 것입니다." 여러분의 자녀
   를 "기도 속에 푹 잠기도록" 하는 데 방해가 되는 걸림돌은 무엇인
   가요? 그 장애물을 극복하기 위하여 이번 주에 여러분이 할 수 있
   는 일은 무엇입니까?

4. 자녀를 위하여 성서의 기도를 마지막으로 따라 해 본 것은 언제입
   니까? 그 때 무슨 일이 일어났습니까? 언제 또 자녀를 위해서 성서
   의 기도를 따라 할 작정인가요? 그 기도를 통해 무슨 일이 일어나
   기를 기대하나요?

5. 자녀를 위한 기도 여행을 지속하는 것은 어떤 이점이 있다고 생각
   하나요? 여러분은 앞으로 일주일 동안 기도 여행을 기꺼이 떠나 볼
   생각입니까? 그렇다면, 바로 오늘 시작하세요!

두 번째 비결

좋은 부모는 우리나라에서 성장하며 느끼는
특별한 부담을 이해한다.

1. 이 책의 근본적인 개념들 가운데 하나가 바로 이 문장 속에 들어 있습니다: "자녀가 새로운 단계에 도달할 때마다 여러분 역시 새로운 단계를 밟게 될 것입니다. 좋은 부모란 이와 같이 변화의 일생을 맞이하는 부모를 말합니다." 이 문장을 읽고 처음 느꼈던 것은 무엇입니까? 여러분의 경우에도 이것이 사실인가요?

2. 이 장에서 설명해 놓은 〈부모의 어덟 계절〉에 관하여 생각해 봅시다. 여러분은 현재 어떤 계절에 속해 있나요? 혹시 한 번에 여러 계절을 맞고 있나요? 여러분이 속해 있는 삶의 자리를 이 계절들이 정확히 설명해 주고 있습니까?

3. 다음의 평가에 대해 응답해 봅시다: "지난 반세기에 걸쳐서 우리 사회의 가족생활에 뭔가 변화가 일었습니다. 마치 통제권이 부모로부터 자녀에게로 옮겨진 것 같습니다." 여러분은 이것이 사실이라고 생각합니까? 그것이 여러분의 자녀 교육 능력에 어떤 영향을 미쳤나요?

4. 노먼 라이트는 우리 부모가 자녀를 위해 완벽한 삶을 만들어줄 순 없지만, "아이들이 불완전한 세상에서 살아갈 수 있도록 준비를 갖추게 해줄 수 있다"고 주장합니다. 여러분과 예수님의 개별적인 관계가 이 준비 과정에서 수행하는 역할은 무엇입니까? 여러분은 예수님과의 관계의 영원한 중요성에 관하여 자녀에게 어떤 식으로 모범을 보이고 가르치십니까?

5. 여러분의 어린 시절을 떠올려 보세요. 여러분은 "권리를 부여 받은 아이"였나요? 여러분의 자녀는 어떤가요? 이것이 오늘날 어린이들이 살고 있는 세상에 관하여 여러분에게 뭐라고 말해 주나요? 이것이 부모들에게 주는 도전은 무엇인가요?

6. 누가복음 16장 13절을 읽어 보세요. 여러분은 이 말씀을 여러분의 삶 속에 실천하기 위하여 어떤 노력을 기울여 왔나요? 아이가 만일 여러분으로부터 모든 습관과 행동들을 배운다면, 지금 현재는 어떤 것들을 배우고 있을까요? 여러분이 아이에게 가르쳐 주고 싶은 습관과 행동은 무엇인가요?

7. 잠언 22장 1절을 읽어 보세요. 많은 재산보다는 명예를 택하는 것이 낫다고 되어 있는데요, 여러분은 자녀를 교육할 때에 어떤 식으로 이것을 도와주고 있나요? 오늘날의 사회에서 "명예"가 뜻하는 것은 무엇일까요?

세 번째 비결

좋은 부모는
지나친 방임의 결과를 잘 안다.

1. 여러분은 "망가지다"라는 단어를 읽거나 들었을 때 어떤 이미지가 가장 먼저 떠올랐나요? 자녀를 너무 관대하게 응석받이로 키울 경우, 결국은 제대로 발달하지 못한 응석받이 어른을 만나게 될 것이라는 말에 동의합니까? 여러분의 생각을 말해 보세요.

2. "지루해요"라는 익숙한 문장에 대해 생각해 봅시다. 여러분의 자녀는 얼마나 자주 이 말을 합니까? 이 말은 여러분 자녀가 스스로 즐길 수 있는 능력을 안 가지고 있다는 증거인가요? 자녀의 창의력 부족에 여러분은 어떤 식으로 공헌을 했습니까?

3. "응석받이 아이"가 어떤 아이인지를 보여줄 만한 특별한 일들이 여러분 가정에서는 어떤 식으로 벌어지고 있나요? 자녀가 임무를 끝까지 완수하는 방법과, 문제를 해결하는 방법, 적절한 위험을 감수하는 방법을 배우도록 하는 것이 어째서 그토록 중요한 것일까요? 여러분은 임무를 끝까지 완수하고, 문제를 해결하고, 적절한 위험을 감수하는 게 쉬운가요? 자신의 어린 시절을 되돌아보고, 여러분이 이런 식으로 행동하게 된 이유를 생각해 보세요.

4. 노먼 라이트의 제안들 가운데 하나는, 어른으로서 이 세상을 살아가려면 "저항력도 있어야 하고 기량도 풍부해야 한다"는 것입니다. 여러분 자신의 삶은 어떤 것 같습니까? 여러분은 어떤 식으로 그 진리를 자녀의 삶 속에 불어넣어 주고 있나요? 여러분의 자녀가 어른이 되었는데, 지금 하고 있는 행동들을 그대로 유지한다고 한 번 생각해 보세요. 직장에서 받는 스트레스에 대하여 어떤 식으로 반응하게 될까요? 가정을 유지하는 데 대한 문제들은요? 관계를 다져가는 일에 대해서는요? 이런 생각들에 대한 여러분의 반응은 어떤지 한 번 생각해 봅시다. 희망적인가요, 아니면 두려운가요? 좀 더 희망적인 미래를 위해서 여러분이 변화해야 할 것은 무엇이라고 생각합니까?

5. 여러분 자녀의 기도 생활에 대해서 생각해 봅시다. 자녀의 기도의 가장 주된 초점은 무엇입니까? 하나님께 어떤 것을 달라는 기도인가요? 어떤 문제를 해결해 주시라는 기도인가요? 자녀의 기도와 여러분의 기도를 비교해 보세요. 여러분은 기도 시간에 예배와 감사와 고백에 어느 정도의 시간을 할애합니까?

6. 82~83쪽에 실린 원칙들을 들여다보세요. 이 원칙들 가운데 특별히 여러분 눈에 띄는 것이 있나요? 현재 여러분이 노력하고 있는 건 무엇인가요? 갈라디아서 6장 9절을 한 번 생각해 보고, 끈기 있는 자녀 교육을 위하여 기도 시간을 가지세요. 소그룹에서 이 문제를 토의할 때에는, 이 원칙들을 실천하기 위하여 각자가 노력하고 있는 부분들을 서로 어떤 방식으로 도와줄 수 있을지 이야기 나눠 보세요.

네 번째 비결

좋은 부모는 자녀에게 주되,
너무 많은 것을 주지는 않는다.

1. 첫 부분에서 존과 엄마에 관한 일화를 읽고 어떤 느낌이 들었습니까? 여러분도 아이가 자신을 필요로 하는 동안에만 가치를 인정받을 수 있다고 생각하나요? 이 점에 대해 설명해 보세요. 노먼 라이트는 자녀를 중심으로 해서 여러분의 세계를 이끌어 나가는 것이 자칫 부정적인 결과를 가져올 수 있다고 주장합니다. 부모가 맡고 있는 자녀 양육의 의무를 좀 더 나은 방식으로 설명해 주는 것은 무엇입니까?

2. 89~90쪽에 실린 운전 서약을 읽어 보세요. 이런 것에 대해 여러분의 자녀는 어떤 반응을 보일 것 같은가요? 자녀가 아직 운전을 할 나이가 아니라면, 집안의 허드렛일에 관하여 비슷한 서약을 한다고 생각해 보세요. 이런 종류의 서약에 대해 어느 정도 심각한 저항이 있을 거라 생각합니까? 그렇다면 이것으로 여러분의 자녀에 관해 무엇을 알 수 있을까요? 여러분의 자녀가 이런 서약과 같이 책임감 있는 생각을 인정하는(어쩌면 포용까지 해주는) 생활 방식을 향해 나아갈 수 있도록 인도해 줄만한 과정에는 어떤 것들이 있을까요?

3. 여러분의 자녀가 가정에서 각자 도와줄 수 있을 만한 일들을 목록으로 작성해 봅시다. 이 집안일들을 아이가 얼마나 잘 도와줄 수 있을까요? 여러분의 목록은 얼마나 긴가요? 이 두 가지 질문에 대한 응답은 여러분의 자녀가 어느 정도 버릇이 있는지 없는지에 대해서 뭐라고 말해 주고 있나요? 만일 여러분 스스로 내린 결론에 대해 만족스럽지 못하다면, 앞으로 어떤 식의 변화를 주어야 한다고 생각하나요?

4. 여러분이 어떤 결과로부터 자녀를 구출해 주었던 때의 일을 한 번 떠올려 보세요. 어쩌면 학교 가기 직전 몇 분 동안에 숙제를 거들어 주었을 수도 있고, 또 어쩌면 아이가 학교에서 건 주문 전화에 응답해 줬을 수도 있습니다. 그 때 아이의 요구 사항이 무엇이었나요? 여러분이 구출해 주지 않았다면 아이가 어떤 식으로 대처했을 것 같은가요? 아이 혼자서 실패를 맛보거나 상황에 대처하도록 내버려 두기가 힘든 건 어째서인가요? 아주 극단적인 예이긴 하지만, 겟세마네 동산에서 예수님이 하나님께 기도 드렸던 사건을 한 번 생각해 봅시다. "이 잔을 내게서 거두어 주십시오." 하나님께서 정말로 예수님을 십자가에서 구출하셨더라면, 과연 이 세상이 어떻게 되어 있을까요?

5. 여러분의 자녀 교육에서 죄책감이 맡고 있는 역할은 무엇입니까(만일 맡은 역할이 있다면)? 죄책감이 자녀 양육 형태를 좌지우지하도록 내버려 둘 경우 어떤 위험이 따를까요? 여러분의 죄책감이, 책임감을 익히면서 성장할 수 있는 자녀의 능력에 어떤 식으로 부

정적인 영향을 미치게 될까요? 여러분은 "물건"으로 시간을 대신
해 본 적이 있습니까? 그 결과는 어땠나요? 앞으로 그런 행동을 되
풀이하지 않으려면 어떻게 해야 할까요?

6. 맞벌이 부부에 관한 노먼 라이트의 비평에 대해서 여러분은 어떻
게 생각합니까? 여기에 찬성하나요, 아니면 반대하나요? 만일 반
대하는 입장이라면, 부부가 둘 다 직장에 다니는 게 어째서 중요한
건지 이유를 설명해 주세요.

7. 여러분의 자녀는 바쁜 생활을 하고 있습니까? 여러분의 대답을 뒷
받침해 줄만한 증거는 무엇입니까? 여러분과 자녀의 "바쁜 생활"
을 어떻게 비교할 수 있나요? 누가복음 10장 38~42절에 기록된 마
리아와 마르다의 이야기를 읽어 보세요. 바쁜 생활에 대한 이 성서
본문의 입장은 어떻습니까?

다섯 번째 비결

좋은 부모는 자녀에게 도전을 하되,
너무 많이 도전하지는 않는다.

1. 여러분은 아이가 아이답게 생활하도록 내버려 두지 못하는 부모를
알고 있나요(혹은 여러분이 그런 부모인가요)? 그런 모습을 보면
어떤가요? 자녀의 세계에 뛰어 들어 요구를 들어주는 행동은 자녀

가 실생활에서 교훈을 얻지 못하도록 어떻게 방해할까요? 여러분
의 자녀가 마지막으로 "그건 불공평해요!"라고 외친 게 언제인가
요? 그 때 여러분은 뭐라고 대답했나요?

2. 여러분의 자녀는 운동이나 그 밖의 비슷한 활동을 하고 있습니까?
   아이가 그것을 즐기고 있나요? 자녀의 경험이 자녀보다 오히려 여
   러분에게 더 의미가 있는 경우는 얼마나 되나요? 자녀를 격려해 주
   는 것과 자녀에게 부담을 주는 것 사이에 적당한 경계선은 어디일
   까요? 그 경계선을 여러분은 어떻게 넘어섰나요? 그리고 부담에
   서 격려로 되돌아오기 위해 발걸음을 돌려야 할 필요가 있다면, 어
   떤 식으로 그것을 조절할 수가 있을까요?

3. 자녀가 학습 면에서 그저 평범한 "보통 아이"로 밝혀졌을 경우, 부
   모가 그 사실을 인정하기 힘든 이유는 무엇일까요? 여러분 자신의
   학창 시절 경험이, 자녀에게 학교에 관하여 이야기할 때 어떤 식으
   로 영향을 미치고 있습니까? 또 여러분이 자녀에게 걸고 있는 기대
   에는 어떤 영향을 미치나요? "보통"에 속하는 평범한 자녀가, 자신
   은 결코 보통 아이가 아니라 여러분과 하나님께 특별하고 소중한
   존재라는 느낌을 받을 수 있도록 칭찬해 주는 방법에는 어떤 것이
   있을까요?

4. '미성년자 관람 불가' 영화에 관한 노먼 라이트의 주장에 대해 여
   러분은 어떻게 생각합니까? 찬성인가요, 반대인가요? 로마서 12장

을 연예계와 여러분의 자녀에게까지 적용하는 것에 대해서는요?
다음의 주장에 대해서는 어떻게 생각하나요? : "만일 우리가 아이
들과 함께 어떤 것을 보는 게 불편하다면 당장 멈춰야 합니다."

5. 자녀 교육의 세 가지 역할들(보호자, 친구, 현실주의자) 가운데 여
러분이 현재 수행하고 있는 것은 무엇입니까? 만일 두 가지 이상의
역할을 맡고 있다면, 여러분에게 가장 큰 문제가 되는 것은 무엇입
니까? 이 상이한 역할들을 어떻게 동시에 요리조리 바꾸고 있습니
까? 아이들이 좀 더 책임감을 지닐 수 있도록 통제권을 늦추는 것
이 어째서 중요한가요?

6. 만일 여러분이 부모로서 수행해야 할 역할이, 자녀의 삶을 위한 "하
나님의 계획과 디자인을 대신하는 것이 아니라 거기에 협력하는
것"이라면, 현재 여러분의 자녀 교육 형태를 어떤 식으로 변화시켜
야 할까요? 혹시나 여러분이 자녀를 밀어 붙이고 있는 영역이 없는
지 생각해 보세요. 그런 다음 배우자나 가장 친한 친구(혹은 그룹
멤버)와 대화를 나누세요. 그리고 밀어 붙이는 대신에 자녀를 양육
할 수 있는 실질적인 방법들을 고안해 보세요.

여섯 번째 비결

좋은 부모는 자녀를
응석받이로 키우지 않는 방법을 잘 안다.

1. 141~142쪽에 기록된, 자녀를 응석받이로 만드는 확실한 방법 목록을 들여다보세요. 언제 여러분이 자녀에게 이런 행동들을 했는지 기억납니까? 여러분이 가장 피하기 힘든 행동은 무엇인가요? 어째서 여러분은 그것이 자신의 경우에도 해당된다고 생각합니까?

2. 교사-코치의 역할과 지도자-가이드의 역할 가운데 여러분이 좀 더 힘들어하는 역할은 무엇입니까? 언제 교사-코치의 역할을 수행하고, 언제 지도자-가이드의 역할을 수행할 것인지, 어떻게 알 수 있나요? 지도자-가이드의 역할이 필요한 순간에 교사-코치의 역할을 수행하려고 든 적은 없었나요? 그럴 때 어떤 일이 벌어졌나요? 여러분을 가르쳐 주거나 인도해 주었던 사람들 가운데 가장 대표적인 인물을 떠올려 보세요. 그런 경험이 특별히 기억에 남게 된 이유는 무엇입니까? 이 일을 통해서 여러분의 자녀 교육에 적용할 만한 것을 배울 수 있다면 무엇입니까?

3. 어떤 부모들은 다른 역할들을 모두 포기한 채 오직 친구-동료의 역할만을 떠맡기도 합니다. 이렇게 할 경우 잠재적으로 미칠 수 있는 부정적인 영향은 무엇입니까? 친구-동료의 역할이 적절한 때와 적절하지 않은 때를 어떻게 판단할 수 있을까요?

4. 여러분은 자녀에게 "안 돼"라고 말하기가 쉽습니까 아니면 어렵습
   니까? 만일 어렵다면, 어째서 그런 걸까요? 153~154쪽에 있는 대
   사들을 읽어 보고, 어떤 상황에서 사용할 수 있을지 생각해 보세요.
   여러분 나름대로 할 수 있는 대사도 몇 가지 작성해 보세요.

5. 여러분 자녀의 생활을 묘사하는 데에는 어떤 단어가 사용될까요?
   '단순한' 혹은 '어수선한'? 예수께서는 제자들을 부르실 때, 지금
   하고 있는 일을 전부 다 내려놓고 당신을 따르라고 말씀하셨습니
   다. 어떤 이들은 훌륭한 생활을 영위하도록 해줄 수 있는 경력을 내
   려놓았습니다. 그들의 이전 생활은 좀 더 단순한 실존을 위해 모두
   버렸습니다. 여러분과 자녀가 여러분의 생활을 단순하게 만들 수
   있는 방법은 무엇입니까? 이 일을 통해서 여러분이 얻을 수 있는
   이익은 무엇입니까?

6. 에베소서 6장 4절을 읽어 보세요. "주님의 훈련과 훈계로" 자녀를 양
   육하라는 명령이 들어 있습니다. 이제껏 여러분은 이 일에 어느 정도
   성공을 거뒀다고 생각합니까? 여러분이 개선해야 할 점은 무엇이라
   고 생각합니까? 여러분이 지금 잘 하고 있다고 생각되는 것은 무엇
   입니까? 자녀를 망치지 않고 잘 양육할 수 있도록 하나님께서 여러
   분을 지속적으로 지도해 주시고 지혜 주시기를 간구해 보세요.

좋은 부모는
좋은 대화 상대가 되기 위해 노력한다.

1. "이제 그만 좀 하지?"혹은 "내가 중단시키길 원하는 거야?"처럼 "어리석은 질문들"의 범주에 속하는 말을 자녀에게 했던 때를 생각해 보세요. 이런 식의 질문이 조장하는 것은 무엇입니까? 이런 질문들에 뭔가 가치가 있다면, 그게 무엇일까요? 여러분이 진짜로 의미하는 바를 말로 전달할 수 있는 대안적인 방법들을 작성해 보세요.

2. 여러분이 자녀 교육에 사용하고 있는 상투적 표현들의 목록을 작성해 보세요. 이 상투적인 표현을 통해서 여러분이 정말로 자녀에게 전달하고픈 메시지는 무엇입니까? 이런 진부한 표현을 사용하지 않고 여러분이 원하는 내용을 제대로 전달할 수 있는 방법들을 새롭게 열거해 보세요. 아이들이 이제껏 "귀에 못이 박히도록" 들어와서 더 이상 여러분의 말에 귀를 기울이지 않는 일이 일어나지 않도록 해줄 수 있는 새로운 방법에는 어떤 것들이 있을까요?

3. 여러분은 자녀의 학습 유형을 알고 있습니까? 자녀가 둘 이상일 경우, 두 아이가 서로 다른 학습 유형에 속하나요? 이것으로, 여러분의 자녀와 대화를 나누는 방법에 대해 어떤 점을 알 수 있을까요? 전형적으로 여러분이 자녀에게 전달하고 싶어 하는 메시지를 생각해 보세요. 그런 다음에는 그 메시지를 시각적, 청각적, 운동 감각적

학습자의 유형에 맞게 표현하는 방법을 생각해 보세요.

4. 175~176쪽에 실린 성서 본문들을 읽어 보세요. 어떤 본문이 여러분에게 가장 직접적인 영향을 미치고 있나요? 여러분은 말이 앞서는 사람보다는 오히려 "미련한 사람에게 더 바랄 것이 있다"는 잠언 저자의 주장이 너무 가혹하다고 생각합니까? 왜 그런가요? 그렇지 않다고 생각한다면, 왜인가요? 부정적인 말들의 최후를 맞이했던 경험을 한 번 떠올려 보세요. 그 때 어떤 느낌이 들었나요? 여러분이 부모 역할을 하는 동안 그런 선택을 하지 않도록 도와주는 이 경험을 통해서, 무엇을 배울 수 있을까요?

5. 여러분의 혼잣말은 어떻게 들리나요? 자녀와 대화를 나누는 동안 여러분의 내부에서 오가는 대화는 무엇입니까? 잠언 23장 7절의 진리가 여러분의 삶 속에서 어떤 식으로 실현되고 있나요? 빌립보서 4장 8절을 읽고, 이 구절이 여러분의 혼잣말에 대해 뭐라고 말씀하고 있는지, 기도하는 맘으로 생각해 보세요.

여덟 번째 비결

좋은 부모는 경청과 타이밍이라는 도구를
어떻게 사용해야 하는지 잘 안다.

1. 시편 116편 1~2절은 하나님께서 우리의 기도에 귀를 기울이

고 계신다고 가르칩니다. 그것이 우리와 하나님의 관계 방식
에 어떤 식으로 영향을 미칠까요? 이것은 경청의 중요성에
관하여 뭐라고 말해 주나요? 진실로 귀를 기울이는 것의 이
점을 설명해 보세요. 그리고 그러한 이점들이 여러분의 자녀
에게 어떤 식으로 영향을 미칠 수 있을지 생각해 보세요.

2. 186쪽에서 소개하고 있는 경청의 진정한 의미 세 가지를 다
  시 한 번 읽어 보세요. 여러분은 다른 사람들과의 관계에서
  이것들을 얼마나 잘 지키고 있나요? 자녀와의 관계에서는
  요? 이 둘 사이에 어떤 차이점이 존재합니까? 만일 있다면
  어떤 차이점이 있으며, 그 이유는 무엇인가요?

3. 저자는 우리가 자녀의 말에 "귀를 기울여야만 하는" 다섯 가
  지 기본적인 이유에 대해서 설명해 줍니다. 188쪽에 실린 다
  섯 가지 이유를 읽고, 최근 여러분이 자녀의 말에 귀를 기울
  였던 일을 예로 들어 생각해 보세요. 그 일의 경우, 이 다섯
  가지 이유들 중 몇 가지나 해당이 되나요? 여러분은 때로 성
  급하게 자녀의 생각을 결론짓는다거나 끝맺어 버리는 경우
  가 있나요? 이것은 경청의 이유를 어떤 식으로 방해하나요?

4. 노먼 라이트는 "경청은 사랑의 표현"이라고 말합니다. 이
  말이 여러분의 경우에도 사실인지 생각해 보세요 — 누군가
  가 여러분의 말에 귀를 기울여 주었을 때, 여러분은 그 사랑

을 어떤 식으로 체험하였습니까? 자녀와의 대화에서 여러
분이 이와 똑같은 사랑을 표현할 수 있는 방법은 무엇일까
요? 여러분이 정말로 자녀의 말에 귀를 기울이려고 노력할
때, 가장 큰 문제가 되고 있는 것은 무엇입니까?

5. 자녀와 대화하기에 적당한 시간을 선택하는 것은 중요합니
   다. "좋은 시간"과 "안 좋은 시간"의 예를 각각 들어 보세요.
   여러분은 새로이 전통 — 자녀가 무엇을 생각하고 있는지에
   관하여 즐겁고 안전하게 대화를 나눌 수 있는 "좋은 시간"
   — 을 세우는 것에 대해서 어떻게 생각합니까? 이 개념들에
   대해서 좀 더 깊이 생각해 보세요.

6. 지난 한 주간 여러분이 자녀에게 전해 준 긍정적인 메시지의
   목록을 작성해 보세요. 그리고 이 목록과 부정적 메시지의
   목록을 비교해 보세요. 이것을 통해서 여러분과 자녀의 대화
   에 관하여 알 수 있는 점은 무엇인가요? 그 부정적 메시지들
   가운데 몇 가지를 긍정적인 메시지로 바꿔 말할 수 있는 방
   법은 무엇일까요?

아홉 번째 비결

좋은 부모는
아이의 정서에 관심을 기울인다.

1. 저자는 자녀들이 그 어떤 감정보다도 무조건적인 사랑을 필요로 한다고 말합니다. 여러분이 무조건적인 사랑을 경험한 방법은 무엇인가요? 여러분은 자녀에게 어떤 식으로 이 무조건적인 사랑을 보여(들려) 주나요? 자녀에게 무조건적인 사랑을 보여주는 데 문제가 되는 것은 무엇인가요?

2. 여러분의 어린 시절은 감정적 표현으로 가득 차 있었습니까, 아니면 억압된 감정으로 가득 차 있었습니까? 그것이 여러분이 자녀와 관계 맺는 방법에 어떤 영향을 미쳤다고 생각합니까? 노먼 라이트는 자녀의 감정을 하찮은 것, 중요치 않은 것으로 다룰 경우, 자녀가 자칫 감정 표출을 잘못이나 연약함의 증거라고 잘못 생각하게 될 수 있다고 말합니다. 비록 여러분 자신은 감정을 표현하는 것이 불편하게 생각된다 할지라도, 자녀의 감정 표출을 인정해 주고 격려해 줄 수 있는 방법이 무엇일까요?

3. 여러분이 생각하는 자녀의 감정을 자녀에게 다시 알려줄 때 사용할 수 있을 만한 문장들의 목록(218쪽)을 다시 한 번 읽어 보세요. 여러분은 이 문장들을 자녀에게 사용해 본 적이

있습니까? 어떤 문장이 가장 자연스럽게 여겨지던가요? 대화를 나눌 때 이런 문장을 사용하면 좋은 점이 무엇인가요? 자녀가 성인이 되었을 때 이 모델이 도움을 줄 수 있는 기술은 무엇인가요?

4. 다음의 주장을 곰곰이 생각해 보세요: "힘겨루기의 저변에 깔려 있는 진짜 원동력은 바로 감정이다." 여러분과 자녀의 관계에서도 이것이 사실인가요? 힘겨루기의 원동력이 분노인 경우는 얼마나 될까요? 자녀가 분노에 대처할 수 있도록 도와줄 만한 일곱 가지 단계를 다시 한 번 들여다보세요. 이러한 단계들을 자녀에게 가르칠 수 있는 실질적인 방법에는 어떤 것들이 있나요?

5. 최근 자녀와 나눴던 대화 가운데 강력한 감정적 구성 요소를 포함한 대화가 있었는지 생각해 보세요. 여러분이 "왜"냐는 질문을 했을 때 자녀의 대답은 무엇이었나요? 감정적인 문제들에 관한 한, "왜"냐는 질문에 대답하기가 너무나도 어려운 것은 무엇 때문일까요? 여러분이 자녀에게 던졌을 수 있는 "무엇을? " "누가? " "왜? " 질문들을 다시 한 번 떠올려 보세요. 이런 종류의 질문들은 자녀의 감정에 대한 진정한 관심을 어떤 식으로 보여주고 있나요?

열 번째 비결

좋은 부모는
열 가지 재앙을 피할 줄 안다.

1. 이 장은 파괴적인 자녀 양육 방법들에 초점을 맞춘 것입니다. 이 부분을 읽기 전에, 여러분은 어떤 것이 파괴적인 방법이라고 생각했습니까? 이 방법들 가운데 몇 가지가 여러분의 자녀 교육 현장에서 실제로 이행되었나요? 여러분의 경우, 어떤 것이 가장 문제가 되나요?

2. 만일 이제껏 "내가 몇 번이나 말했니?"라는 표현을 자주 사용해 왔다면, 그것은 아마도 여러분이 "혼잣말 되풀이하기" 함정에 빠졌기 때문인지도 모릅니다. 아이에게 어떤 요구를 되풀이해야만 했던 때를 떠올려 보세요. 그 당시 아이는 여러분과 같은 방에 있었습니까? 아이와 눈을 마주 보고 말했나요? 여러분의 말투는 어땠습니까? 그 상황에서 조금 다른 식으로 대처할 수는 없었을까요?

3. 여러분은 흥정이나 언쟁을 피하기 위해 "고장 난 레코드 기술"을 시도해 본 적이 있습니까? 쉬운 일이었나요, 어려운 일이었나요? 그것이 여러분의 자녀에게는 어떤 효과가 있었습니까?

4. 부모들은 자녀에 관한 한 너무도 쉽사리 '강의'라고 하는 잘못된 방식에 빠져 버리는 경우가 많습니다. 여러분도 그렇다고요? 그렇다면 여러분은 부모 강의 주목(PLG)도 알아챌 수 있을 것입니다. 강의의 특징은 무엇인가요? 여러분의 메시지를 단순화시킬 경우, 어떻게 해서 강의가 자녀에게 가르침을 주는 것으로 변화할 수 있을까요? 재앙을 피할 수 있는 다른 방법에는 어떤 것들이 있을까요?

5. 노먼 라이트는 자녀에게 일종의 두려움 반응을 이용할 경우, 정작 원했던 것과 정반대의 결과가 나타날 수 있다고 주장합니다. 여러분의 경우, 이것이 어떻게 사실로 증명되었나요? 두려움을 이용하는 것이 어떤 식으로 여러분과 자녀의 관계를 해칠 수 있을까요? 만일 여러분이 두려움이라는 접근 방법을 자주 이용하는 편이라면, 어떻게 해야 변화를 줄 수 있을까요?

열한 번째 비결

좋은 부모는
경계를 정할 줄 안다.

1. 225~227쪽에서 "자기 자신을 돌보는 게 좋다"는 말을 읽었을 때 여러분은 어떤 느낌이 들었습니까? 안도감? 불신감? 지난 한 달을 한 번 돌이켜보고, 여러분이 자기 자신을 돌본

일들을 모두 열거해 보세요. 얼마나 긴 목록이 작성되었나
요? 여러분 자녀는 이것들 가운데 몇 가지나 알고 있나요?
여러분도 자신의 삶을 지니고 있다는 사실을 여러분 자녀가
깨닫는 일이 어째서 중요한 것일까요?

2. 잠언 4장 1~5절을 한 번 더 읽어 보세요. 지혜라는 단어를 생
   각할 때 제일 먼저 떠오르는 것은 무엇인가요? 만일 경험을
   통해서 지혜가 생긴다면, 여러분이 맨 처음 부모 역할을 경
   험함으로써 얻은 지혜는 과연 어떤 이점을 지니고 있을까
   요? 다른 사람들의 지혜는 여러분이 부모로서 올바른 결정
   을 내리는 데 어떤 도움을 줄 수 있을까요? 여러분 주변에
   자녀 교육의 지혜를 나눠 줄만한 사람이 없는지 생각해 보
   세요. 어떤 지혜는 시간을 초월하지만, 또 어떤 지혜는 옛날
   부모들이 전혀 논의할 수 없었던 이 시대의 문화와 밀접하
   게 연관되어 있다는 사실을 잊지 마세요.

3. 259~260쪽에 열거된 웨스 헤이스테드의 목록 말고도, "유치
   한 행동"의 목록을 두세 개 작성해 보세요. 여러분의 자녀가
   이와 같이 철없고 엉뚱한 장난을 한다면 여러분은 어떤 반
   응을 보일 건가요? 이 상황에서 만일 여러분이 "관리자"로
   서의 부모 역할을 수행한다면, 현재의 반응과 어떤 식으로
   달랐을까요?

4. 자녀와 경계 정하기에 대하여 여러분은 어떻게 생각하는지 적어 보세요. 여러분은 자신이 좀 더 권위적이라고 생각합니까, 아니면 좀 더 수동적이라고 생각합니까? 여러분이 자녀와 경계를 정하는 방법하고, 여러분의 부모가 여러분을 대했던 방법을 비교해 보세요. 여러분의 부모에게서 배울 점은 무엇입니까? 경계 정하기에 관하여, 다른 부모들로부터 여러분이 배울 점은 무엇입니까? 경계 정하기가 여러분에게 효과 있었던 때, 그리고 전혀 효과 없었던 때의 일을 친구와 (혹은 소그룹 멤버들과) 이야기 나눠 보세요.

5. 다음의 문장에 대해서 여러분은 어떻게 생각합니까? : "아이에게 불안한 게 무언가를 가르칠 수 있는 가장 좋은 방법들 중 하나는, 자신이 부모보다 힘이 더 세다는 것을 깨닫게 해주는 것입니다." 여러분의 경우, 이런 예가 있었나요? 있었다면 언제입니까? 어떻게 해서 자녀가 부모보다 더 큰 힘을 얻게 됩니까? 아마 여러분은 경계선을 그어 놓고 난 다음에도, 여전히 아이가 하는 말이나 부탁에 따라서 그 경계선을 이리저리 옮기고 있는지 모릅니다. 그것이 경계선을 전혀 긋지 않는 것과 같은가요, 다른가요? 그 이유는요?

6. 268~269쪽에 실린 성서 본문들을 다시 한 번 읽어 보세요. 여러분의 배우자나 친구, 혹은 소집단 멤버들을 상대로 이 동감과 행동 수정의 방법을 실천해 보세요. 여러분은 자녀가 어떤 일로 화를 돋울 경우, 자녀에게 동감해 주기가 얼마나

쉬운가요, 혹은 얼마나 어려운가요? 여러분이 상황을 조절
했던 때의 일을 한 번 떠올려 보세요. 그 시나리오에서 동감
이 맡은 역할은(맡은 역할이 있다면) 무엇입니까? 만일 여
러분이 동감을 표시하지 않았다면, 어떤 식으로 그런 일이
가능하게 만들었을까요? 그것이 상황에 미친 영향은 무엇
이었을까요?

7. 여러분은 어른이기에, 온갖 결과들을 너무나도 잘 알 것입니
다. 여러분의 삶 속에서, 여러분이 결정한 일의 결과를 통해
뭔가를 배운 때는 언제입니까? 이제 여러분의 자녀가 가장
최근에 결과를 통해서 뭔가를 배울 수 있었던(혹은 실제로
배웠던) 일을 떠올려 보세요. 여러분의 자녀가 결과를 경험
했던 때의 일을 회상하는 게 쉬운가요, 어려운가요? 그것은
자연스러운 결과였나요, 아니면 논리적인 결과였나요? 여
러분 가정에는 어떤 규칙이 있는지 ― 그 규칙들에 적용할
수 있는 자연적 결과, 논리적 결과들은 무엇이 있는지, 여러
분의 배우자 혹은 소그룹 멤버와 잠깐 동안 토의해 보세요.

열두 번째 비결

좋은 부모는
최종 목표에 집중한다.

1. 노먼 라이트 박사가 설명해 놓은 것을 보지 말고, 여러분 나

름대로 "순전함"의 정의를 뭐라고 생각하는지 한 번 적어 보세요. 순전함은 어떻게 (잠언 11장 3절에 기록된 바와 같이) 여러분을 "인도해" 줄 수 있나요? 순전함의 세속적인 정의와 하나님 말씀에 기초한 정의 사이에는 어떤 차이점이 있나요? 여러분은 어떤 정의에 따라 살려고 노력하나요? 이것을 여러분의 자녀를 위한 모델로 삼을 수 있는 방법에는 무엇이 있나요?

2. 잠언 3장 5~6절을 다시 읽고 깊이 생각해 보세요. "너의 명철을 의지하지 마라"가 의미하는 것은 무엇입니까? 삶이 언제나 여러분이 계획한 대로 혹은 여러분이 원하는 대로 진행되지 않는다는 점에서 볼 때, 주님께서 "네가 가는 길을 곧게 하실 것"이라는 하나님의 약속을 여러분은 어떻게 해석할 건가요?

3. 여러분은 세상과의 부조화를 촉진시켜야 한다고 믿습니까? 그렇다면 왜 그런가요? 안 그렇다면 왜 안 그런가요? 부조화를 강화하는 것과 자녀를 독특한 사람으로 밀어붙이는 것 사이에는 어떤 차이점이 있나요? 자녀의 고유성을 인정하는 게 언제나 쉬운 일은 아닙니다. 특히나 여러분이 기대한 대로 자라 주지 않을 경우에는 더더욱 그렇지요. 여러분의 자녀가 부조화를 강화할 만한 가치가 있는 문제로 생각하도록 만들어 주는 것에는 무엇이 있나요? 행동 수정을 불러일으킬 만한 것은 무엇인가요?

4. 노먼 라이트는 자녀들이 하나님과 성령님께 순종하면 얼마
든지 이 세계에서 순전한 삶을 살 수 있다고 주장합니다. 여
러분은 여기에 찬성합니까, 반대합니까? 여러분의 견해를
피력해 보세요. 여러분의 자녀가 순전한 삶을 살 수 있는 능
력을 키워나가는 데 가장 큰 걸림돌이 되는 것은 무엇입니
까? 자녀들에게 순전한 삶을 살라고 도전을 주는 것은 아주
중요한 일입니다. 하지만 아이들이 순전한 삶과 완벽한 삶은
서로 다르다는 사실을 알게 해주는 것도 중요합니다. 이번
주에는 하나님과 성령님께 순종하는 삶이 무엇을 뜻하는지
에 대해서 자녀와 대화를 나눌 수 있는 시간을 마련하세요.

5. 여러분은 자녀에게 "예수님을 사랑하느냐? "고 물어본 적
이 있습니까? 예수님을 사랑하는 것이 무엇을 의미하는지,
어린 자녀들과 어떻게 대화를 나눌 수 있을까요? 조금 더 큰
아이들이나 십대 자녀들의 경우, 그 사랑을 증명할 수 있는
가장 좋은 방법은 무엇일까요? 몇 분 동안만 시간을 내서 기
도해 보세요. 여러분의 자녀가 예수님을 사랑하는 법을 배
울 수 있게 되기를 기도하세요. 그런 다음 여러분 스스로 그
리스도를 사랑하는 모습을 본보기로 보여줌으로써, 그리고
자녀를 향한 하나님의 사랑을 가르쳐 줌으로써, 자녀에게
그 의미를 보여 주도록 노력하세요.

주

첫 번째 비결

좋은 부모는 자기 혼자만의 힘으로
해낼 수 없는 일을 인정한다.

1) John White, *Parents in Pain* (Downers Grove, IL: InterVarsity, 1979), 165쪽.

2) 위의 책, 164쪽.

3) Stormie Omartian, *The Power of a Praying Parent* (Eugene, OR: Harvest House, 1995), 18~19쪽.

4) John Bunyan, GIGA Quotes에서 인용. http://giga-us a.com/quotes /authors/john_bunyan_a001.htm.

5) Kent, Barbara Hughes, *Common Sense Parenting* (Wheaton, IL: Tyndale House, 1995), 91쪽.

6) Osward Chambers, *Daily Thoughts for Disciples* (Grand Rapids: Zondervan, 1975), 75쪽.

7) Quin Sherrer와 Ruthanne Garlock, *How to Pray for Your Children* (Ventura, CA: Regal Books, 1998), 33~34쪽.

8) David와 Heather Kopp, *Praying the Bible for Your Children* (Colorado Springs: Waterbrook Press, 1998), 10쪽.

9) 위의 책, 15~18쪽.

10) Quin Sherrer와 Ruthanne Garlock, *The Spiritual Warrior's Prayer Guide* (Ann Arbor, MI: Servant Publications, 1992), 156쪽.

11) Hughes, *Common Sense Parenting*, 85쪽.

12) Omartian, *The Power of a Praying Parent*, 13~14쪽.

13) Quin Sherrer, *How to Pray for Your Children* (Edmonds, VA: Aglow Publications, 1986), 76쪽.

14) Kopp, *Praying the Bible for Your Children*, 161쪽.

15) Ronda De Sola Chervin, *A Mother' s Treasury of Prayers* (Ann Arbor, MI: Servant Publications, 1994), 181쪽. Quin Sherrer, Ruthanne Garlock, *The Spiritual Warrior' s Prayer Guide*에서 재인용.

16) Quin Sherrer와 Ruthanne Garlock, *How to Pray for Your Children*, 제2장에서 부분 발췌.

두 번째 비결

좋은 부모는 우리나라에서 성장하며 느끼는
특별한 부담을 이해한다.

1) Barbara C. Unell과 Jerry L. Wyckoff, *The 8 Seasons of Parenthood* (New York: Times Books, Random House, 2000), 95쪽.

2) 위의 책, 15~16, 61, 155, 193, 268쪽.

3) Daniel Okrent, "Twilight of the Boomers", *Time,* 2000년 6월 12일자, 68~70쪽.

4) Laura Schlessinger, *Parenthood by Proxy* (New York: Harper Collins, 2000), 197쪽.

5) Daniel Okrent, "Twilight of the Boomers", *Time,* 2000년 6월 12일자, 68~70쪽.

6) 위와 같음.

7) Leonard Pitts Jr., *Detroit Free Press,* 1999년 6월 10일자.

8) Elizabeth Ellis, *Raising a Responsible Child* (Secaucus, NJ: Citadel Press, 1996), 10쪽.

9) *Los Angeles Times,* 1999년 5월 21일자.

10) Steve Farrar, *If I'm Not Tarzan and My Wife Isn't Jane, Then What Are We Doing in the Jungles?* (Portland, OR: Multnomah, 1991), 65~66쪽.

11) "Bratlash! The Race to Raise Unspoiled Kids. Teaching Kids Middle Class Values," *Wall Street Journal Weekend Journal,* 2000년 1월 14일자.

12) "Making Heirs Work for Their Wealth," *Los Angeles Times,* 6월 25일자, 경제면.

세 번째 비결

좋은 부모는
지나친 방임의 결과를 잘 안다.

1) Gary J. Oliver, *Made Perfect in Weakness* (Colorado Springs: Chariot Victor Publishing, 1995), 25쪽.

2) Archibald Hart, *Stress and Your Child* (Dallas: Word Publishers, 1992), 228~229쪽.

3) Elizabeth Ellis, *Raising a Responsible Child* (Secaucus, NJ: Citadel Press, 1996), 41~58쪽.

4) John Gray, *Children Are from Heaven* (New York: HarperCollins, 1998), 4~5쪽.

5) 다음의 논문들에서 인용: David A. Kaplan, "The Best Happy Ending," *Newsweek,* 1994년 2월 28일자, 44~45쪽; Paul A.

Witteman, "Finally," *Time*, 1994년 2월 24일자; Alexander Wolff, "Whooosh!" *Sports Illustrated*, 1994년 2월 28일자, 19~23쪽.

네 번째 비결

좋은 부모는 자녀에게 주되,
너무 많은 것을 주지는 않는다.

1) Diane Ehrensaft, *Spoiling Children* (New York: Guilford Press, 1997), 139~143쪽.
2) Foster Cline와 Jim Fay, *Parenting Teens with Love and Logic* (Colorado Springs: Nav Press, 1992), 30~31쪽.
3) Ralph E. Minear와 William Proctor, *Kids Who Have Too Much* (Nashville: Thomas Nelson, 1989), 105~110쪽.
4) Diane Ehrensaft, *Spoiling Children*, 81~91쪽.
5) Nancy Samalin, *Loving Your Child Is Not Enough* (New York: Penguin Books, 1998), xii~xiii쪽.
6) "Lies Parents Tell Themselves About Why They Work," *U.S.News and World Report*, 1997년 5월 12일자, 59~60쪽.
7) Bob Welch, *More to Life Than Having It All* (Eugene, OR: Harvest House, 1991), 36~37쪽.
8) Diane Ehrensaft, *Spoiling Children*, 130~134쪽.
9) 위의 책, 137쪽.

다섯 번째 비결

좋은 부모는 자녀에게 도전을 하되,
너무 많이 도전하지는 않는다.

1) Alvin Rosenfeld와 Nicole Wise, *Hyper-Parenting* (New York: St. Martin's Press, 2000), 139쪽.

2) 위의 책, 188~189쪽.

3) Sandy Banks, "Even Sports Are No Longer About Play," *Los Angeles Times*, 2000년 6월 16일, Southern California Living Section E, 1~2쪽.

4) Dana Scott Spears와 Ron L. Braund, *Strong-Willed Child or Dreamer* (Nashville: Thomas Nelson, 1996).

5) Alvin Rosenfeld와 Nicole Wise, *Hyper-Parenting*, 203쪽.

6) Sandy Banks, "What Are Boomer Parents Teaching Kids?" *L. A. Times*, 2000년 8월 15일, 1~3쪽.

7) H. Norman Wright, *Communication: Key to Your Marriage* (Ventura, CA: Regal Books, 2000).

8) Alvin Rosenfeld와 Nicole Wise, *Hyper-Parenting*, 183쪽.

9) Ron Taffel, *Parenting by Heart* (New York: Addison-Wesley Publishing, 1991), 6~11쪽.

10) 위의 책, 46~48쪽.

11) Becky A. Bailey, *Easy to Love, Difficult to Discipline* (New York: William Morrow & Co., 2000), 190~196쪽.

12) Alvin Rosenfeld와 Nicole Wise, *Hyper-Parenting*, 116~117쪽.

13) 위의 책, 53~54, 109~110쪽.

14) Ralph Mattson과 Thom Black, *Discovering Your Child's Design* (Colorado Springs: David C. Cook Publishing Co., 1989), 189~191쪽.

여섯 번째 비결

좋은 부모는 자녀를
응석받이로 키우지 않는 방법을 잘 안다.

1) Fred Gosman, *Spoiled Rotten* (New York: Warner Books, 1990), 51쪽.

2) 위의 책, 106~107쪽.

3) Ron Taffel, *Parenting by Heart* (New York: Addison-Wesley Publishing, 1991), 199~203쪽.

4) David Domico, *The Influential Parent* (Wheaton, IL: Shaw Publishers, 1997), 96~114쪽.

5) Fred Gosman, *Spoiled Rotten*, 118~120쪽.

6) Paul과 Jeannie McKean, *Leading a Child to Independence* (San Bernardino, CA: Here' s Life Publishers, 1986), 21쪽.

7) 위의 책, 21~23쪽.

8) 위의 책, 134~135쪽.

9) 위의 책, 144~145쪽.

10) Tony와 Bart Campolo, *Things We Wish We Had Said* (Dallas: Word Publishing, 1989), 63쪽.

일곱 번째 비결

좋은 부모는
좋은 대화 상대가 되기 위해 노력한다.

1) Denis Donovan과 Deborah McIntyre, *What Did I Just Say?* (New York: Henry Holt, 1999), 7~8쪽.

2) Denis Donovan과 Deborah McIntyre, *What Did I Just Say?*, 144~152쪽.

3) John Gray, *Children Are From Heaven* (New York: HarperCollins, 1998), 40~42쪽.

4) 위와 동일.

5) Mary Sheedy Kurcinka, *Kids, Parents, and Power Struggles* (New Work: HarperCollins, 2000년).

여덟 번째 비결

좋은 부모는 경청과 타이밍이라는 도구를
어떻게 사용해야 하는지 잘 안다.

1) Denis Donovan과 Deborah McIntyre, *What Did I Just Say?* (New York: Henry Holt, 1999), 141~146쪽.

2) Ray Guarendi, *Back to the Family* (New York: Villard Books, 1990), 142~143쪽.

3) Leonard Zunin과 Natalie Zunin, *Contact: The First Four Minutes* (New York: Ballantine Books, 1972), 150~152쪽.

4) 위의 책, 154~155쪽.

5) Denis Donovan과 Deborah McIntyre, *What Did I Just Say?*, 141~146쪽.

6) Josh McDowell과 Dick Day, *How to Be a Hero to Your Kids* (Waco, TX: Word Publishing, 1991), 87~88쪽.

아홉 번째 비결

좋은 부모는
아이의 정서에 관심을 기울인다.

1) Ross Campbell, *Relational Parenting* (Chicago: Moody Press, 2000),

42~43쪽.

2) 위의 책, 41~59쪽.

3) John Gottman과 Joan Declaire, *The Heart of Parenting* (New York: Simon & Schuster, 1997), 50~51쪽.

4) 위의 책, 52쪽.

5) 위의 책, 73~74쪽.

6) Mary Sheedy Kurcinka, *Kids, Parents, and Power Struggles* (New Work: HarperCollins, 2000년), 4쪽.

7) Archibald Hart, *Stress and Your Child* (Dallas: Word, Inc., 1992), 224쪽.

8) David Ferguson 외, *Parenting with Intimacy* (Colorado Springs: Victor Books, 1995), 82~83쪽.

9) Mary Sheedy Kurcinka, *Kids, Parents, and Power Struggles*, 13~14쪽.

열 번째 비결

좋은 부모는
열 가지 재앙을 피할 줄 안다.

1) Foster Cline와 Jim Fay, *Parenting Teens with Love and Logic* (Colorado Springs: Nav Press, 1992), 83쪽.

2) Nancy Samalin, *Loving Your Child Is Not Enough* (New York: Penguin Books, 1998), 14쪽.

3) 위와 동일.

4) Ray Guarendi, *Back to the Family* (New York: Villard Books, 1990), 135~136쪽.

5) Denis Donovan과 Deborah McIntyre, *What Did I Just Say?* (New

York: Henry Holt, 1999), 7~8쪽.

6) Robert J. MacKenzie, *Setting Limits* (Rocklin, CA: Prima Publishing, 1998), 42~55쪽.

7) John Gray, *Children Are From Heaven* (New York: HarperCollins, 1998), 244~245쪽.

8) Becky A. Bailey, *Easy to Love, Difficult to Discipline* (New York: William Morrow & Co., 2000), 15~16쪽.

열한 번째 비결

좋은 부모는
경계를 정할 줄 안다.

1) Henry Cloud와 John Townsend, *Boundaries with Kids* (Grand Rapids: Zondervan, 1999), 52쪽.

2) 위의 책, 52쪽.

3) 위와 동일.

4) Wes Haystead, *The 3000 Year-Old Guide to Parenting* (Ventura, CA: Regal Books, 1991), 104~105쪽.

5) Wes Haystead, *The 3000 Year-Old Guide to Parenting*, 19~21쪽.

6) 위의 책, 40쪽.

7) Foster Cline와 Jim Fay, *Parenting Teens with Love and Logic* (Colorado Springs: Nav Press, 1992), 61쪽.

8) Robert J. MacKenzie, *Setting Limits* (Rocklin, CA: Prima Publishing, 1998), 2~11쪽.

9) Henry Cloud와 John Townsend, *Boundaries with Kids*, 110~111쪽.

10) 위의 책, 104~105쪽.

11) Robert J. MacKenzie, *Setting Limits*, 13쪽.

12) Foster Cline와 Jim Fay, *Parenting Teens with Love and Logic*, 62쪽.

13) 위의 책, 67쪽.

14) Ron Taffel, *Parenting by Heart* (New York: Addison-Wesley Publishing, 1991), 172쪽.

15) Foster Cline와 Jim Fay, *Parenting Teens with Love and Logic*, 92~93쪽.

16) Robert J. MacKenzie, *Setting Limits*, 73~190쪽.

17) Ray Guarendi, *Back to the Family* (New York: Villard Books, 1990), 305쪽.

18) Henry Cloud와 John Townsend, *Boundaries with Kids*, 67쪽.

19) John Gray, *Children Are From Heaven* (New York: HarperCollins, 1998), 272~273쪽.

20) 위의 책, 273~274쪽.

21) Randy Rolfe, *Letting Go* (Chicago: Contemporary Books, 1997), 133쪽.

열두 번째 비결

좋은 부모는
최종 목표에 집중한다.

1) Rick Hicks와 John Trent, *Seeking Solid Ground* (Colorado Springs: Focus on the Family), 60~61쪽.

2) Ray Guarendi, *Back to the Family* (New York: Villard Books, 1990), 162~163쪽.

3) Elizabeth Ellis, *Raising a Responsible Child* (Secaucus, NJ: Citadel

Press, 1996), 75~77쪽.

4) Stormie Omartian, *The Power of a Praying Parent* (Eugene, OR: Harvest House, 1995), 13~14쪽.

5) Ken Gire, *The Reflective Life* (Colorado Springs: Chariot Victor Publishing, 1998), 82~83쪽.

하나님, 이 아이를 어떻게 키워야 합니까?

펴낸일 • 2008년 2월 1일 초판 발행
　　　　2008년 3월 25일 초판 2쇄 발행
지은이 • 노먼라이트
옮긴이 • 신선명
펴낸이 • 길청자
펴낸곳 • 아침영성지도연구원
등록일 • 1999년 1월 7일/제7호
홈페이지 • www.achimhope.or.kr

총 판 • 선 교 횃 불
　　　전　화 : 02)2203-2739
　　　팩　스 : 02)2203-2738
　　　홈페이지 : www.ccm2u.com

• 파본은 교환해 드립니다.
• 이 출판물은 저작권법에 의해 보호를 받는 저작물 이므로
　무단전재와 무단복제를 금합니다.